Kurt W. Zimmermann **Schlagzeilen, Skandale, Sensationen**

.

Kurt W. Zimmermann

Schlagzeilen, Skandale, Sensationen

Wie Medien und Journalisten heute agieren

orell füssli Verlag AG

Umschlagabbildung: © ray/shotshop.com
Umschlaggestaltung: Nadia Zela, Zürich
Druck: fgb • freiburger graphische betriebe, Freiburg

ISBN: 978-3-280-05418-5

Bibliografische Information der Deutschen Nationalbibliothek: Die Deutsche Nationalbibliothek verzeichnet diese Publikation in der Deutschen Nationalbibliografie; detaillierte bibliografische Daten sind im Internet über http://dnb.d-nb.de abrufbar.

Mix
Produktgruppe aus vorbildlich
bewirtschafteten Wäldern und anderen
kontrollierten Herkünften
www.fsc.org   Zert.-Nr. SGS-COC-003993
©1996 Forest Stewardship Council

FSC

Inhalt

Schwarzmaler, Nestbeschmutzer, Besserwisser
Was man zur Psychologie der Medienschaffenden wissen muss

Prominente, Filzläuse, Witwenschüttler
Welche Typen von Journalisten man in der Medienszene antrifft

Kannibalen, Blaublüter, Industriearbeiter
Wie Strukturwandel und Technologie die Medienbranche
revolutionieren

Medienminister, Drahtzieher, Polizisten
Wie der Staat und die Politik zunehmend auf die Medien
Einfluss nehmen

Netzwerker, Surfer, Briefeschreiber
*Welche Rolle in den Medien die Leser, Hörer und Zuschauer
spielen*

Vorwort

Das Feindbild ist uralt. Der römische Senator Cicero, vielleicht der erste Star-Kolumnist des Abendlandes, nahm ein schreckliches Ende, als seine Hände und der abgetrennte Kopf im Forum Romanum ausgestellt wurden, womit seine Feinde ihren Hass auf den brillanten Politikkritiker zum Ausdruck bringen wollten. Giftig formulierte es der österreichische Satiriker Karl Kraus, der selber zur Zunft der Publizisten gehörte: «Journalisten sollten sich nicht nur dadurch auszeichnen, dass sie weder eigene Ideen noch Gedanken haben, sie müssen darüber hinaus auch in der Lage sein, diese nicht ausdrücken zu können.»

Trotz den Schmähreden und Abgesängen: Der Medienbetrieb ist eine der faszinierendsten Branchen der Geschichte, unterhaltsam, bedeutungsvoll, überschätzt, gefürchtet, angefeindet, von interessanten Leuten bevölkert, die es immer wieder fertigbringen, Emotionen auszulösen und Kontroversen zu entfachen. Darüber hinaus bleiben die Zeitungen und die elektronischen Träger wesentliche Plattformen, auf denen wichtige Debatten stattfinden. Die alten Monopolstellungen sind dahin. Neue Anbieter drängen auf den Markt. Wie einst die Wachstafel von der Papyrusrolle ersetzt wurde, so versucht heute ein halbierter Personalcomputer namens Tablet das Erbe der gedruckten Zeitung anzutreten. Die Kanäle ändern sich, was bleibt, ist die Neigung, Nachrichten, Meinungen, Enthüllungen und Geschichten unter die Leute zu bringen. Es gibt nichts Neues unter der Sonne.

Der erfolgreiche langjährige Chefredaktor und Medienunternehmer Kurt W. Zimmermann schafft es wie kein anderer, die neben dem Showbusiness und der Spitzenchirurgie vielleicht eitelste Branche mit Sympathie und Distanz, mit Ironie und Intelligenz zu beleuchten. Er verbindet elegant und fundiert Wirtschaftsgeschichte, Managementlehre, Unterhaltung und Zeitkritik. Er ist kein kulturpessimistischer Schwadroneur, sondern ein präziser Analytiker, der seine Befunde mit Fakten belegt. Seine Kolumnen sind kleine betriebswirtschaftliche Dramolette, in denen sich gesellschaftliche Trends und ökonomische Entwicklungen abbilden.

Seine Kolumnen, die seit Jahren in der *Weltwoche* erscheinen, haben sich eine treue Leserschaft auch ausserhalb eines Fachpublikums gesichert. Für viele Unternehmer und Politiker, so höre ich immer wieder, sind die Kolumnen so etwas wie eine Gebrauchsanleitung zum Umgang mit der Medienbranche und uns Journalisten geworden. Wenn unter modernem Journalismus die Kunst verstanden wird, triftige Fragestellungen mit präzisen Antworten zu verbinden, dann liefert Zimmermanns *Weltwoche*-Rubrik das Vorbild.

Roger Köppel, Verleger *Die Weltwoche*

Rudelführer, Medienopfer, Boulevardiers

Wie Journalisten heute arbeiten, denken und funktionieren

Schrauben, aufpumpen, zuspitzen

In fünf Minuten vom Laien zum Medienprofi. Ein kleiner Grundkurs in praktischem Journalismus

Wir leben in einer skandalösen Welt. Eben erst platzte der Prügel-Skandal in Kriens *(Blick)*. Zuvor flog der Dioxin-Skandal im Hirschacker auf *(Basler Zeitung)*, dazu der Schöngrün-Skandal in Solothurn *(20 Minuten)* und der Pflegeheim-Skandal in Adliswil *(Tages-Anzeiger)*.

Kommt Ihnen alles nicht so bekannt vor. Macht aber nichts, Skandal ist Skandal.

Natürlich können wir normale Zeitungsleser den Skandalismus all dieser Skandale gar nicht mehr richtig mitbekommen. Sie gehen im Meer der Skandale unter. Pro Jahr fällt das Wort Skandal in unserer Presse etwa 7000 Mal.

Wir sind damit auf dem Feld der Aufmerksamkeitsökonomie. Medien kämpfen untereinander nicht primär um Auflagen und Publikumszahlen. Sie kämpfen um Aufmerksamkeit. Die Aufmerksamkeit steigt, je lauter die Sirene tönt.

Der Kampf um Aufmerksamkeit, das macht ihn speziell, ist eine rein journalistische Domäne. Hier können die Marketingspezialisten aus den Verlagsetagen nichts ausrichten. Geld spielt auch kaum eine Rolle. Aufmerksamkeit entsteht durch Inhalte, verdichtet in Storys und Sendungen. Je sensationeller und kontroverser die Inhalte, umso höher die Chance auf Aufmerksamkeit. Es geht um Schlagzeilen, Skandale, Sensationen.

Dies führt unvermeidlich zur Eskalation und Dramatisierung. Der Inhalt muss sich von einer simplen Nachricht durch einen sogenannten Spin abheben – also etwas, was ihn emotionaler dreht. Die tiefste Eskalationsebene ist in der Regel der «Wirbel». Die Steigerungsstufen sind der «Konflikt», der «Krach», die «Affäre», die «Krise» und der «Skandal».

Die Erzeugung des Skandals entsteht durch ein dreistufiges Modell der journalistischen Alltagsarbeit, bei dem wir einen kleinen Einblick in die Journalistensprache bekommen. Es beginnt erstens mit dem Schrauben, auch Drehen genannt. Dann folgt zweites das Aufpumpen, auch Aufblasen genannt. Zum Schluss folgt das Zuspitzen, auch Schärfen genannt.

1. Das Schrauben: Hier wird der Story erst ein Dreh verpasst. Wenn etwa Bundesrat Burkhalter ein neues AHV-Gesetz plant, besteht das Schrauben meist im Aufbau von Gegenpositionen. Der Journalist klappert dann ein Dutzend politische Gegner von Burkhalter ab, dazu den Preisüberwacher, vier Experten und einen Soziologen. Manche sind gegen das neue Gesetz, selbst wenn sie vorher noch nie davon gehört hatten. «Riesenwirbel um Burkhalter-Pläne» ist nun als erster Aufmacher sauber gestützt.

2. Das Aufpumpen: Hier wird die Story im zweiten Schritt auf die höhere Ebene geschoben. Der Journalist klappert nun alle Pressesprecher, Lobbyisten, PR-Berater und Beamten ab, die er im Bundeshaus kennt. Er fragt, wie Burkhalters geplantes Gesetz im Bundesrat aufgenommen worden sei. Er bekommt Andeutungen

zu hören, im Justizdepartement sei man etwas überrascht und mit dem Gesetz nicht hundertprozentig glücklich. «Riesenkrach im Bundesrat – Burkhalter unter Druck» ist nun als Aufmacher sauber gestützt.

3. Das Zuspitzen: Hier wird die Story auf ihr finales Potenzial ausgetestet. Ideal ist nun das Auftauchen einer Aktennotiz, die man als «Geheimpapier» deklarieren kann. Sehr hilfreich ist eine öffentliche Äusserung eines anderen Bundesrats zu Burkhalters Ideen. Ideal ist auch eine kleine Indiskretion wie diese, dass ein Regierungskollege von den Gesetzesplänen Kenntnis hatte, ein anderer aber vielleicht nicht. Mindestens ein Aspekt davon trifft fast immer zu. «Staatskrise – Regierung völlig gespalten» ist nun als Aufmacher sauber gestützt.

Neben dem Aufmacher über die Staatskrise steht an diesem Tag ein gepfefferter Kommentar des Chefredaktors über das definitive Ende des Kollegialitätsprinzips. Titel: «Mehr als ein Skandal».

Massenepidemie. Ausrufezeichen

Wir blenden uns kurz in eine Redaktionssitzung ein und sehen, wie eine Epidemie entsteht.

Der 24. April 2009 war ein ganz spezieller Tag. Es war der Tag, an dem erstmals der Ausdruck «Schweinegrippe» in den Medien auftauchte.

Ab diesem 24. April 2009 erlebten die Leser den bisher krassesten Fall von medialem Alarmismus, den es je gegeben hatte. 10 000 Artikel zur tödlichen Schweinegrippe erschienen in der Schweiz. Das schlug sogar die drei anderen Medienhypes des Jahrzehnts. 2000 war es der «Millennium Bug», welcher zum Datumswechsel bekanntlich sämtliche Computer lahmlegte. 2003 war es Sars, das bekanntlich die Menschheit auslöschte. 2006 war es die Vogelgrippe, welche bekanntlich die Erdbevölkerung vernichtete. Gedenken wir auch den frühen Vorgängern Listerien, Ebola und Rinderwahnsinn.

Die Schweinegrippe war noch bedrohlicher als alle bisherigen Bedrohungen zusammen und endete noch kläglicher. Wenn wir heute die Schlagzeilen nachlesen, die unsere Journalisten der Schweiz bescherten, dann bekommen wir einen ferkelhaften Lachanfall: «Erkrankt jeder Vierte an Schweinegrippe?», fantasierte etwa der *Tages-Anzeiger.* «Millionen von Grippekranken», sah das *St. Galler Tagblatt* voraus.

Die Schweinegrippe endete auf dem Müll. 10,5 Millionen eingekaufter Impfdosen mussten zuletzt vom Bund vernichtet oder verschenkt werden.

Warum, so fragen wir uns, entstehen in den Medien immer wieder solch irrationale Hysterien? Zur Erklärung blenden wir kurz in eine Redaktionssitzung von Ende April 2009.

Chefredaktor: Was machen wir auf der Seite eins?
Nachrichtenchef: Wir gehen voll auf diese Schweinegrippe. Schneebeli vom Reporterteam macht die Geschichte.
Chefredaktor: Okay, Schneebeli, was haben Sie?
Schneebeli: Ich habe einen Experten.
Chefredaktor: Und? Wie viele Schweizer Opfer sagt er voraus?
Schneebeli: Er sagt, es sei noch zu früh für eine Prognose.
Chefredaktor: Schneebeli! Sind Sie wahnsinnig? Für die Eins brauchen wir Zehntausende von möglichen Opfern, mindestens.
Schneebeli: Sehe ich auch so, aber …
Chefredaktor: Kein Aber. Schneebeli, wir brauchen eine Massenepidemie. Strengen Sie sich ein bisschen an. Massenepidemie, verstanden?
Schneebeli: Massenepidemie? Nicht ganz einfach, aber ich versuche es. Wenn ich lange genug herumtelefoniere, finde ich vermutlich schon irgendeinen Experten, der das bestätigt.
Chefredaktor: Gut. Wir haben also die Zeile für die Eins: «Schwei-

negrippe. Doppelpunkt. Es droht eine Massenepidemie. Ausrufe-
zeichen.»
Fotochef: Wir haben Agenturbilder aus Mexiko dazu. Sie zeigen
Leute mit Schutzmasken.
Chefredaktor: Mexiko! Sind Sie wahnsinnig? Das müssen wir ein-
schweizern. Eine Massenepidemie geht uns alle an.
Fotochef: Und wo nehme ich ein Bild her?
Chefredaktor: Wir nehmen Priska, unsere Volontärin. Foto von
ihr mit Schutzmaske. Darunter die Bildlegende: «Kindergärtne-
rin Priska S. Doppelpunkt. Ich habe Angst. Ausrufezeichen.»
Fotochef: Okay. Wir machen es am Hauptbahnhof. Das wirkt au-
thentisch.
Chefredaktor: Gut. Authentizität ist wichtig.

Ist das übertrieben? Nicht allzu sehr. Heutige Journalisten sehen sich
vielfach nicht mehr als Beschreiber der Wirklichkeit. Sie sehen sich
als Gestalter der Wirklichkeit. Die Wirklichkeit ist für sie eine Masse,
die sich formen lässt. Die Realität ist ihr Plastilin. Das vereinigte Plastilin ergibt am Schluss eine publizistische Pandemie.

Sollen wir uns darüber aufregen? Warum? Die Leser sind nicht
dumm. Nur 15 Prozent der Schweizer impften sich gegen die Schweinegrippe. Glauben 85 Prozent etwa nicht an die Medien?

Eklat um das Monster

*Trari, trara, der Thesenjournalismus erhob in seltener Schönheit sein
blutiges Haupt.*

Zur Einstimmung zuerst die besten Schlagzeilen: «Eklat bei der Post»
(«10 vor 10»). «Eklat bei der Post» *(Der Bund)*. «Eklat bei der Post»
(«Radio DRS»). «Post-Eklat» *(Die Südostschweiz)*. «Eklat beim Gel-
ben Riesen» *(St. Galler Tagblatt)*. «Weiterer Eklat bei der Post» *(Basler
Zeitung)*. «Noch ein Eklat» *(Berner Zeitung)*. «Schon wieder Eklat bei

der Post» *(Blick)*. «Neuer Eklat» *(Neue Luzerner Zeitung)*. «Weiterer Eklat an der Post-Spitze» *(Neue Zürcher Zeitung)*. «Weiterer Eklat an der Post-Spitze» *(«Tagesschau»)*.

Wenn alle dasselbe Wort verwenden, dann wissen wir Medienkonsumenten: Die Lemminge sind wieder einmal los. Es gibt kaum ein besseres Beispiel für Rudeljournalismus als die hysterische Treibjagd gegen den Post-Verwaltungsratspräsidenten Claude Béglé. 2010 bescherte sie uns ein Paradebeispiel des kollektiven Thesenjournalismus.

Wir nehmen den Fall zum Anlass, uns etwas mit Thesenjournalismus zu beschäftigen. Thesenjournalismus ist definiert durch die Umkehr von Recherche und Konklusion. Im Normalfall sammelt ein Journalist Informationen und bildet sich daraus eine Meinung. Im Thesenjournalismus formuliert er zuerst die Meinung und sammelt dann nur noch Informationen, welche diese Meinung stützen. Die anderen Fakten, die seiner Meinung zuwiderlaufen, verschweigt er.

Genauso lehrbuchmässig lief es im Fall Béglé, bis hin zu seinem erzwungenen Abgang. Wir können die sechs Phasen des Thesenjournalismus darum gut aufzeigen. Mitunter können sich die Phasen überlappen.

Phase 1 des Thesenjournalismus: Die Skandalisierung. Es gab Personalwechsel bei der Post. Die Journalisten fokussieren aber von Anfang an nicht auf das Sachthema «Personalprobleme bei der Post» oder den «Rücktritt im Post-Management». Sie titeln von Anfang an auf den «Eklat bei der Post» und den «weiteren Eklat bei der Post». Damit ist die Tonlage gesetzt.

Phase 2 des Thesenjournalismus: Die Personalisierung. Alles Böse konzentriert sich nun auf ein Monster, das allein schuldig ist. Das Monster hiess Béglé. «Ein Machtmensch, der polarisiert», schreibt die *Basler Zeitung*. «Der neue Sonnenkönig der Post», weiss die *NZZ am Sonntag*.

Phase 3 des Thesenjournalismus: Die Kampagne. Die Medien gehen nun Dutzende von Informanten an. Wer über das Monster herzieht, wird zitiert. Wer das Monster positiv beurteilt, wird totgeschwiegen. Journalisten klappern sämtliche potenziellen Kritiker des Post-Präsidenten ab. Jeden Tag wird die Liste länger. «Liste von Béglés Gegnern wird länger», schreibt die *Berner Zeitung*. «Breite Kritik an Vorgehen bei Béglé», weiss der *Tages-Anzeiger*.

Phase 4 des Thesenjournalismus: Die Rücktrittsforderung. Die Journalisten versuchen nun, das Monster aus dem Amt zu jagen. Sie fordern den Rücktritt oder den Rausschmiss. Damit der Eindruck entsteht, das Monster sei bereits erledigt, werden schon die Kandidaten für dessen Nachfolge präsentiert. «Wer könnte Post-Béglé beerben?», fragt der *Blick*. «Luft wird für den Post-Chef dünn», weiss die *Neue Luzerner Zeitung*.

Phase 5 des Thesenjournalismus: Die Eskalation. Weil das Monster von sich aus nicht geht, folgt nun die Eskalation nach oben. Die Medien setzen den Chef des Monsters unter Druck. Der Chef des Post-Präsidenten war damals Bundesrat Moritz Leuenberger. Falle er das Monster nicht entlasse, werde auch er in den Strudel gerissen, drohen ihm die Medien. «Warum Béglé für Leuenberger gefährlich ist», schreibt *Der Bund*. «Leuenberger lässt Béglé fallen», weiss die *Aargauer Zeitung*.

Phase 6 des Thesenjournalismus: Die Schmutzkampagne. Weil das Monster immer noch nicht erledigt ist, folgt nun die persönliche Diffamierung. Alte Rechnungen dürfen beglichen werden. Exregierungssprecher Oswald Sigg darf seine Frau, eine Sekretärin, als Übergriffsopfer des Monsters präsentieren. «Sigg wirft Béglé Mobbing vor», schreibt die *SonntagsZeitung*. Peter Kruse, der Exvorstand der Deutschen Post und dort der frühere Vorgesetzte des Monsters, darf das Monster charakterlich fertigmachen. «Ex-Chef stellt Béglé schlechtes Zeugnis aus», weiss die *Basler Zeitung*.

Wichtig ist, dass man über alle Phasen die Grundfrage nie thematisiert. Bei der Post war das der Konflikt um die Corporate Governance, mit der es im Unternehmen zum Argen stand. Es ging um die Rollenverteilung zwischen Management und Verwaltungsrat. Wie in vielen anderen Firmen führte das zu internen Auseinandersetzungen.

Viele Journalisten wussten das. Keiner schrieb es. Man wollte die These nicht gefährden.

Der Geruch von frischem Blut

Ein bisschen Nationalstolz darf sein. Beim Kampagnenjournalismus sind wir Schweizer richtig gut.

Den Schweizer Rekord hält die *SonntagsZeitung*. Ihr gelang der schnellste Abschuss der Schweizer Mediengeschichte. Es war der Abschuss von Armeechef Roland Nef. Im Sommer 2008 machte das Blatt publik, dass er seiner Freundin mit üblen Methoden nachgestellt hatte. Nur zwölf Tage später war Nef bereits aus dem Amt gefegt.

Allein hätte es die *SonntagsZeitung* nicht geschafft. Damit ihr Primeur zum Kreuzfeuer wurde, brauchte es die Mithilfe der Journalistenkollegen. Mit 1000 Presseartikeln und Hunderten von TV- und Radioberichten bauten sie gegen Nef in kurzer Zeit eine aggressive Kampagnenfront auf. Die Ehre gebührt also allen, es war eine der besten Leistungen des kollektiven Fertigmacherjournalismus.

Entscheidend im Fall Nef war die enorm schnelle Rudelbildung. Sie ist bei breiten Kampagnen gegen Individuen so etwas wie ein Todesurteil. Es gibt nur ganz wenige Jagdopfer, die der medialen Meute widerstanden. Bestes Beispiel war in den Neunzigerjahren Bischof Wolfgang Haas.

Schnelle mediale Rudelbildung führt zu einem Stakkato der Anklage. Sie lässt den Gejagten keine Zeit für Flucht- und Ausweichmanöver. Unter Zeitdruck stolpern sie dann in Fallen wie überhastete Statements, Pressekonferenzen und Interviews.

Die Effizienz der Rudelbildung ist beeindruckend. Beispielhaft waren zuvor die Fälle von Botschafter Thomas Borer (Vorwurf: Ehebruch, Rudelführer: *Blick*) und Banker Thomas Matter (Vorwurf: Betrug, Rudelführer: *NZZ am Sonntag*).

Ähnlich liefen die Kampagnen gegen Geheimdienstchef Peter Regli (Vorwurf: Geheimkontakte, Rudelführer: *SonntagsBlick*), gegen Bündens Regierungsrat Peter Aliesch (Vorwurf: Pelzmantelannahme, Rudelführer: *Südostschweiz*), gegen Postchef Jean-Noël Rey (Vorwurf: Abgangsentschädigung, Rudelführer: *Blick*) und gegen Zürichs Regierungsrätin Dorothée Fierz (Vorwurf: Indiskretion, Rudelführer: *Tages-Anzeiger*).

Nur kurz zur Erinnerung: Alle genannten Medienopfer wurden zum Rücktritt gezwungen. Alle wurden später voll rehabilitiert oder vor Gericht freigesprochen. Auch gegen Roland Nef wurde das Verfahren eingestellt, auch wenn das nur dank einem eher seltsamen Gesetz gelang. Aus rein juristischer Sicht waren alle spektakulären Medienopfer der Schweizer Mediengeschichte unschuldig.

Die Schweizer Medien, das muss man ihnen lassen, haben einen guten Killerinstinkt. Besonders erfolgreich sind ihre Treibjagden, wenn sie die Schwächen der Gegenseite nutzen können.

Journalisten können Blut riechen. In den Fällen Borer und Rey wussten sie genau, dass deren Chefs, die Bundesräte Joseph Deiss und Moritz Leuenberger, die beiden nicht ausstehen konnten und darum opfern würden. In den Fällen Regli und Nef wussten sie genau, dass deren Chefs, die Bundesräte Adolf Ogi und Samuel Schmid, die eigene Haut retten und sich von beiden distanzieren würden. In den Fällen Aliesch und Fierz wussten sie genau, dass beide in der Regierung mitleidlose Widersacher hatten.

Wenn dieser Geruch von Blut nicht in der Luft liegt, dann findet die Rudelbildung nicht oder nur verzögert statt. Als etwa die *Weltwoche* die Zürcher Regierungsrätin Monika Stocker wiederholt wegen des Missbrauchs von Sozialhilfegeldern attackierte, sprangen kaum andere Medien auf. Stocker schien unangreifbar. Erst ein Jahr später begann ihr politischer Rückhalt zu bröckeln. Jetzt lag der Geruch von Blut verlockend in der Luft. Stocker wurde zum Freiwild der Medien, die Kampagne rollte an, sie trat Anfang 2008 zurück.

Gegen gegnerische Geschlossenheit kann allerdings die beste Kommandoaktion scheitern. So verpufften zahllose Kampagnen gegen Fifa-Chef Sepp Blatter, weil er niemandem Rechenschaft schuldete. Auch die Attacke gegen Zürichs Unispital-Direktorin Christiane Roth nach einer dubiosen Herzverpflanzung war nicht erfolgreich, weil die Angeschossene Rückendeckung von oben bekam.

Zum Glück sind viele Politiker anders gestrickt. Sie geben ihre Beamten noch so gern zum Abschuss frei. Weidmannsdank.

Ich hätte da noch eine Frage

Unkritische und faule Journalisten kennen den Ausweg. Sie machen ein Interview.

Es war ein Tag wie jeder andere. Die Bundesrätin sagte im Interview mit dem *Blick*, dass die Schweiz grosse Probleme habe. Der Parteipräsident sagte im Interview mit der *Bilanz*, dass die Schweiz grosse Probleme habe. Der Chef von Economiesuisse sagte im Interview mit der *NZZ*, dass die Schweiz grosse Probleme habe.

Unsere Zeitungen verkommen zunehmend zu Plauderstuben.

Interview heisst die Landplage, welche die Presse zunehmend heimsucht. Das Interview besteht darin, dass ein Journalist einen Mitmenschen befragt. Fragen und Antworten werden dann abgedruckt, halbfett oder kursiv getrennt.

Es ist eine Landplage. An einem normalen Samstag drucken Blätter wie *Aargauer Zeitung*, *Basler Zeitung* und *Tages-Anzeiger* bis zu sieben oder acht Interviews ab. In Zeitschriften wie *Schweizer Illustrierte* und *Beobachter* ist es nicht viel besser. Jede Woche erscheinen in unserer Presse etwa 1500 Interviews. Das Dreifache davon liefern zusätzlich Radio- und TV-Stationen.

Das Interview, dies vorneweg, ist aus einem speziellen Grund so beliebt. Es ist die anspruchsloseste Form des Journalismus. Jetzt wissen Sie auch, warum es in diesem Buch sechs Interviews hat.

Der Berner Medienwissenschafter Roger Blum machte sich die Mühe, dem Ursprung des Interviews nachzugehen. Sein Erfinder war John Gordon Bennett mit seinem *New York Herald*, der ab 1835 erschien. Bennett dramatisierte die Berichterstattung, indem er Interviews führte und publizierte, zum Beispiel mit Angeklagten oder Zeugen in Strafprozessen.

Zum Massenartikel wurden die Interviews dann in den elektronischen Medien. Hier macht das Sinn. Es ist tatsächlich interessanter, einem Politiker oder einem Fussballtrainer ein Mikrofon vorzuhalten, als dessen Aussagen von einem Blatt Papier abzulesen. Auch in Magazinen macht das Sinn. Jede *Spiegel*-Ausgabe beispielsweise enthält mehrere grosse Interviews. Magazine haben genug Zeit, um sich intensiv auf Politiker und Fussballtrainer vorzubereiten und dann die oft stundenlangen Gespräche zu unterhaltendem Lesestoff zu verdichten.

Dann wurden die Interviews zur Landplage. Die Zeitungsredaktionen entdeckten, dass man damit billige Inhalte produzieren kann. Man talkt ein bisschen herum, live oder am Telefon, und nudelt das dann spaltenweise ab, Foto dazu und fertig. Noch übler trieben es die Lokalradios mit ihrem ununterbrochenen Hallo-was-meinen-Sie-dazu-Journalismus.

Das Interview ist das Symbol des unkritischen Journalismus. Weil der unkritische Journalismus dermassen floriert, florieren auch die Interviews.

Interviews entbinden von der Recherche. Statt Fakten herauszufinden, plaudern die Journalisten. Statt über die Swisscom zu recherchieren, machen sie ein Interview mit Carsten Schloter. Statt über die SP zu recherchieren, machen sie ein Interview mit Christian Levrat. Statt über die Nationalbank zu recherchieren, machen sie ein Interview mit Philipp Hildebrand.

Besonders deutlich wird diese Ausweichstrategie bei heiklen Themen. Ein gutes Beispiel dafür ist die Migros. Sie ist über ihre Werbung der grösste Geldgeber der Medien. Keine Redaktion wird riskieren, mit einer harten Recherche diesen Geldgeber zu verärgern. Also weicht die Redaktion auf die weiche Form des Interviews aus. Kein anderer Schweizer Topmanager bekommt so viele Gesprächsanfragen wie der Migros-Chef.

Mittlerweile werden die Interviews oft schriftlich geführt, damit ja kein Risiko aufkommt. Bei mündlichen Aussagen haben die PR-Berater des Interviewten das Recht, jeden Satz zu zensieren. Mit Journalismus hat das nur noch wenig zu tun.

In der angelsächsischen Presse gibt es dieses Frage-Antwort-Muster nicht. *New York Times*, *Wall Street Journal* und *Times* sind diese direkten Dialoge zu anspruchslos.

Bei uns hingegen gibt es eine neue Branchenregel für die Presse: Je mehr Interviews eine Zeitung hat, desto unjournalistischer ist die Redaktion. Zählen Sie nach.

Quellenschmutz

Anonyme Informanten sind das Schmieröl des Enthüllungsjournalismus.

Es war ein sehr ungewöhnlicher Entscheid, den Norman Pearlstine traf, der Chefredaktor des *Time Magazine*. Es war der Entscheid, dass Journalisten keine Götter sind. «Wir stehen nicht über dem Gesetz», sagte Pearlstine, «und wir haben uns wie alle gewöhnlichen Bürger zu verhalten.»

Weil Journalisten gewöhnliche Bürger sind, kam *Time* einer Anordnung des Obersten Gerichtshofs nach. Das Blatt lieferte Dokumente aus, die man von einem anonymen Informanten bekommen hatte. Die Medienbranche reagierte mit blankem Unverständnis.

In der Schweiz gibt es einen ähnlichen Fall. Auch der Zürcher Staatsanwalt interessierte sich für anonyme Quellen, in diesem Fall jene der *NZZ am Sonntag*. Die Zeitung hatte den Herzchirurgen Marko Turina angeklagt, eine Patientin vorsätzlich in den Tod operiert zu haben, aus Eitelkeit und weil er scharf auf eine «medizinische Heldentat» war. Die Journalisten der *NZZ am Sonntag* weigerten sich, ihre Informanten zu benennen. Solcher Quellenschutz sei «für die Demokratie geradezu unentbehrlich», schrieb Chefredaktor Felix E. Müller.

Bevor auch wir ins journalistische Hohelied der anonymen Quellen einstimmen, gestatten wir uns ein paar unjournalistische Differenzierungen. Zuerst einmal ist festzuhalten: Anonyme Informanten machen sich grundsätzlich strafbar.

Indem sie Interna ausplaudern, verstossen sie gegen Schweige- und Treuepflicht, sie brechen Verträge, Amts- und Berufsgeheimnisse.

Sie tun dies, sagen sie, weil ihnen das allgemeine Interesse wichtiger ist als die persönliche Loyalität, zum Beispiel das allgemeine Interesse, politische und wirtschaftliche Missbräuche aufzudecken. Also gelangen sie in aufklärerischer Mission an die Medien, die Instanz der Machtkontrolle.

Auch dazu eine kleine Differenzierung. Viele der sogenannten Informanten sind gar keine Informanten, es sind Denunzianten. Sie informieren nicht aus gesellschaftlichem Verantwortungsgefühl, sondern sie denunzieren aus niederen Motiven wie Missgunst und Rivalität. Sie sind das Schmieröl der Enthüllungsindustrie. Sie erzählen den Journalisten, dass A zu viel verdient, dass B ein Verhältnis hat, dass C seine Mitarbeiter anschreit. Am nächsten Tag lesen wir dann, dass A zu viel verdient, dass B ein Verhältnis hat, dass C seine Mitarbeiter anschreit.

Betrachten wir nur ein paar der Medienaffären der letzten Jahre. Beim Neuenburger Wirtschaftsdirektor Frédéric Hainard berichteten «Informanten» über eine Liebesbeziehung im Amt und spielten den Medien seinen Mailverkehr zu. Im Fall Jörg Kachelmann belieferten die «Informanten» die Medien mit sämtlichen Details der nichtöffentlichen Gutachten und Einvernahmen.

«Informanten» streuten gezielt die Hintergründe der sogenannten «Libyen-Affäre» an die Journalisten, wonach die in Libyen inhaftierten zwei Schweizer Geiseln mit einer Militäraktion hätten befreit werden sollen. Zuvor hatten «Informanten» der Presse Bilder des von der Polizei verhafteten Hannibal Gaddafi zugespielt und damit die ganze Geschichte zusätzlich angeheizt.

Interessante frühere Beispiele sind etwa der Bankier Hans Vontobel, dem von «Informanten» Stasi-Kontakte nachgesagt wurden. Bundesrat Kaspar Villiger wurde von «Informanten» im Rotlichtmilieu gesichtet. Bei der Zürcher Kripo-Chefin Silvia Steiner berichteten «Informanten» von Nepotismus. In jedem der drei Fälle mussten sich die Journalisten hinterher für ihre Falschaussagen entschuldigen, oder die offiziellen Untersuchungen entlasteten die Beschuldigten.

Informanten haben häufig ein Eigeninteresse. Sie wollen anderen schaden. Der Informant, der aus reinem Staatsinteresse an die Medien geht, ist nicht der typische Informant.

Wenn es um das Thema Quellenschutz geht, wird immer Mark Felt zitiert, der Informant in der Watergate-Affäre. Er hat tatsächlich die Nation vor Schaden bewahrt und der Demokratie einen wichtigen Dienst erwiesen. Nach seinem Tod wurde bekannt, dass Mark Felt Direktor des FBI werden wollte. Doch Präsident Richard Nixon berief einen anderen Kandidaten. Nun suchte Felt einen Weg, um sich an Nixon zu rächen. Er fand ihn über die *Washington Post*.

Natürlich verdienen anonyme Zuträger der Medien Schutz. Sie verdienen diesen Schutz besonders dann, wenn sie tatsächlich die Journalisten auf wunde Stellen des Systems aufmerksam machen und dadurch Selbsthygiene-Prozesse auslösen. Dann sind sie tatsächlich «für die Demokratie geradezu unentbehrlich».

Anders verhält er sich bei jenen Denunzianten, die aus ganz anderen Gründen anonym bleiben wollen. Ich glaube nicht, dass Journalisten Ratten schützen müssen.

Die Kunst des Knetens

Man muss mit Anstand verlieren können. Man dachte lange, das sei das Schicksal unseres Boulevards.

Am besten hat den Boulevardjournalismus der Chefredaktor des amerikanischen *National Enquirer* beschrieben. «Wenn wir die Leser korrekt informieren», sagte er, «dann ist das normalerweise ein Unfall.»

Informationen sind für Boulevardjournalisten kein originärer Stoff. Informationen sind für sie eine Knetmasse. Die Masse wird so lange geknetet und gewalkt, bis daraus etwas entsteht. Es entsteht eine Story. Die Story muss nicht primär informieren. Sie muss knallen. Jahrelang knallte es nicht im *Blick*. Seit Kurzem will der *Blick* wieder knallen. Vorbilder hat er genug.

Noch immer ist die britische *Sun* die beste Boulevardzeitung der Welt. Ihre berühmteste Schlagzeile ist vom 13. März 1986: «Freddie Starr Ate My Hamster». Der prominente britische Komiker Freddie Starr hatte seine Freundin Lea La Salle gebeten, ihm ein Sandwich zuzubereiten. Als sie sich weigerte, packte er ihren Hamster, genannt Supersonic, legte ihn zwischen zwei Scheiben Weissbrot und ass ihn auf.

Das ist gut. Prominente auf Abwegen sind immer gut.

Besonders gut ist es, wenn Prominente Hamster essen, Fehlgeburten haben, sich scheiden lassen, den Busen vergrössern lassen, Drogen nehmen, öffentlich urinieren, Übergewicht haben, Krebs bekommen, nackt baden oder ausserehelich kopulieren. Das ist das Erfolgsrezept, auch für den *Blick*.

Wem diese Liste etwas unanständig vorkommt, der hat es erfasst. Der *Blick* hatte nach 1995 im Grunde nur ein Problem: Er war anständig.

Im Jahre 1986 erreichte der Blick mit einer Auflage von 382 000 Exemplaren den Höchststand. Das war nicht nur das Verdienst der Redaktion. Baumeister des Grosserfolgs war Hans Jürg Klöti, der damalige Verlagsleiter des Blatts. Klöti überschwemmte die Schweiz via *Blick* mit Millionen von Bingo-Karten. Die Auflage explodierte.

Als das Bingo-Fieber nachliess, sank die Auflage logischerweise. Bei etwa 300 000 hätte man sie stabilisieren können, wenn Herausgeber Ringier smart gewesen wäre. Doch Ringier war dumm. Ringier wies seine Journalisten an, anständig zu werden. Das taten sie, die Auflage sank gegen 200 000 Exemplare.

Die Anständigkeit zeigte sich zuerst politisch. Der *Blick* schwenkte auf die Linie linker Weltverbesserung ein. Das Blatt vergötterte Asylanten, Sozialismus und EU-Beitritt und hasste dafür Christoph Blocher und die SVP. Der Hass wurde immer grösser, je mehr der SVP-Wähleranteil stieg und je mehr die *Blick*-Auflage sank.

Die Anständigkeit zeigte sich ebenso im Zugriff auf die Beute. Der *Blick* ging auf Schmusekurs mit den Prominenten dieses Landes. Er begann sogar, ihre Privatsphäre zu respektieren. Er interessierte sich nicht mehr dafür, wenn Prominente Hamster assen oder kopulierten.

Dazu kam Pech. Als der *Blick* ausnahmsweise unanständig wurde und bei Botschafter Thomas Borer eine Sexaffäre wochenlang am Kochen hielt, erwies sich die Story als nicht beweisbarer Flop. Die Kolportage um sündige Nächte in Berlin endete mit dem grössten Mea Culpa unserer Pressegeschichte. Am 14. Juli 2002 entschuldigte sich der Verleger Michael Ringier im *SonntagsBlick* bei Borer und dessen Gattin Shawne Fielding: «Sie haben beide Ungemach erlitten, was ich bedaure.» Das Ungemach wurde gelindert durch ein Schmerzensgeld in Millionenhöhe.

Verantwortlich für den Flop war Ralph Grosse-Bley, der danach gefeuert wurde, dann zurückkehrte und ab 2010 wieder formell als Chefredaktor den *Blick* leitete. Er ist Deutscher und hat das Geschäft bei *Bild* gelernt. Nach seiner Rückkehr veränderte sich der *Blick* rasant. Grosse-Bley etablierte die Kunst des Knetens wieder auf der Redaktion. Er zeigte ein Flair für Unanständigkeit. Es schmuddelte wieder im Blatt, es wimmelte wieder von «Monstern» und von «Skandalen». Die Seite eins war wie in alten Zeiten für Messerstecher, Raser, Kinderschänder und Totschläger reserviert.

Alles oder nichts, sagte man sich. Nur mit Unanständigkeit kann der *Blick* wieder eine anständige Auflage erreichen.

Adler und Maulwürfe

Ein Manager, der versagt, wird gefeuert. Ein Journalist, der versagt, macht Karriere.

Am 4. November 1988 stand die Schlagzeile auf der Titelseite des *Tages-Anzeigers*: «Drogenmilliarden gewaschen: Bisher grösster Schweizer Fall». Es war die Story, die wesentlich zum Sturz von Bundesrätin Elisabeth Kopp beitrug. Die Geldwäscherei-Vorwürfe gegen die Firma Shakarchi Trading walzte der *Tages-Anzeiger* dann monatelang aus. Bundesrats-Gatte Hans W. Kopp sass im Shakarchi-Verwaltungsrat.

Die *Tages-Anzeiger*-Journalisten Hansjörg Utz und Rolf Wespe bekamen dafür den Zürcher Journalistenpreis. Es handle sich in ihrem Fall, so prahlten die Geehrten, um «Journalismus, der kritisiert und sich auch querstellt».

Die Story war masslos aufgebauscht, wie wir heute wissen. Zehn Jahre nach dem Flop musste sich der *Tages-Anzeiger* öffentlich entschuldigen. Es bestehe «kein Anlass zur Annahme, die Shakarchi Trading AG habe damals Geldwäscherei betrieben».

Zeitungen entschuldigen sich selten öffentlich. Ein klareres Schuldeingeständnis gibt es nicht. Schauen wir darum mal, was aus den verantwortlichen Journalisten geworden ist.

Hansjörg Utz wurde erst Chef des TV-Magazins «Kassensturz», dann Chef von «10 vor 10». 2008 wurde er vor Bundesgericht verurteilt, weil er eine versteckte Kamera widerrechtlich eingesetzt hatte. Rolf Wespe wurde Studienleiter am Medienausbildungszentrum in Luzern und brachte seitdem den Journalisten in seinem Lehrgang «ethische und rechtliche Fragen» im Journalismus bei.

Wir sind bei einer der Merkwürdigkeiten der Medienindustrie

angelangt. Journalisten, welche in ihrer Arbeit scheitern, machen in dieser Branche problemlos Karriere. Auch die grössten Fehlleistungen bleiben folgenlos, wie wir an einigen der bekanntesten Medien-Flops aufzeigen können.

Am 23. Juni stand die Schlagzeile auf der Titelseite der *NZZ am Sonntag*, mit der das Blatt eine monatelange Schlammschlacht gegen die Swissfirst-Bank und ihren Gründer Thomas Matter startete. Matter, so der Vorwurf, habe die Pensionskassen um Millionen erleichtert. Matter verlor seine Bank. Die beiden Journalisten Daniel Hug und Charlotte Jacquemart bekamen den Zürcher Journalistenpreis.

Inzwischen wissen wir, dass die Vorwürfe der *NZZ am Sonntag* haltlos und falsch waren – Matter wurde auch vor Gericht in allen kritisierten Punkten freigesprochen. Die beiden Journalisten hatten nicht einmal die Grösse, den Journalistenpreis zurückzugeben. Daniel Hug wurde stattdessen zum Ressortleiter Wirtschaft befördert.

Den Flop um Bundesrat Kaspar Villigers Rotlicht-Affäre bauten bei *Facts* unter anderem die Journalisten René Lüchinger und Michael Hug. Lüchinger wurde danach Chefredaktor der *Bilanz*, Hug wurde Chefredaktor der *Berner Zeitung*. Den Flop um Botschafter Thomas Borer verantwortete im *Blick* Chefredaktor Jürg Lehmann. Er wurde darauf Leiter der Ringier-Journalistenschule, um dem Nachwuchs zu zeigen, wie es richtig geht.

In der Medienbranche bekommt nach einem Flop jeder eine zweite, dritte und vierte Chance. Dagegen ist eigentlich nichts einzuwenden. Wir können bloss feststellen, dass im Journalismus in den eigenen Reihen gelebtes Christentum herrscht und man auch gegenüber argen Sündern zu grosser Milde und Versöhnung neigt.

Die zweite, dritte und vierte Chance bekommt man auch darum so leicht, weil zwei komplementäre Auffangbecken bestehen. Oft wechseln Journalisten nach Misserfolgen in der Presse hinüber ins Fernsehen, wo sie einen neuen Start bekommen. Umgekehrt suchen angeschlagene TV-Mitarbeiter Zuflucht bei Zeitungen und Zeitschriften.

Wir wollen dies an einem besonders schönen Beispiel kurz darstellen. Im Jahre 2000 bekam der *SonntagsBlick*-Journalist Martin Meier den Zürcher Journalistenpreis für seine Recherchen in der Geheimdienstaffäre Dino Bellasi. Die Affäre entpuppte sich als eine der grössten Fehlleistungen in der Geschichte des Blatts. Meier wechselte also zu «10 vor 10».

Dort gelang Meier dann eine der grössten Fehlleistungen in der Geschichte von «10 vor 10». Er platzierte in einem Beitrag über eine Bluttat bei der Zürcher Kantonalbank einen fingierten Abschiedsbrief und löste einen TV-Skandal aus. Und? Dann kehrte Meier zurück zur *Blick*-Familie, befördert zum stellvertretenden Nachrichtenchef.

Interessant ist, dass diese brancheninterne Versöhnlichkeit sich ausserhalb der eigenen Reihen ins Gegenteil verkehrt. Politiker oder Manager bekommen in den Medien nach einem Flop keine zweite oder dritte Chance. Wenn Manager und Politiker einen Fehler machen, rufen die Journalisten nach ewiger, blutiger Rache.

Der Schutzpatron der Medienschaffenden ist der heilige Franz von Sales. Seinen besten Spruch über die Journalisten wollen wir gerne zitieren: «Mit Adleraugen sehen wir die Fehler anderer, mit Maulwurfsaugen unsere eigenen.»

Wie verletze ich richtig?

Die Verletzung der Privatsphäre ist eine Königsdisziplin des Journalismus. Ein Leitfaden.

Wetterfrosch Jörg Kachelmann liebte es auch mal im Sadomaso-Stil. Lukas Metzler, der Ex der früheren Bundesrätin, hat eine Neue. So sieht das Grab aus, wo der Sohn von Schriftsteller Martin Suter liegt.

Sex, Liebe und Trauer. So steht es in der Zeitung. In der Zeitung steht nur, was von öffentlichem Interesse ist. Privates steht nie in der Zeitung.

Wir wollen uns heute mit dem Gegensatzpaar Privatsphäre und öffentliches Interesse beschäftigen. Für echte Journalisten, dies vorweg, gibt es keine Privatsphäre. Sie wollen Storys, über die sich die Leser den Mund zerreissen. Über die Verwaltungsreform zerreisst sich niemand den Mund. Über Sex, Liebe und Trauer schon.

Journalisten müssen also über Privates schreiben. Nun gibt es ein Problem. In der Charta des Schweizer Presserats steht nämlich der Satz: «Die Journalisten respektieren die Privatsphäre der einzelnen Personen, sofern das öffentliche Interesse nicht das Gegenteil verlangt.»

Das Problem ist damit schnell gelöst. Das öffentliche Interesse verlangt immer das Gegenteil.

Man muss also überlegen, wie man privaten Voyeurismus zu öffentlichem Interesse macht. Das ist einfach. Es gibt unter Medienprofis drei bewährte Methoden, ein öffentliches Interesse zu suggerieren: die Bedrohung der staatlichen Sicherheit, die Wichtigkeit des gesellschaftlichen Fortschritts und die Prävention des moralischen Zerfalls.

Die Bedrohung der staatlichen Sicherheit. Das beste historische Beispiel ist der Fall Elisabeth Kopp. Vor ihrer Wahl zur Bundesrätin wurde die «Fuditätsch»-Story publik, weil ihr Gatte mit einem Bambusstock gern den Hintern seiner Sekretärin verdrosch. Eine reine Privatsache. Aber man musste es bringen, so die Journalisten. Es war im öffentlichen Interesse, weil Frau Kopp sonst erpressbar geworden wäre.

Die Wichtigkeit des gesellschaftlichen Fortschritts. Das beste historische Beispiel ist der Fall Kurt Aeschbacher. Die Medien outeten 1997 den TV-Präsentator als homosexuell. Eine reine Privatsache. Aber man musste es bringen, so die Journalisten. Es war im öffentlichen Interesse, weil damit ein grosser Schritt hin zu sexueller Toleranz getan wurde.

Die Prävention des moralischen Zerfalls. Das beste historische Beispiel ist der Fall Christian Meier-Schatz. Der St. Galler Professor wurde von einer Prostituierten nackt eingesperrt. Eine reine Privatsache. Aber man musste es bringen, so die Journalisten. Es war im öffentlichen Interesse, weil er ihr Geld schuldete und man damit eine Lanze für gute Zahlungsmoral brechen konnte.

Alles ist heute im öffentlichen Interesse. Diese Ansicht setzte sich in den Medien bis zum Jahr 2000 endgültig durch. Vorher gab es Journalisten, die wussten, dass der bekannte Chef eines Uhrenkonzerns neben der Gemahlin eine Geliebte hatte. Sie wussten, dass der bekannte Filmregisseur kokste. Sie wussten, dass der bekannte Politiker in seiner Freizeit als Transvestit unterwegs war. Es sind drei echte Fälle. Die Journalisten wussten es und schrieben es nicht.

Heute ist die Frage nur noch, in welcher Zeitung es zuerst steht.

Tempo, Tempo, Tempo

Früher wollten Medien besser sein als ihre Konkurrenz. Heute nur noch schneller.

Die *SonntagsZeitung* aus dem Hause Tamedia brauchte wieder mal einen Primeur. Sie fand ihn bei Nestlé. «Finanzchef Paul Polman an der Konzernspitze», titelte das Blatt.

Der Primeur gefiel natürlich den Kollegen auf den anderen Redaktionen, und sie zogen eifrig nach: «Polman als Favorit für den Nestlé-CEO-Posten», titelte anderntags die *NZZ*.

Nun war das einzige Problem, dass der Primeur eine Ente war. Nicht Polman, sondern Paul Bulcke wurde neuer Nestlé-Chef. Das war natürlich blöd für unsere Journalisten. Sie hatten sich wieder einmal blamiert, weil sie Gerüchte zu Gewissheiten hochgestemmt hatten.

Weiter nicht schlimm. Bei Fehlinformationen gibt es eine eherne Branchenregel: Schuld ist immer die Gegenseite, in diesem Fall also Nestlé. Das Unternehmen hatte sich nicht an die Vorgaben der Medien gehalten.

«Nestlé scheut das Risiko: Nicht der Favorit wird neuer Chef», titelte nun vorwurfsvoll der *Tages-Anzeiger*. «Überraschende Wahl an die Spitze von Nestlé», wunderte sich nun die *NZZ*. Überraschend für wen? Vermutlich nicht für Nestlé.

Wir haben das ulkige Beispiel darum so breit ausgeführt, weil es uns den Wandel eines zentralen journalistischen Erfolgskriteriums zeigt. Es geht um den Primeur. In England und den USA nennt man ihn «Scoop».

Der Primeur ist in der Mediengeschichte als exklusive inhaltliche Eigenleistung definiert. Er gehört zur Sorte News, die man aufgrund von eigenen Recherchen und Zuflüsterungen von Informanten allein öffentlich macht. Der berühmteste Scoop aller Zeiten gelang der *Washington Post* mit dem Watergate-Skandal. Unsere grossen Primeurs waren meist im Dunstkreis von Militär und Justiz angesiedelt: Panzer 68, Geheimarmee P-26, Fichenaffäre.

Der echte Primeur, der auf einer umfassenden Recherche beruht, ist mittlerweile selten geworden. Gute Beispiele waren Storys über das Treiben von Vermögensverwaltern und über die Verschleuderung von Sozialhilfegeldern.

An die Stelle des echten Primeurs ist der Scheinprimeur getreten. Dieser besteht nicht mehr aus Informationen, die sonst nicht bekannt würden. Er besteht nur noch aus Informationen, die sowieso bekannt werden, die man aber ein paar Stunden früher als die Konkurrenz publiziert. Der inhaltliche Vorsprung wurde durch den simplen Tempovorsprung abgelöst. Man schreibt darum am Sonntag, dass am Mittwoch Paul Polman als neuer Chef von Nestlé vorgestellt wird.

Die Beispiele scheinbarer Primeurs können wir überall verfolgen. Scharen von Sportjournalisten verwenden ihre Zeit, um ein paar Stunden vor der Konkurrenz zu erfahren, zu welchem neuen Klub der Verteidiger des FC Zürich wechselt. Scharen von Wirtschaftsjournalisten versuchen, die Zahlen von UBS und Credit Suisse einen Tag früher zu bekommen. Dem Leser hingegen ist es völlig egal, ob er etwas früher oder später erfährt.

Dass die Primeurs eine aussterbende Gattung sind, hat einen internen und einen externen Grund. Zuerst einmal haben Journalisten heute keine Zeit mehr, genügend Zeit in Recherchen zu investieren. Der Produktionsdruck ist zu hoch geworden. Dann beschäftigen Unternehmen und Behörden inzwischen Unmengen von Kommunikationsberatern, die nur die Aufgabe haben, recherchierende Journalisten leerlaufen zu lassen.

Enden wir mit einem Testlauf. Unsere Recherchen haben ergeben, dass Christoph Mörgeli nächster Präsident des Roten Kreuzes wird. Wenn er es wird, war das ein Primeur. Wird er es nicht, ist es eine Überraschung.

Journalisten spielen Verstecken

Die versteckte Kamera im Fall des Schönheitschirurgen Meyer-Fürst schrieb Mediengeschichte.

Als Diego Yanez neuer Chefredaktor des Deutschschweizer Fernsehens wurde, trauerte er als Erstes den guten, alten Zeiten nach. «Eine versteckte Kamera ist ein legitimes Mittel der Recherche», sagte er, «das Gericht sah dies aber anders, deshalb dürfen wir nicht mehr zu diesem Mittel greifen.»

In der Schweiz ist die versteckte Kamera seit dem Urteil des Zürcher Bezirksgerichts von 2009 nicht mehr im Einsatz, zumindest vorderhand. In Deutschland ist sie weiterhin erlaubt, wie fast gleichzeitig das Landgericht Düsseldorf entschied.

Die versteckte Kamera gehört zu den umstrittensten Methoden im Journalismus. Ein Redaktor der *New Yorker Daily News* erfand die Methode in den Zwanzigerjahren. Er band sich eine kleine Kamera ans Fussgelenk und fotografierte damit heimlich eine Hinrichtung im New Yorker Staatsgefängnis Sing-Sing.

Seitdem ist die versteckte Kamera Bestandteil des journalistischen Repertoires. Die Kontroverse um eine versteckte Kamera entzündete sich in der Schweiz am Fall des Schönheitschirurgen Peter Meyer

Fürst. Der «Kassensturz» entsandte eine Miss Argovia in seine Praxis und filmte heimlich, wie er ihre Brüste untersuchte.

Der «Kassensturz» lieferte ein schönes Beispiel dafür, wie die versteckte Kamera missbraucht werden kann. Bevor wir die Fehlleistung des Schweizer Fernsehens aber näher betrachten, müssen wir ein bisschen Theorie einschieben.

Eine versteckte Kamera ist immer eine Verletzung der Privatsphäre. Grundsätzlich ist sie darum in der journalistischen Ethik verboten. Gerechtfertigt ist sie nur dann, wenn an ihrem Einsatz ein grosses öffentliches Interesse besteht. Es gibt in der Mediengeschichte viele Beispiele, wo dieses öffentliche Interesse gegeben war. Bekannt ist etwa die *hidden camera* der TV-Station ABC, die Kunstfehler bei der Krebsdiagnose sichtbar machte, der versteckt gefilmte BBC-Report über Korruption im britischen Fussball und das vergleichbare Video über hohle Hände bei der Fifa.

Natürlich gibt es in der Mediengeschichte viel mehr Beispiele, wo öffentliches Interesse nicht gegeben war. In diesen Fällen war die versteckte Kamera blanker Voyeurismus.

Blanker Voyeurismus ist meist identisch mit Diskreditierung. Unerreichter Meister in dieser Disziplin ist Mazher Mahmood vom englischen Boulevardblatt *News of the World*. Mit versteckter Kamera filmte er den Drogenkonsum von Prinz Harry, dokumentierte die königliche Nestbeschmutzung der Gräfin von Wessex und ertappte eine ganze Reihe von Prominenten bei ausserehelichen Aktivitäten. Immer, natürlich, stand das öffentliche Interesse im Vordergrund.

Auch SF1 musste also den Eindruck erwecken, dass an seinem Schönheitschirurgen ein enormes öffentliches Interesse bestand. «Kassensturz»-Chef Wolfgang Wettstein sagte deshalb über Meyer-Fürst: «Das Interesse der Öffentlichkeit an ihm ist gross.» Der damalige TV-Chefredaktor Ueli Haldimann sagte über Meyer-Fürst: «Er ist eine Person öffentlichen Interesses.»

Wie wir sehen, waren die TV-Mitarbeiter Wettstein und Haldimann vom Hausjuristen gut instruiert. Das ändert aber nichts daran, dass ihre Aussagen falsch waren. Der Chirurg, der angeblich seit Jahren immer wieder für Schlagzeilen sorgte, sorgte nämlich für keine Schlagzeilen. In den fünf Jahren zuvor erschien in der Presse über ihn nur ein einziger Artikel, im *SonntagsBlick*. Daneben wurde er dreimal am Rande in der Klatschpresse erwähnt.

Genügt das, damit man eine Person öffentlichen Interesses ist? Genügt das, damit man als Person des öffentlichen Interesses mit einer versteckten Kamera ausspioniert wird? Wenn es so wäre, dann wäre jeder, dessen Name einmal in der Zeitung stand, von öffentlichem Interesse und in seiner Privatsphäre reduziert. Es gibt keine Öffentlichkeit ausserhalb der Medienöffentlichkeit.

Vor fünfzehn Jahren allerdings war Meyer-Fürst tatsächlich von Interesse. Es gab Prozesse gegen ihn, die jedoch allesamt eingestellt wurden. 1993 erreichte er mit einer richterlichen Verfügung, dass sein Name im «Kassensturz» nicht genannt werden durfte. Im selben Jahr erreichte er ebenfalls mit einer richterlichen Verfügung, dass die *Bilanz* ihre Kioskauflage einstampfen musste, weil sie kritisch über seine Operationen berichten wollte. Damit schuf er sich keine Freunde im Milieu der Medien.

Fünfzehn Jahre später ahnten wohl auch die «Kassensturz»-Mitarbeiter, dass sie sich mit der versteckten Kamera ins journalistische Zwielicht begaben. Weil sie es ahnten, begingen sie nun den entscheidenden Fehler. Am Ende ihres Boulevard-Videos trat eine Dame namens Vera Dillier auf, die nur mit der seltsamen Quellenbezeichnung «Jetsetterin» vorgestellt wurde. Sie beschuldigte den Chirurgen der sexuellen Belästigung.

Damit wusste jeder Journalistenschüler, welches Spiel hier gespielt wurde: Wenn in einem TV-Beitrag über die Problematik der Schönheitschirurgie plötzlich eine dubiose Zeugin auftritt, die dem Schönheitschirurgen sexuelle Belästigung vorwirft, dann ist klar: Es geht in diesem Beitrag nicht um Schönheitschirurgie, sondern um eine gezielte Diffamierung des Schönheitschirurgen.

Das Schweizer Fernsehen braucht sich nicht zu beklagen. Es hat sich das Verbot dieses «legitimen Mittels der Recherche» selber eingebrockt.

Gegenseitiges Aufheizen

Bei Prozessen gegen Wirtschaftsgrössen führen Medien und Justiz einen flotten Vierakter auf.

Die Stadthalle Bülach hat schon viele grosse Ereignisse gesehen. Da gab es etwa die Modellbauausstellung der Modellfluggruppe Unterland. Es gab die Schweizer Meisterschaft im Salsa-Paartanz und, nicht zu vergessen, die Abendunterhaltung der Männer- und Damenriege.

Den Höhepunkt erlebte die Stadthalle Bülach 2007 mit dem Swissair-Prozess. 1500 Zuschauer hatten in der Halle Platz, darunter die Kompanie Journalisten. Der Prozess war einzigartig. Zum ersten Mal stand die komplette Chefetage eines Schweizer Unternehmens vor Gericht.

Dem Swissair-Prozess ging ein bemerkenswertes Schauspiel der journalistischen Begleitung voran, das man auch aus anderen Fällen kennt. Wir wollen darum einmal systematisieren, wie das Zusammenspiel von Medien und Justiz jeweils abläuft.

Das Szenario hat immer vier Akte. 1. Akt: Der Rausch der Journalisten; 2. Akt: Der Übermut der Staatsanwälte; 3. Akt: Die kalte Dusche der Richter; 4. Akt: Die mediale Justizschelte.

1. Akt: Der Rausch der Journalisten. Wenn Wirtschaftsaffären um Prominente hochkochen, setzt in den Medien jeweils eine rauschhafte Kampagne der Vorverurteilung ein. «Kriminell» seien die Verantwortlichen im Fall Swissair, wusste dann beispielsweise eine *Basler Zeitung* schon vor dem Prozess. Es handle sich um einen «Swissfirst-Sumpf», wusste der *Blick* im Fall des Bankers Thomas Matter von Anfang an. Die Vorverurteilung erklärt sich dadurch, dass im Vorfeld des Prozesses Journalisten und die Anklage jeweils eng kooperieren und sich oft gegenseitig ihre «Hintergrundinformationen» zustecken.

2. Akt : Der Übermut der Staatsanwälte. Im aufgeheizten Klima erliegen nun oft die Staatsanwälte dem Mediendruck und werden selber zu Medienstars. Am tollsten trieb es bisher der Berner Staatsanwalt Beat Schnell. Im Fall Werner K. Rey machte er jahrelang den Hanswurst und liess sich bis auf die Bahamas begleiten.

Donnernden Applaus der Medien bekommen die Staatsanwälte auch bei möglichst scharf formulierten Anklageschriften. Als der Zürcher Staatsanwalt Christian Weber die Anklage im Fall Swissair veröffentlichte, jubelte etwa die *Neue Luzerner Zeitung*: «Es wird deutlich, dass die dritte Gewalt im Staat vor grossen Namen nicht kuscht.» Von der *Schweizer Illustrierten* bekam der unerschrockene Staatsanwalt Weber die «Rose der Woche». Dieselbe Rose hatte zuvor schon der unerschrockene Berner Staatsanwalt Beat Schnell erhalten, gleich zweimal.

3. Akt: Die kalte Dusche der Richter. Der Medienhype steht oft in krassem Gegensatz zu den Fähigkeiten der Staatsanwälte. Im Fall Beatrice Werhahn etwa rüffelte das Bezirksgericht öffentlich Staatsanwalt Felix Gerber, weil er die Untersuchung verschlampt hatte. Im Fall Swissair lieferte die Zürcher Staatsanwaltschaft eine derart miserable Anklageschrift ab, dass das Bezirksgericht sie zurückweisen musste. Es war «nicht ersichtlich, was den Angeklagten konkret vorgeworfen wird».

In allen Fällen zeigt sich die Überhitzung der Untersuchungsbehörde in überrissenen Strafanträgen gegen die prominenten Angeklagten. Das bringt ihnen zwar einen letzten Applaus der Medien, doch nun greifen die Richter ein. Regelmässig stauchen sie das Komplott von Medien und Staatsanwaltschaft zusammen.

Beatrice Werhahn von Raichle sowie Beat Curti und Rudi Bindella in der Zürcher Wirteaffäre wurden ebenfalls freigesprochen, nachdem sie von Medien und Staatsanwaltschaft zuvor niedergemacht worden waren. Selbst Werner K. Rey wurde nur zu vier Jahren verurteilt. Der Staatsanwalt hatte zehn Jahre gefordert. Auch im Fall Swissair endete das ganze Spektakel mit einer krachenden Niederlage von Medien und Justiz. Sämtliche 19 Angeklagten wurden freigesprochen.

4. Akt : Die mediale Justizschelte. Nachdem die Vorverurteilung der Medien nicht in entsprechende Urteile der Richter gemündet ist, ziehen die Journalisten jeweils die logische Konsequenz und attackieren die Justiz: Die Gesetze sind ungenügend, die Justiz ist morsch. «War das alles?», fragt dann die *Neue Zürcher Zeitung* nach dem Rey-Urteil frustriert

Nach dem Swissair-Prozess setzte dasselbe Heulen der Besiegten ein. Einmal mehr war ihre Inquisition gescheitert. Als «Ohrfeige» empfand der *Blick* die Freisprüche. «Einen Schlag ins Gesicht», erkannte auch die *Zürichsee-Zeitung*. «Ein Schlag ins Gesicht», titelte ebenso der *Tages-Anzeiger*.

Medien können zwar bestens austeilen. Einstecken können sie nicht. Unser Mitgefühl mit den Prügelknaben hält sich darum in Grenzen.

Beruf Empörungsexperte

Wer bei Journalisten gefragt sein will, sollte jederzeit zu spontaner Entrüstung fähig sein.

Marc Spescha ist, wie man weiss, ein Migrationsexperte. Deshalb ist er entsetzt über die Ausländerpolitik der SVP und ihre «billigen Wahlkampfschlager.» Ausholen darf er im *Tages-Anzeiger.*

Max Ungricht ist, wie man weiss, ein Aviatikexperte. Darum ist er entsetzt, wie schlecht die Schweizer Luftwaffe ist. Ausholen darf er in der *Aargauer Zeitung*. Und Willy Oggier, der Gesundheitsexperte, ist entsetzt, dass der Bundesrat den Krankenversicherten «Sand in die Augen gestreut hat». Ausholen darf er in der *Berner Zeitung*.

Die drei sind ausserhalb der Medien kaum bekannt. Sie gehören zu einer neuen Berufsgattung, die schwer auf dem Vormarsch ist. Es handelt sich um den Empörungsexperten. Er unterscheidet sich von den traditionellen, eher ausgewogenen Experten durch seine klare Rolle: Er macht sofort und zuverlässig nieder.

Wenn der Journalist einen Empörungsexperten sucht, schaut er zuerst in der Mediendatenbank, wer sich zu seinem Thema in der Vergangenheit schon empört hat. Zusätzlich sucht er im Internet eine Figur, die mit seinem Thema ansonsten zu tun hatte. Dann ruft er an und fragt, ob der gefundene Experte zum Thema entsetzt, empört oder aufgebracht sei. Wenn der Experte Ja sagt, beginnt das Interview. Wenn der Experte Nein sagt, hängt der Journalist auf und macht den nächsten Anruf. Irgendwann findet er sicher einen Empörten.

Das ist nur ganz leicht übertrieben.

Weil Journalisten unter Zeitdruck stehen, wählen sie häufig jene Empörungsexperten aus, die sich in der Vergangenheit zuverlässig empörten.

Der vielleicht beste Empörungsexperte der letzten Jahre war der Historiker Georg Kreis, Präsident der Kommission gegen Rassismus. Sein Asset ist seine Dauerempörung. Er ist empört, wie der Bundesrat mit Staatsschutzakten umgeht *(Neue Zürcher Zeitung)*. Er ist empört über die SVP, weil hier «Hass gefördert» werde *(Sonntag)*. Er ist empört, weil die Fahrenden unter «diskriminierenden Verhältnissen» leiden *(Tages-Anzeiger)*. Er ist empört, weil das neue Asylgesetz der «Kriegssituation» nahekommt *(Sonntagszeitung)*. Im Durchschnitt schafft es der Empörungsexperte Kreis pro Jahr rund 400 Mal in die Presse und dazu in TV-Shows wie «Club» und «Arena».

Ein bemerkenswertes Comeback als Empörungsexperte gelang dem Strategieexperten Albert Stahel. Nachdem er in der Versenkung verschwunden war, schwenkte er in eine neue Rolle über. Mit kruden Verschwörungstheorien rund um 9/11 brachte er sich via *Weltwoche* und *Blick* in die Schlagzeilen zurück. Dermassen neu qualifiziert ist er wieder dauerpräsent – von der «Tagesschau» («Armeebericht ist ein Desaster») bis zum *Landboten* («Völliger Unsinn»).

Klassische Spezialisten hingegen, wie etwa der Politologe Claude Longchamp, der Ökonom Thomas Held oder der Bankenspezialist

Peter Forstmoser sind in den Medien immer weniger gefragt. Sie neigen unnötigerweise zu einer differenzierten Meinung. Das ist in der Skandalisierungsmaschine nicht sehr sexy.

Wir können hier nicht alle aus der neuen Garde der Empörungsexperten aufführen. Zwei möchten wir dennoch kurz erwähnen, denen unsere besondere Hochachtung gilt. Sie haben sehr konsequent den wachsenden Bedarf der Medien an scharfer Quick Soup erkannt.

Eine absolut sichere Bank ist der ehemalige Preisüberwacher Rudolf Strahm. Er ist in den letzten Jahren zum Star des Gewerbes gereift. Man kann ihn als Journalist zu jedem Thema befragen, nie wird die Erwartung auf Empörung enttäuscht: Berufsbildung, Firmenfusionen, bilateraler Weg, Bankgeheimnis, Pensionskassen, Post, Tram, Pharmaindustrie. Strahm findet alles ganz, ganz schrecklich.

Der Aufsteiger der letzten Jahre aber ist Dominique Biedermann, der Chef der Ethos-Anlagestiftung. Er ist der empörteste Ankläger der Nation. Die Managerlöhne sind exzessiv, Doppelmandate sind des Teufels, die Boni sind übersetzt, die Verwaltungsräte unfähig. Biedermann gibt Interviews wie ein Maschinengewehr. Was der Brandstifter Biedermann auch anzündet – und er zündet dauernd etwas an –, es wird ehrerbietig abgedruckt.

Wir haben dazu eine Frage, aber zuerst ein Wort zu unserem Biedermann. Ethos ist bekanntlich eine ganz normale, profitorientierte Vermögensverwaltung. Man bietet für private und institutionelle Investoren elf verschiedene Fonds. Die Performance der Aktienfonds ist eher unterdurchschnittlich.

Unsere Frage: Wäre es mal eine journalistische Recherche wert, wie Ethos geführt wird, warum Anleger hier eine schlechte Performance haben und wie viel, inklusive Bonus, Dominique Biedermann verdient? Haben wir jemals etwas darüber gelesen? Nein, natürlich nicht.

Je höher ein Empörungsexperte den Mahnfinger in die Luft streckt, desto tiefer sinken unsere Journalisten in die Knie.

Wir haben es schon immer gewusst

Wäre die Welt doch so sicher wie der nachträgliche Ruf nach Früh-
warnsystemen.

Die Katastrophe wäre vermeidbar gewesen. Man hätte zum Beispiel
nur auf das National Earthquake Center in Golden, Colorado, hören
müssen, wie uns *USA Today* belehrte. Man hätte ebenso gut auf die
Intergovernmental Oceanographic Commission in Paris hören können, wie die *New York Times* wusste. Man hätte auf das Institut für
Mathematische Geophysik in Nowosibirsk hören müssen, wie die
Frankfurter Allgemeine Zeitung kritisierte. Und warum hat keiner auf
das Pacific Tsunami Warning Center in Hawaii gehört, wie die *Basler
Zeitung* beklagte?

Tausende von Zeitungen, TV- und Radiostationen haben rund
um den Tsunami gewusst, dass die Katastrophe in Südostasien vermeidbar gewesen wäre. Sie wissen auch, dass Vulkanausbrüche, Flug-
zeugabstürze, Tunnelbrände, Schlammlawinen, Überschwemmun-
gen, Erdbebenschäden vermeidbar gewesen wären. Aus Sicht der
Medien gibt es keine unvermeidlichen Katastrophen. Katastrophen
treten nur dann ein, wenn die Frühwarnsysteme versagen respektive
die für die Frühwarnsysteme Verantwortlichen die Frühwarnsysteme
ignorieren.

Eigentlich ist dies ein sympathischer Wesenszug. In der Stunde
der Not wird jeweils die idealistisch-biblische Seite der ansonsten zy-
nischen Medienbranche ersichtlich, wonach der Mensch sich die
Erde doch untertan machen könne. Die Branche glaubt in etwas ent-
rückter Weise an eine fast unbegrenzte Beherrschbarkeit des Planeten, an die Administrierbarkeit selbst von Springfluten, Beben und
Erdplattenverschiebungen. Hätten die zuständigen Instanzen nur
rechtzeitig und richtig gehandelt … ja, dann hätte es sich zum Guten
gewendet.

Der Glaube an die steuerbare Machbarkeit der Welt geht einher
mit einer Verklärung von Institutionen und Organisation. In diesem

Punkt denken Medien und Politik oft deckungsgleich. Probleme und Risiken dieser Erde sind oft dann behoben, wenn eine funktionierende Organisation gegen diese Bedrohungslagen geschaffen ist. Dass nach Todesfällen durch Autoraser ein Eidgenössisches Amt gegen das Raserwesen die naheliegende Lösung ist, ist in dieser Denkart nur folgerichtig. Das Leben ohne Risiko ist die Vision von Medien wie Politikern, obwohl beide Gruppen erstaunlicherweise gerade vom Gegenteil dieser Vision profitieren. Katastrophen und ungelöste Probleme, nicht ihre Beseitigung, steigern die Auflagen von Zeitungen, die Einschaltquoten der TV-Kanäle und die Wahlresultate der Parteien.

Nach jeder kleinen Unzulänglichkeit und nach jeder Katastrophe erfolgt der mediale Ruf, die Problemstellung durch die Kreation eines neuen Frühwarnsystems, also einer neuen Behörde und Beamtenschaft, zu entschärfen. Ich habe mir eine kurze Liste jener Frühwarnsysteme zusammengestellt, die von den Schweizer Zeitungen kürzlich thematisiert und gefordert wurden:

Frühwarnsystem gegen Hochwasser *(St. Galler Tagblatt)*
Frühwarnsystem gegen Scheininvalide *(Blick)*
Frühwarnsystem gegen Seitensprünge *(SonntagsZeitung)*
Frühwarnsystem gegen Geldwäscherei *(Tages-Anzeiger)*
Frühwarnsystem gegen Selbstmorde *(Berner Zeitung)*
Frühwarnsystem gegen Glatteis *(Südostschweiz)*
Frühwarnsystem gegen Nebel *(Automobilrevue)*
Frühwarnsystem gegen Pensionskassenbetrug *(NZZ)*
Frühwarnsystem gegen Jugendgewalt *(Basler Zeitung)*
Frühwarnsystem gegen Bankverluste *(Finanz & Wirtschaft)*
Frühwarnsystem gegen steckenbleibende Züge
    (NZZ am Sonntag)
Frühwarnsystem gegen Verletzung des Kollegialitätsprinzips
    (Der Bund)
Frühwarnsystem gegen Staus *(Mittelland-Zeitung)*
Frühwarnsystem gegen Kunstfehler *(Neue Luzerner Zeitung)*

Wir könnten die Aufzählung beliebig erweitern, indem wir neben diesen lokalen Desastern die globalen Apokalypsen und deren Eindämmung auflisten. Die Vorschläge der Medien reichen dann von Früherkennungsmethoden bei Schweine-, Vogel- und anderen Grippen bis zu schmelzenden Polarkappen, Finanzkrisen und Meteoriten. Natürlich ist es eine trügerische Sicherheit, wie der tägliche Blick auf die vermischten Meldungen belegt.

Die *NZZ am Sonntag* hat in diesem Zusammenhang ein Zitat von Charles Richter ausgegraben, dem Erfinder der logarithmischen Skala der Erdbebenstärke. Er ärgerte sich darüber, dass «Journalisten und die Öffentlichkeit sich auf jeden Hinweis für eine Vorhersagbarkeit von Erdbeben stürzen wie Schweine auf den Trog».

Richter wusste um die Fragilität von Frühwarnsystemen und erst recht um die üblen Folgen, wenn die Natur sich ihrer Bezähmung widersetzt. Noch besser in unsere Zeit passt darum das berühmteste Zitat von Charles Richter: «Don't wait for extraordinary circumstances to do good; try to use ordinary situations.»

«Shawne war nicht zu kontrollieren, glauben Sie mir.»

Interview mit Thomas Borer, Medienopfer

Thomas Borer leitete die «Taskforce Schweiz – Zweiter Weltkrieg». 1999 wurde er Botschafter in Berlin. Eine Kampagne in Blick und SonntagsBlick, die ihm eine Affäre nachsagte, beendete 2002 seine Diplomatenkarriere. Verleger Michael Ringier entschuldigte sich öffentlich bei Borer und seiner Gattin Shawne Fielding und bezahlte ein Schmerzensgeld in Millionenhöhe. Heute ist Borer Unternehmensberater und sitzt in mehreren Verwaltungsräten.

Thomas Borer, sind Sie ein Medienopfer?

Manchmal bin ich ein Medienopfer, kein Zweifel. Aber ich muss zugeben, dass ich in meiner Tätigkeit mitunter auch die Medien instrumentalisiere.

Indem Sie zum Beispiel Interessen Ihrer Klienten aus Wirtschaft und Politik durchsetzen.

Ja. Die Medien sind ja nicht nur eigenständiger, sondern auch fremdgesteuerter Akteur. Ich habe das ab 1996 als Chef der «Task Force Schweiz – Zweiter Weltkrieg» gelernt. Die jüdischen Organisationen haben damals die Schweizer Presse und die internationalen Medien als sehr effizienten Transmissionsriemen benutzt, um auf die Schweiz und die Banken Druck auszuüben.

Sie sind in den Medien also sozusagen Opfer und Täter zugleich. Fangen wir mal mit der Opferrolle an. Wie war das damals, als Sie im Jahre 2002 diese Schlagzeile im SonntagsBlick gelesen haben: «Borer und die nackte Frau». Ihnen wurde darin ein Seitensprung unterstellt.

Ich war mit meiner Frau auf Mauritius in den Ferien. Ich wusste nicht, dass ein derartiger Artikel geplant war. Ich wusste auch nicht, dass das Aussendepartement, das EDA, über den kommenden Artikel seit Tagen im Bilde war. Ich wurde dann durch erste Telefonate aufgerüttelt. Schliesslich bekam ich ein Fax in schlechter Schwarzweiss-Qualität. Die «hochstehende» farbige Fassung des Artikels hatte ich erst zwei Wochen später vor Augen.

Wie haben Sie reagiert?

Ich hatte als Schweizer Botschafter in Deutschland viel Erfahrung mit medialen Problemen gesammelt. Aber natürlich ist ein persönlicher Angriff wie in diesem Fall dennoch eine sehr emotionale Sache. Ich war mir ganz am Anfang nicht bewusst, was dieser Artikel für Auswirkungen haben würde. Ich war natürlich nicht erfreut. Der Artikel hat mich im ersten Moment aber auch nicht gross schockiert.

Interessant war dann zu sehen, wie ein Artikel im Boulevard in kurzer Zeit das Aussenministerium, das EDA, in Panik versetzt hat.

Das Hauptproblem war, dass das EDA schon Tage vorher wusste, was da kommen würde, und auch mit den Vorwürfen gegen mich konfrontiert war. Das EDA hat mich aber nicht informiert und auch keine Stellungnahme von mir angefordert.

Hat zumindest der involvierte Journalist mit Ihnen geredet?

Nein, natürlich nicht. Ich wäre vom EDA wie von der Redaktion problemlos zu erreichen gewesen. Der Artikel erschien am Ostersonntag, ich flog erst am Samstag aus Berlin weg. Es war wie so häufig bei Medienaffären. Die schwerwiegenden Fehler in der Kommunikation werden am Anfang gemacht. Man kann das hinterher nur noch mit Kopfschütteln betrachten. Das EDA machte einen klassischen Anfängerfehler. Der spätere Untersuchungsbericht der Geschäftsprüfungskommission hat entsprechend die Verantwortlichen im EDA auch hart kritisiert.

War der «Anfängerfehler» bewusst oder unbewusst?

Ich weiss nicht. Tatsache war, dass ich nicht sofort Stellung nehmen konnte. Ich konnte die Unterstellungen nicht kontern. Es waren ja nicht schwerwiegende Vorwürfe. Es ging um mein Privatleben. Die richtige Antwort des EDA wäre gewesen: Zur Privatsphäre von Botschafter Borer äussern wir uns nicht. Damit wäre die Luft recht schnell raus gewesen. Stattdessen hat das EDA Abklärungen in Aussicht gestellt und die Geschichte damit zusätzlich aufgeheizt.

Ist es aus heutiger Sicht für Sie ein Modellfall, wie die Politik unter dem Druck der Medien eingebrochen ist?

Ja. Die Medien haben im heutigen Umfeld eine neue, bedeutende Rolle im politischen und wirtschaftlichen Geschehen. Sie sind für die Politiker unverzichtbar und wesentlich. Ein Auftritt eines Politikers in der TV-«Arena» von fünf Minuten ist unglaublich viel wichtiger als die brillanteste Rede dieses Politikers vor dem Parlament. Das Parlament ist nicht mehr alleiniger Ort des politisch relevanten Geschehens, das sind mehr und mehr die Medien. Das ist kein Vorwurf an die Medien, es ist ein Teil unserer gesellschaftlichen Realität. Daher sind Politiker – wie zunehmend auch Wirtschaftsvertreter – über die Medien in hohem Masse beeinflussbar.

Der damalige Bundesrat Joseph Deiss, der spätere Präsident der Uno-Generalversammlung, musste sich in gewissem Sinne zwischen Ihnen und den Medien entscheiden.

Politiker haben oft Angst vor den Medien – meines Erachtens zu Unrecht. Der damalige Bundesrat Deiss war nicht gerade dafür bekannt, ein sehr starkes Rückgrat zu haben. Mir wurde dann nach ein paar Tagen schon klar, dass er sich mir gegenüber nicht loyal verhalten würde. Der Mann hatte Angst vor dem involvierten Verlag. Daher habe ich dann recht früh schon den *worst case* geplant.

Es hat sich dann aber recht schnell herausgestellt, dass das Bild im entsprechenden Artikel und auch andere Aussagen der Zeitung nicht zu belegen waren.

Trotzdem hat mich Bundesrat Deiss vorzeitig abberufen – und daraufhin habe ich gekündigt. Ich hatte es ja gewagt, den Verlag und dessen Mehrheitseigentümer über die Medien direkt anzugreifen. Das gehörte sich in der Wahrnehmung von Bundesrat Deiss offensichtlich nicht. Ich hätte aus seiner Sicht die Schlammschlacht demütig über mich ergehen lassen sollen.

Sie sind also unter Mithilfe eines Politikers von den Medien abgeschossen worden.

Nein, nicht von den Medien, nur von einem einzelnen Verlag. Die Medien waren meine härtesten Gegner, gleichzeitig aber auch meine besten Alliierten. Die meisten falschen Fakten in meinem Fall wurden von anderen Medien, nicht von mir persönlich aufgedeckt. Hier vertraten besonders das Schweizer Fernsehen und Tamedia die Gegenposition. In Deutschland tat das Springer mit der *Bild-Zeitung*. Journalisten, die ich vorher nicht mal kannte, haben mich vehement unterstützt. Sie haben die Geschichte wie auch die moralische Begründung der Attacke zerzaust. Andererseits wurde dadurch die Sache natürlich zusätzlich aufgebläht. Ich habe zum ersten Mal am eigenen Leibe erfahren, wie Rudel- und Kampagnenjournalismus funktioniert.

Hätten Sie aus heutiger Sicht eine Chance gehabt, der ganzen Affäre eine andere Richtung zu geben?

Nur wenn ich vorgängig informiert gewesen wäre. Ich hätte dann medial kontern können. Ich hätte womöglich auch mit einer superprovisorischen Verfügung den Artikel stoppen können. Ich konnte jedoch nur noch reagieren. Ich habe mit den Verantwortlichen des Verlages einen Tag nach der Publikation ein Telefongespräch geführt. Ich habe ihnen gesagt, dass am Ende nur Verlierer zurückbleiben werden. Ich fand kein Gehör. Der Grund lag vermutlich darin, dass die involvierten Journalisten damals auch den Verleger angelogen hatten.

Wie auch immer. Sie traten schliesslich zurück. Aus und vorbei.

Damals war das die grösste Niederlage meines Lebens. Aus heutiger Sicht sage ich: Es ist das Beste, was mir in meinem Leben passiert ist. Ich hatte damals endlich den Mut, den diplomatischen Dienst an den Nagel zu hängen. Ich habe von mir aus gekündigt, obschon ich gute Angebote des EDA für ein Verbleiben als Botschafter in anderer Funktion hatte. Aber ich wollte nicht mehr für Bundesrat Deiss arbeiten. Ich habe in den letzten acht Jahren weit mehr Lebensfreude und mehr Freiheit gefunden, als ich dies als Botschafter je erlebte. Es zeigt sich das alte Prinzip, dass vermeintliche Niederlagen sich später als grosse Siege entpuppen können.

Sie haben auch in einem anderen Punkt Mediengeschichte geschrieben. Sie waren der Erste, der gegen ein Medienhaus geklagt hat und dabei nicht nur 50 000 Franken, sondern einige Millionen herausgeholt hat.

Ich glaube, die Verlagsspitze ist sich bewusst geworden, dass es nicht nur um journalistische Fehler ging. Sie wusste, dass sie ein grosses Unrecht begangen hatte. Sie hatten die Karriere eines verdienten Mannes beendet, der für ihr Land ein paar Mal in einer grossen Krise die Kastanien aus dem Feuer geholt hatte. Das war der Auslöser für den finanziellen Vergleich und die Entschuldigung des Verlages. Übrigens scheint mir die neue Führung des Verlages viel verantwortungsbewusster und auch wirtschaftlich zweckmässiger zu agieren.

Dass der Ringier-Verlag mit derartiger Aggressivität auf Sie losging, könnte auch daran liegen, dass Sie als Botschafter ein schillernder Medienstar waren und die Demontage besonders reizvoll war.

Damit wäre die alte Medienregel bestätigt, dass Personen erst hinauf- und dann wieder hinuntergeschrieben werden. Da ist etwas dran. Medien können tatsächlich eine Person zerstören. Ich bin immer wieder erstaunt, wie wenig sich Journalisten dieser Verantwortung bewusst sind. Sie scheinen auszublenden, was für eine Macht sie haben. Ich bin eine Ausnahme, weil ich mich wehren konnte. Die wahren Medienopfer sind der Lehrer, dem von den Medien zu Unrecht sexuelle Übergriffe vorgeworfen werden, oder der Kleinunternehmer, der fälschlicherweise des Betrugs verdächtigt wird. Hier ist die destruktive Kraft der Medien ungeheuer.

Je höher die Position, umso besser der Schutz.

Nicht unbedingt. Ich stelle das in meinem Umfeld, das ich berate, immer wieder fest. Schon ein kleiner kritischer Artikel kann gestandene Unternehmer in enorme Aufregung versetzen. Öffentlich angegriffen zu werden, hat unglaubliche psychologische Auswirkungen auf den Einzelnen. Er fürchtet um die eigene Stellung und die Stellung des Unternehmens. Journalisten wollen diesen Mechanismus oft nicht wahrhaben.

Nun haben Sie zuvor als Botschafter sehr gut auf der Klaviatur der Medien gespielt und sich selber sehr gut in die Schlagzeilen gebracht. Sie waren dauernd in der Presse, Sie traten in der Sendung «Wetten dass ..?» auf. Da haben Sie übertrieben.

Mit Blick auf den Schweizer Bundesrat wahrscheinlich schon. In Deutschland war es der richtige Weg. Ich habe damals den Begriff der öffentlichen Diplomatie oder *public diplomacy* mitgeprägt. Die Geheimdiplomatie des 19. Jahrhunderts nahm noch auf die Regierungen Einfluss. Ich habe mir gesagt, im Medienzeitalter muss der Diplomat auf die Medien einwirken, weil die wiederum auf die Politik einwirken. Ich habe mir gesagt, es ist nicht mehr ausreichend, wenn ich vor 50 Zuhörern Vorträge über die Schweiz halte, wie meine Vorgänger. Wenn ich Wirkung erzielen wollte, musste ich dies über die Medien machen.

Sie waren mit Ihrer Gattin eines der führenden Glamour-Paare in Berlin.

Mag sein, aber es hat gewirkt. Am 1. August hatten wir ein halbes Dutzend Minister im Haus, Dutzende von Parlamentariern und Wirtschaftsführern und alle wichtigen Medien.

Nur, die kamen nicht, um von Ihnen substanzielle Aussagen zu Schweiz zu hören. Sie kamen wegen des Prominentenfaktors.

Das stimmt nicht. Weil die Medien uns interessant fanden, konnte ich auch grosse Interviews zu wichtigen Fragen der Schweiz geben, zum Thema Bankgeheimnis zum Beispiel. Sie kamen alle, von der *Bild-Zeitung* bis zum Fernsehen. Glauben Sie wirklich, die hätten einen biederen Botschafter Hugentobler interviewt? Natürlich war ich in «Wetten dass ..?». Aber hinterher kamen massenhaft Anfragen, weil ich in «Wetten dass ..?» war. Oder ich konnte vor 10 Millionen Fernsehzuschauern bei der Verleihung des Ordens wider den tierischen Ernst über die Schweiz reden. Einige Schweizer haben die Medienregel nicht begriffen, dass man sich erst zu einer interessanten Person machen muss, um dann Gehör zu finden.

Und dann gab es noch den Glamour um des Glamours willen. Damit wären wir bei Ihrer Frau.

Natürlich ist Shawne eine äusserst attraktive Frau. In diesem pulsierenden Berlin hat sie unglaubliche Wirkung erzielt. Es ist bis heute ein Phänomen. Wenn sie heute an einem Ball in Berlin aufkreuzt, rennen immer noch 30 Fotografen von Bill Clinton weg und stürzen sich auf sie.

Nun hat sie sich auch immer blendend in Szene gesetzt. Da sass sie etwa eines Tages auf einem weissen Pferd vor der Botschaft.

Shawne war nicht zu kontrollieren, glauben Sie mir. Welcher Ehemann kann denn schon seine Frau kontrollieren? Plötzlich war das Pferd da. Plötzlich war sie von Kopf bis Fuss in eine Schweizerfahne gehüllt. Ich wusste von nichts. Sie hat viel Positives beigetragen, aber manchmal war sie sicher auch ein Risiko. Ich werde aber nichts Negatives über meine Exfrau sagen.

Damit wären wir bei Ihrer Scheidung. Plötzlich waren ab 2010 die Medien wieder voll von Thomas Borer und Shawne Fielding. Sie wurden zum zweiten Mal ein Medienopfer, indem Ihr Privatleben zum zweiten Mal zum grossen Thema wurde.

Ja, aber all diese Artikel waren nicht von mir inszeniert. Ich rede seit 2002 nicht mehr über mein Privatleben. Ich würde das auch allen anderen empfehlen. Ich konnte natürlich oft die Prominentenspalten nicht vermeiden. Das können Sie nicht, wenn Sie mit Shawne Fielding verheiratet sind. Aber es ist richtig, ich konnte Shawne in Berlin nicht kontrollieren, und ich konnte sie rund um unsere Scheidung nicht kontrollieren. Sie war der Ansicht, dass sie während der Scheidung ihre Position verbessert, wenn sie öffentlich über unser Verhältnis redet. Ich bin der gegenteiligen Ansicht.

Wir wissen nun aus der Quelle Fielding, dass Sie Ihrer Exfrau monatlich 45 000 Franken bezahlen.

Das Gute daran ist zumindest, dass nun alle meine Klienten verstehen, warum meine Honorare recht hoch sind.

Sie haben rund um Ihr Privatleben eine zweite amerikanische Eigenart in die Schweiz eingeführt. Gegen Medien, die das nicht respektieren, klagen Sie sofort.

Ja. Diese Strategie wende ich seit Jahren an. Sie ist bekannt und wird von den meisten Journalisten auch akzeptiert. Wenn man über mein

Privatleben schreibt, dann geht man ein hohes Risiko ein, dass eine Klage kommt. Das gilt in der Schweiz genauso wie in Deutschland.

Wie viele Klagen gegen Medien haben sie seit 2002 eingereicht?

Etwa zwanzig bis dreissig.

Und wie viele haben Sie gewonnen?

Um die 90 Prozent, wenn man die Vergleiche einrechnet. Oft habe ich eine finanzielle Entschädigung durchgesetzt. Gerade bei Vergleichen tut es nur weh, wenn eine Entschädigung ausgerichtet wird. Verlage funktionieren jeweils nach zwei Prinzipien. Sie fürchten die öffentliche Demütigung. Und sie lernen in diesem Bereich nur, wenn das finanzielle Konsequenzen hat. Nun muss ich aber anfügen, dass ich mit vielen Verlagen nie Schwierigkeiten hatte. Das reicht von der *NZZ* bis zu Springer.

Dennoch gehen die Journalisten das Risiko immer wieder ein.

Ich denke darum, dass es in den Medien eine Kausalhaftung braucht. Wenn ich einen Dampfkochtopf kaufe, und der explodiert und verletzt mich, dann muss ich nicht dem Hersteller nachweisen, dass er einen Fehler gemacht hat. Die Sache ist klar, Kausalhaftung eben. Bei den Medien muss ich hingegen mit einem riesigen Aufwand beweisen, dass ein Artikel viel schwerwiegendere Verletzungen als ein Dampfkochtopf ausgelöst hat, dass das schuldhaft war und dass ein Vermögensschaden aufgetreten ist.

Sie und Ihr Anwalt Peter Bratschi wenden dabei das Modell der USA an. Wird eine Genugtuungssumme an Sie bezahlt, bekommt der Anwalt neben dem Honorar einen Prozentsatz davon.

Ich denke generell, dass die Entwicklung der Medien in der Schweiz gegenüber den USA zurückliegt, wir kopieren ja viele US-Entwicklungen ein paar Jahre später. US-Medien haben übrigens viel weniger als die Medien hierzulande ein Problem damit, einen Fehler sofort zuzugeben. Ein Vergleich ist dort nichts Ehrenrühriges.

Schwarzmaler, Nestbeschmutzer, Besserwisser

Was man zur Psychologie der Medienschaffenden wissen muss

Als Maulwurf nach Davos

Man muss wissen, wie man die Journalisten behandelt. Eine Anleitung in sieben Punkten.

Es sei ja ganz nett, wie ich über Medien referiere, schreibt mir Unternehmer M. aus der Ostschweiz, lieber aber hätte er Antwort auf eine handfeste Frage: «Wie macht man sich bei den Journalisten unangreifbar?»

Kein Problem, Herr M. Es gibt in der Tat sieben Techniken, Schutzfaktoren sozusagen, um sich auch für kritische Medien unantastbar zu machen.

Schutzfaktor Maulwurf: Füttern Sie Journalisten regelmässig mit allerlei Informationen über Ihre Firmenkollegen und Ihre Konkurrenten. Der Beste in diesem Fach war Crossair- und *Basler Zeitung*-Chef Moritz Suter, aus dem die Stories endlos sprudelten. Beliebt bei Journalisten waren immer auch Migros-Präsident Claude Hauser, SP-Nationalrat André Daguet und SBB-Chef Benedikt Weibel. Angesichts der nützlichen Quelle haben Medien kein Interesse, die eigenen Informanten kritisch zu hinterfragen und damit zu verscheuchen.

Schutzfaktor Charmebolzen: Lernen Sie von Kuoni- und Hotel-plan-Chef Hans Lerch oder von Urs Rohner, dem Präsidenten der Credit Suisse. Beide können smalltalken wie ein TV-Moderator, und – besonders wichtig – sie kennen die Namen und Vornamen aller Journalisten und die Medien-Insides auswendig. Heftige Kritik an ihnen war in ihrer Karriere folgerichtig der Ausnahmefall.

Schutzfaktor Opfer: Bis zum Swissair-Prozess war Mario Corti der übelste Schurke weitherum. Dann sprach er vor den Medien darüber, dass ihm der Tod der Airline das Herz gebrochen habe. Den Journalisten schossen die Tränen in die Augen. «Corti reisst alle mit», lasen wir im *Blick*, nachdem er zuvor der «Swissair-Versager» war. Gut machte es auch Hans Jecklin, als er sein Kasino in Las Vegas unter Chapter 11 stellen musste. Er war er sich nicht zu schade, den Journalisten sein persönliches Leiden ungeschminkt zu schildern. Solch ungewohnte Offenheit lähmte die Federn. Der Unternehmer entging wundersam der üblichen Häme.

Schutzfaktor Einsicht: Zeigen Sie aktive Reue für Ihre Sünden. Nichts lieben Medien mehr als reumütige Sünder, die aus Medien-kampagnen lernen. Als der frühere Swiss-Chef Christoph Franz frei-willig auf ein Aktienpaket verzichtete, klopfte ihm die Journaille ge-rührt auf die Schulter. Als Oerlikon-Chef Thomas Limberger einen Teil seines Abgangssaläars retournierte, jubelte der *SonntagsBlick*, auch Limbergers Frau sei «glücklich über die Entscheidung». Und ein drittes Kind sei auch unterwegs.

Schutzfaktor Grandseigneur: Das seidene Einstecktuch ebenso wie die Mischung von Grandezza und Verbindlichkeit sind es, die zuverlässig journalistische Zähne ziehen. Novartis-Präsident Daniel Vasella und Nestle-Präsident Peter Brabeck haben mit solch abgehobenem Stil alle Bonus-Attacken an sich abperlen lassen – und fürs Volk dann gelegentlich in der *Schweizer Illustrierten* posiert. Und wenn Tito Tettamanti altgriechische Philosophen zitiert, ist er sogar in Zeiten unantastbar, in denen für viele Zeitungen ein Financier der nächste Verwandte eines Bankräubers ist.

Schutzfaktor Randale: Meister dieser Disziplin war immer Roger Schawinski. Wenn ein unliebsamer Nebensatz über ihn zu erscheinen drohte, rief er am gleichen Morgen noch wutentbrannt den Chefredaktor und Mitglieder von Verwaltungsrat und Geschäftsleitung an. Am Nachmittag rief er seine Bekannten an und bat sie, dieselbe Liste ebenfalls durchzutelefonieren. Er kannte den Mechanismus – direkte Interventionen wirken auf Redaktionen immer noch am besten. Voraussetzung ist: Ein bisschen prominent müssen Sie schon sein.

Ich hoffe, ich konnte Ihnen dienen, Herr M. aus der Ostschweiz.

Zum Schluss noch ein letzter, eher organisatorischer Schutzfaktor. Fahren Sie unbedingt jedes Jahr ans WEF in Davos. Das ist so etwas wie ein exterritoriales Gelände, wo sich die Schweizer Journalisten und Unternehmer persönlich nahekommen. Das F in WEF steht für Fraternisieren.

Die Rationalität des Negativen

Der Untergang des Kapitalismus und der Wetterbericht sind gleichermassen eine Frage der Mathematik.

Es passiert immer wieder, und es ist immer wieder ein harter Schlag für die Medienbranche. Unerwartet melden gegen Jahresende die Detailhändler Coop und Migros glänzende Geschäftszahlen. Dann, noch schlimmer und ebenso unerwartet, erreicht das Weihnachts- und Neujahrsgeschäft Rekordwerte.

Nun muss notgedrungen die Schlagzeile in den Wirtschaftsteil: «Migros und Coop mit Rekordumsätzen». Bei so einer Schlagzeile dreht sich jedem anständigen Journalisten fast der Magen um. Das geht gegen die Berufsehre.

Viel hübscher sind da all die wiederkehrenden kleineren oder grösseren Wirtschaftskrisen. Begeistert schreiben die Medien dann jeweils den Untergang des Kapitalismus, den Untergang der Unternehmenslandschaft und den Untergang des Konsums herbei.

Wir sind damit wieder beim ältesten Gestaltungsfaktor der Medienwelt angekommen, demzufolge «only bad news good news» sind. Medien-Aussenseiter vermuten darin jeweils eine psychologische Eigenheit der Branche. Journalisten wären demnach misslaunige Misanthropen. Die Vermutung ist falsch.

Es geht nicht um Psychologie, es geht um Mathematik. Konkret geht es um rationale Risikoanalyse. Ein positiver Artikel zu einem Thema oder einer Person hat ein enorm hohes Risiko. Ein negativer Artikel hat kein Risiko.

Wir können das gut an einem eigenen Beispiel darstellen. Vor 25 Jahren verfasste ich einen positiven Artikel über Werner K. Rey. Wenn sich heute ein Journalist über mich ärgert, dann schreibt er mit Sicherheit, ich hätte vor zwanzig Jahren einen positiven Artikel über Werner K. Rey verfasst. Damit sei meine Glaubwürdigkeit für alle Zeiten ruiniert. Zimmermann sei darum «wirklich nicht berufen, mit Steinen zu werfen», schreibt dann zum Beispiel der Chefredaktor des Schweizer Fernsehens.

In den letzten 25 Jahren habe ich eine Unmenge von kritischen Artikeln über Unternehmer und Politiker geschrieben. Öfter erwies sich die Kritik hinterher als unberechtigt. Niemand hat mir das je vorgehalten.

Dieses Prinzip gilt generell. Risikovermeidung ist eine wesentliche Leitlinie des journalistischen Schaffens. Es ist kein Risiko, negative Erwartungen aufzubauen, weil dies später nicht zu Enttäuschungen führen kann. Nur positive Erwartungen können zu Enttäuschungen führen. Journalisten verwenden hier instinktiv dieselben betriebswirtschaftlichen Techniken, die für Risk-Management und Risk-Assessment genutzt werden.

Niemand wirft es ihnen vor, wenn sie negativ über Migros und Coop schreiben, und die liefern dann gute Resultate. Wenn sie aber positiv über Migros und Coop schreiben, die aber schlechte Resultate liefern, dann sind sie das Gespött der Branche.

Der Meteo-Journalist Peter Wick hat mir das einmal aus seiner

Sicht gut erklärt. Eine professionelle Wetterprognose müsse pessimistischer sein als diejenige für die erwartete Lage. Wer mit dem Schirm aus dem Haus geht und es scheint später die Sonne, der hat kein Problem mit den Medien. Wer im T-Shirt aus dem Haus geht und später regnet es, der flucht über den Wetterbericht.

Derselbe Effekt spielt beim Thema Wirtschaftskrise. Die Projektion der Apokalypse ist kein Risiko. Wenn sie weniger schlimm ausfällt, als die Journalisten voraussagen, dann freut sich das Publikum mehr darüber, als es sich über die vorgängigen Untergangsszenarien ärgert.

Auch die Journalisten ärgern sich nicht lange über ihre eigene Fehlprognose. Sie rücken dann in ihren Blättern einfach eine kleine Agenturmeldung ein: «Unerwartete Wende: Kapitalismus nicht untergegangen».

Das Problem der Problemlösung

Journalisten denken nicht an heute, sondern an morgen. Darum hassen sie gute Nachrichten.

Es gibt sehr gute Wochen für die Menschheit und die Schweiz. Das sind die schlechten Wochen für die Medien.

Nehmen wir eine normale Woche. Am Dienstag wird bekannt, dass die Rezession endgültig vorüber ist. Das zeigen die neuen Wachstumszahlen aus der Schweiz, aus Deutschland und Frankreich. Am Donnerstag wird bekannt, dass der Streit zwischen den USA und der UBS gut ausgegangen ist. Das zeigen die unterzeichneten Verträge.

Zwei grosse Risiken sind also keine Risiken mehr. Für die Journalisten wäre es also ein idealer Anlass für eine prägnante Schlagzeile auf Seite 1: «Rezession und Bankgeheimnis: Alle Probleme gelöst!»

Natürlich ist die Schlagzeile nirgendwo zu lesen. Stattdessen versuchen die Journalisten, aus den gelösten Problemen Rezession und Banken wieder ungelöste Probleme zu machen. Dazu brauchen sie Schwarzmaler und Negativisten, genannt die «Experten».

«Ein Silberstreif macht keinen Aufschwung», titelte also die *Mittelland-Zeitung*. Und warnte: «Trotz ersten positiven Signalen ist die Wirtschaftskrise noch nicht vorbei, sagen Schweizer Experten.»

«Der Vergleich mit den USA ist nur der Anfang», titelte also die *Basler Zeitung*. Und warnte: «Experten befürchten, dass der Fall UBS Schule machen könnte. Dann würden auch andere Banken ins Visier der Behörden geraten.»

Es gehört seit je zu den amüsantesten Seiten der Medien, dass jede Art von Problemlösung ihnen zutiefst zuwider ist. Die Welt muss in Unordnung und bedroht sein. Das hat einen soziologischen und einen funktionellen Grund.

Soziologisch ist die Medienbranche von einer enorm hohen Konkurrenzüberwachung geprägt. Journalisten verfolgen akribisch, was andere Journalisten tun. Fehler werden ausnahmslos registriert.

Wer in diesem Umfeld dem Finanzplatz, der FDP oder dem Fussballclub Basel den Untergang vorhersagt, kann gelassen bleiben. Wenn der Finanzplatz, die FDP oder der FC nicht untergehen, wird es keine Kollegenschelte setzen. Wer aber dem Finanzplatz, der FDP oder dem FC einen Triumph vorhersagt, muss zittern. Falls der Triumph nicht eintritt, werden die Kollegen Kübel voller Häme über ihn schütten.

Eher wichtiger zum Verständnis ist hingegen der funktionelle Teil. Medien funktionieren am besten, wenn sie wie Fortsetzungsromane agieren. Ihre ideale Dramaturgie ist ein Thema, das sich täglich weiterentwickeln lässt. Ein ideales Thema sind etwa Bundesratswahlen. Täglich kann man auf den Redaktionen die gleiche Geschichte weiterköcheln.

Dieser journalistische Takt ist dann beendet, wenn die Problemlösung erfolgt. Am Tag der Bundesratswahl ist das Problem gelöst und die endlose Geschichte passé.

Genauso ist die endlose Geschichte der Rezession beendet, wenn die Rezession vorbei ist. Die endlose Geschichte des UBS-Konflikts unterliegt demselben Mechanismus. Journalisten werden darum alles daran setzen, dass Rezession und UBS möglichst lange Probleme bleiben. Die gute Nachricht zum Thema killt das Thema. Denn eine gute Nachricht ist meist final und zieht keine Weiterungen nach sich.

Journalisten hassen positive Nachrichten nicht darum, weil sie Misanthropen wären. Sie hassen positive Nachrichten, weil sie dann am nächsten Tag nichts mehr zu schreiben haben.

Drei Kollegen, drei Karrieren

Es gab eine glänzende Gelegenheit, die Qualität der Zeitung zu demonstrieren. Es ging schief.

Wenn man den Chefredaktor einer Tageszeitung fragt, warum man sein Blatt lesen solle, dann weiss man, was kommt. Der Chefredaktor legt die Denkerstirn gewichtig in Falten und sagt dann beschwörend, nur eine Tageszeitung biete eben Orientierung, Einordnung, Analyse, Vertiefung, Gewichtung und Hintergrund.

Während Jahrzehnten gab es nie eine bessere Gelegenheit zum Beweis dieser These als den Ausbruch der Finanzkrise. Der Erklärungsbedarf war hoch. Das Thema, von Hypotheken bis Eigenkapital, war sehr komplex. Das Publikum wartete auf Information.

Das Urteil ist leider niederschmetternd. Die Schweizer Tageszeitungen haben es in keiner Weise verstanden, die Mechanismen und Wechselwirkungen der Finanzkrise nach 2008 darzustellen. Sie boten rund um die «collateralized debt obligations» und «asset-backed commercial papers» ein Debakel von Nichtwissen und Informationsarmut. Selbst der Klassenprimus *NZZ* war zeitweilig überfordert.

Leser von Tageszeitungen wissen bis heute nur, dass primär die überhöhten Bonuszahlungen der Banker für die Finanzkrise verantwortlich sind. Und sie wissen, dass nun die überhöhten Boni zu verbieten sind, damit es keine Finanzkrisen mehr gibt. So einfach ist das. Publizistik als Populismus.

Wir wollen das kollektive Versagen der Branche kurz erklären.

Wir nehmen als Beispiel drei Studienkollegen der Betriebswirtschaft. Der Erste findet einen Job im Finanzwesen. Der Zweite findet einen Job im Marketing. Der Dritte findet einen Job im Journalismus. Nach zehn Jahren treffen sie sich wieder.

Der Erste ist nun Abteilungsleiter im Controlling. Er hat sich inzwischen ein enormes Fachwissen rund um Gemeinkostenwertanalysen und Kapitalflussrechnungen angeeignet. Der Zweite ist Marketingleiter. Er hat sich inzwischen ein enormes Fachwissen rund um Branding und Vertriebssteuerung angeeignet. Der Dritte ist Wirtschaftsredaktor einer Tageszeitung. Er hat sich inzwischen kaum Fachwissen angeeignet.

In Unternehmen macht man heute nur noch Karriere, wenn man vertieftes Sachwissen erwirbt. Im Journalismus ist es umgekehrt. Vertieftes Sachwissen ist hier eher kontraproduktiv. Ein guter Journalist schreibt heute ungeniert über die ABB, morgen unreflektiert über die Staatsfinanzen und übermorgen ungerührt über Nick Hayek. Wer sich erst zeitintensiv in eine Materie vertieft, gilt auf der Redaktion als unproduktiv und unflexibel.

Das ist im Übrigen nicht neu. Karl Kraus beschrieb es so: «Der beste Journalist weiss über die Karriere einer Gräfin wie über den Aufstieg eines Luftballons, über eine Parlamentssitzung wie über einen Hofball zu jeder Stunde das Wissenswerte auszusagen.»

Weil Journalisten fachlich wenig verstehen, suchen sie einen Ausweg. Der Ausweg besteht darin, dass sie die Debatte auf ein höheres Abstraktionsniveau verschieben.

Das erste höhere Abstraktionsniveau ist die Moral. Über unmoralische Boni kann auch der dümmste Journalist schreiben, der sonst nicht einmal den Unterschied zwischen Optionen und Warrants kennt. Das zweite höhere Abstraktionsniveau ist der Salon. Zu abgehobenen Themen wie «Das Ende des Kapitalismus» und «Die Rückkehr des starken Staates» kann auch der dümmste Journalist schreiben, der ansonsten nicht einmal den Unterschied zwischen Abschreibungen und Rückstellungen kennt.

Weil in der Finanzkrise die Fragestellung so komplex war, wichen die Journalisten natürlich reflexartig in die Moral und in den Salon aus. Information hingegen war rar. Wir verstehen die Journalisten, dass sie es nicht konnten. Bei schwierigen Fragestellungen müssen sie zwingend versagen, denn sie haben es ja nie gelernt. Wir haben darum kein Problem, wenn Zeitungen künftig bei komplexen Themen sagen, hier seien sie schlicht überfordert und man möge doch bitte andere Quellen nutzen.

Unsere einzige Bitte zum Schluss ist, dass man diese Selbstinszenierung und Selbstbeweihräucherung lässt. Orientierung, Einordnung, Analyse, Vertiefung, Gewichtung und Hintergrund können Zeitungen bei komplexen Fragen nicht liefern. Für diese Qualitäten fehlt ihnen das qualifizierte Personal.

Der Upupa epops

Wenn man in den Medien Jubel auslösen will, muss man sich in der Ornithologie auskennen.

Manchmal dürstet mich nach journalistischem Ruhm. Ich werde den Ruhm im zweiten Abschnitt dieser Kolumne erwerben. Im zweiten Abschnitt äussere ich mich zur *Weltwoche*, deren Kolumnist ich bin.

Die *Weltwoche* ist in meinen Augen ein Blatt, das grosse Schwächen zeigt. Sie ist politisch ganz schlimm. Und ihr Verleger, dieser Roger Köppel, soll zuerst einmal zeigen, was er kann. Zudem benimmt sich dieser Köppel ungehörig.

Das war grosse Klasse. Ich habe soeben das eigene Nest beschmutzt.

Das Beschmutzen des eigenen Nestes ist für Journalisten so etwas wie ein Ritterschlag. Wenn jemand das eigene Nest beschmutzt, geraten Journalisten in Verzückung.

Ein grossartiges Beispiel lieferte etwa Bundesrätin Eveline Widmer-Schlumpf. Schon kurz nach ihrer Wahl zog sie in sämtlichen

Blättern und auf allen Kanälen über die SVP her, der sie alles verdankt. Natürlich war die Reaktion auf die Nestbeschmutzung grandios. Verzückt druckten alle Zeitungen jede Beschmutzung nach.

Besonders beliebt waren in diesem Fach auch Künstler wie Thomas Hirschhorn (Beschmutzung der Schweiz generell), Unternehmer wie Thomas Minder (Beschmutzung der Schweizer Manager), Bankiers wie Hans J. Bär (Beschmutzer des Bankgeheimnisses). Über allen aber thront der grösste Schmutzli aller Zeiten, der unerreichte Jean Ziegler (Beschmutzung der Schweiz prinzipiell).

Alle kommen sie auf grossartige Einschalt- und Abdruckquoten. Wir wollen uns also die Frage stellen, warum die Nestbeschmutzer dermassen Gehör finden.

Ein guter Journalist ist ein Geist, der stets verneint. Er sucht nicht das Haar in der Suppe, er sucht ganze Haarknäuel in der Suppe. Diese Haltung ist wünschenswert und richtig, auch im Leserinteresse, denn es gibt nichts Peinlicheres in der Presse als das Positive. Darum spiegeln Beschmutzer die Befindlichkeit der Medien ideal.

Nun gibt es noch eine Steigerung, quasi den Salto mortale. Die grösste Kunst besteht darin, das eigene Verlagshaus oder den eigenen Verleger in der eigenen Zeitung zu beschmutzen. Das ist höchste Schule und darum ein seltener Höhepunkt der Mediengeschichte. Es gibt dennoch ein paar kraftvolle historische Beispiele.

1978 etwa nestbeschmutzte die *Tat*-Redaktion ihren Arbeitgeber Migros im eigenen Blatt, weil der Konzern ihren kritischen Kurs nicht goutierte. 1980 nestbeschmutzte die Redaktion der damaligen *Luzerner Neusten Nachrichten* ihren Arbeitgeber Ringier, weil er den Chefredaktor Jürg Tobler entliess. 1994 nestbeschmutzte die *Weltwoche* in ihren Spalten ihren Besitzer Beat Curti, als dieser zu Unrecht in die Zürcher Wirteaffäre geraten war. 1997 nestbeschmutzte der *Tages-Anzeiger* seinen eigenen Verleger, weil Chefredaktor Roger de Weck gehen musste. Alle Fälle wurden von der Branche glühend gefeiert.

Es ist darum an der Zeit, dem Wiedehopf Tribut zu zollen. Der Wiedehopf ist der Erfinder des Nestbeschmutzens. Er ist ein kleiner

Vogel, der am Boden gewaltig aufräumt. Er verzehrt Mengen von En-
gerlingen, Grillen, Heuschrecken, Würmern, Spinnen, Raupen und
Schnecken. Dann verrichtet er seine Notdurft im eigenen Nest. Er
heisst Upupa epops.

Der Upupa epops, so beschreibt ihn die Ornithologie, «will das
ganze Feld säubern und kann doch sein Nest nicht rein halten». Eigentlich wäre er das ideale Wappentier unserer Branche.

Münchhausens Schüler

Heute stellen wir eine naive Frage: Müssen Verleger eigentlich die
Wahrheit sagen? Immer?

Als im Jahr 2005 das Zürcher Verlagshaus Tamedia die *Thurgauer*
Zeitung kaufte, verfassten Verleger Hans Heinrich Coninx und
CEO Martin Kall ein pathetisches Presse-Communiqué: «Mit der
Übernahme sichert Tamedia die langfristige Unabhängigkeit der
Thurgauer Zeitung und die Medienvielfalt im Kanton Thurgau.»

Unabhängigkeit. Vielfalt. Fünf Jahre danach kam das Ende für
die *Thurgauer Zeitung*. Tamedia verkaufte sie an die *NZZ*-Gruppe.
Die stellte die Zeitung ein, um Platz für das eigene *St. Galler Tagblatt*
zu schaffen. Nun verstanden sie im Thurgau die Welt nicht mehr.
«Das ist eine gewaltige Sauerei», sagte Leserbriefschreiber Gaston
Zwahlen aus Berg TG. «Man hat uns angelogen», sagte der kantonale
Regierungspräsident Claudius Graf-Schelling aus Arbon TG. Die
Gesamtregierung sprach von «Täuschung» und «falschen Verspre-
chen».

«Wir haben keine Versprechen abgegeben, sondern Aussagen
über unsere unternehmerischen Absichten gemacht», hielt Tamedia-
Verwaltungsratspräsident Pietro Supino dagegen. Schön formuliert.
Es kamen der unternehmerischen Absicht der «langfristigen Unabhängigkeit» leider dann kurzfristigere unternehmerische Absichten
dazwischen.

Die Medienbranche, wie andere Branchen auch, ist durchsetzt von Münchhausens aller Art. Da versichert Charles von Graffenried jahrelang, seine *Berner Zeitung* werde stets bernisch bleiben. Natürlich verkauft er dann nach Zürich. Da versichert Matthias Hagemann jahrelang, seine *Basler Zeitung* werde in der Familie bleiben. Natürlich verkauft er dann an Tito Tettamanti. Da versichert Tamedia-Chef Kall seiner Belegschaft, das Gratisblatt *News* werde weiter erscheinen. Natürlich stellt er es daraufhin ein. Die unternehmerischen Absichten haben sich eben geändert.

Dagegen ist nichts einzuwenden, aber die Frage hat dennoch ihren Reiz: Muss eine Medienbranche, die Politiker und Manager täglich als Lügner brandmarkt, muss eine solche Branche höhere moralische Ansprüche erfüllen, wenn es in eigener Sache um die Wahrheit geht?

Wir verstehen zuerst, dass man bei Übernahmen mitunter die Realität etwas biegen muss. Geheimhaltung erfordert die Kunst des Schwindelns. Hier unterscheidet sich ein Medienhaus nicht von Swisscom, Emmi und Roche, wenn die einen Konkurrenten übernehmen oder eine Tochter verkaufen.

Was wir nicht verstehen, ist etwas anderes. Bei Swisscom, Emmi und Roche redet man nach dem Deal ehrlich von Ökonomie. Man redet von Synergien und Integration. Darum machte man den Deal.

Verlage hingegen reden nach dem Deal nicht von Integration, sondern von hehren Werten wie Unabhängigkeit und Vielfalt. Es ist darum stets nur eine Frage der Zeit, bis diese frommen Schwindeleien platzen.

Wir haben das auch im Zürcherland eingängig erlebt, als Tamedia die *Zürichsee-Zeitung*, den *Zürcher Unterländer* und den *Zürcher Oberländer* kaufte. Die drei Regionalblätter würden, versicherte Tamedia-Präsident Pietro Supino, völlig unabhängige Titel bleiben.

Einige Monate später legte er die Lokalredaktionen des *Zürcher Unterländers* und der *Zürichsee-Zeitung* mit den jeweiligen Regionalredaktionen des *Tages-Anzeigers* zusammen. 37 Journalisten erhielten die Kündigung. Vermutlich haben wir nicht richtig verstanden, warum es redaktionelle Unabhängigkeit sein soll, wenn nun in allen Zeitungen dasselbe steht.

Medienmanager machen darum stets vollmundige Versprechen, weil sie tief im Inneren wissen, dass sie nicht bei Swisscom, Emmi und Roche sind. Sie wissen, dass sie kulturelle Produkte herstellen, die regionale Identitäten stiften. Deswegen haben sie kein gutes Gewissen, wenn sie Zeitungen und Redaktionen killen. Deswegen haben sie eine lockere Zunge und versprechen jedesmal «die langfristige Unabhängigkeit der Zeitung und die Medienvielfalt im Kanton». Wenn die Thurgauer und andere das glauben, sind sie selber schuld.

Wir verlangen nicht, dass Verlagshäuser generell eine höhere Moral haben als andere Branchen. Wir wünschen uns nur weniger Scheinheiligkeit. Mit Schaum vor dem Mund jagen unsere Journalisten die Banker und Bundesräte dieses Landes, wenn sie sie bei der einen oder anderen Halbwahrheit ertappen. Mit Schaum vor dem Mund rufen sie nach Vergeltung.

Wir sagen ihnen nur: Lügen wie gedruckt – die alte Redewendung zielt auf die eigene Branche.

Ja, es tut uns leid

Unser Geschwätz von gestern kümmert uns nicht. Blöderweise kümmert es unsere Leser.

Die Journalisten hatten es im Fall UBS schon immer gewusst. Sie wussten zum Beispiel, dass die UBS eine Schwachstelle hat. «Die Schwachstelle», so wusste etwa die *Berner Zeitung*, «betrifft das Investment Banking.» Das Investment Banking nämlich brachte viel zu wenig Geld.

Die Journalisten hatten es auch im Fall Credit Suisse schon immer gewusst. Sie wussten zum Beispiel, dass die Schwachstelle der CS das Investment Banking war. Denn das Investment Banking brachte viel zu wenig Geld. Es war eine Schwachstelle, so wusste die *NZZ*, weil es «eine zu geringe Rendite herausholt».

Genauso sahen es die Spezialisten von der *Finanz und Wirtschaft*. Auch sie wollten mehr Geld sehen. «In den nächsten Jahren», mahnten sie die Banken, «muss das Investment Banking wesentlich mehr zum Gewinn beitragen als heute.»

Selbstverständlich hielten sich die zwei Schweizer Grossbanken sofort an die klugen Ratschläge der Journalisten. Sie bauten ihr Investment Banking und den Eigenhandel gewaltig aus. Sie investierten ihre Kundengelder in allerlei Derivate und den US-Hypothekenmarkt. Die Gewinne explodierten.

Die Journalisten, die es schon immer gewusst hatten, sahen sich bestätigt. Die Banken waren im Investment Banking endlich die deutlich höheren Risiken eingegangen, welche die Journalisten immer gefordert hatten. Als Grossbank, so wusste nun etwa die *Aargauer Zeitung,* würde man endlich «für den grösseren Risikoappetit belohnt».

Es gehört zur vergnüglichsten Lektüre unserer Tage, die klugen Ratschläge der Finanzjournalisten aus den Jahren vor der Finanzkrise nochmals nachzulesen. Die Journalisten wussten damals genau, woran es bei den Grossbanken fehlte: Unsere Grossbanken waren im Investment Banking totale Nieten. Sie waren zu risikoscheu und zu wenig aggressiv. Kein Wunder, dass sie nicht mit US-Vorbildern wie Goldman Sachs und Lehman Brothers mithalten konnten.

Wir sind in der Medienbranche bekannt für unsere Menschlichkeit. Aufgrund dieser Tugend zitieren wir nicht im Detail, wie einzelne Blätter den von ihnen geforderten Ausbau des Investment Bankings heute kommentieren. Wir fassen nur pauschal zusammen: Auf die Idee, das Investment Banking auszubauen, konnten nur Idioten, Schurken, Verbrecher und Hasardeure kommen. Die Investmentbanker gehören gelyncht.

Warum, zum Teufel, fehlt den Medien jeder Anflug von Selbstanalyse? Warum sagt heute kein Wirtschaftsjournalist: Ja, wir haben die Chancen und Risiken auch falsch eingeschätzt. Ja, wir haben diese

Finanzinstrumente auch nicht verstanden. Ja, wir haben unsere Leser nicht vor den Gefahren gewarnt. Ja, es tut uns leid.

Es hat damit zu tun, dass die journalistische Denkungsart ausschliesslich vorwärtsgewandt ist. Was zählt, ist allein heute und morgen. Historie ist für Journalistenhirne eher hinderlich.

Wir, die einfachen Leser, haben leider ein elefantöseres Erinnerungsvermögen. Wir wissen noch, wie uns die Medien sagten, in jedem Briefumschlag stecke tödliches Anthrax. Wir wissen noch, wie uns die Medien sagten, in jedem Rindersteak lagere tödliche BSE. Wir wissen noch, wie uns die Medien sagten, jeder Pitbull könne unsere Kinder töten.

Und wir wissen noch, wie man uns sagte, die Aktien von UBS und Credit Suisse seien eine sichere Goldgrube, weil man nun – wie von den Medien gefordert – dort das Investment Banking endlich aggressiver betreibe.

Am schönsten hat die Maxime seines Standes noch immer der legendäre *Stern*-Herausgeber Henri Nannen formuliert, indem er Konrad Adenauer zitierte: «Was kümmert mich mein Geschwätz von gestern?» Es gibt keine bessere Stand-up-Definition des Journalistenberufs.

Die Analyse der Abseitsfalle

Wir gedenken der goldenen Zeiten, als Sportjournalisten noch Wissenschafter waren.

Etablierte Zeitungen haben immer einen abkürzenden Übernamen. Es gibt den *Tagi* und die *Ännzäzätt*, den *Sobli* und die *Batz*.

So weit schaffte es die *Schpowo* nicht.

Die Sportwoche war der bisher letzte Versuch, in der Schweiz wieder eine Sportzeitung zu etablieren. Sie startete im Februar 2010 mit einer Auflage von 75 000 Stück. Der grösste Teil davon wurde über Sportorganisationen und vor Stadien gratis verteilt. Auf mehr als

10 000 verkaufte Exemplare kam das Blatt nie. Nach acht Monaten war darum Schluss.

Es ist schade, dass es keine Sportzeitung gibt in der Schweiz. Wenn es der Schweizer Journalismus jemals zu Weltruhm brachte, dann war das im Sport, genauer auf der Redaktion des *Sport*. Nur gerade die *NZZ* erreichte zu ihren besten Zeiten eine vergleichbare internationale Reputation.

Der *Sport*, 1920 gegründet, war ein sogenanntes Fachblatt. Es beschrieb die Welt des Sports in demselben nüchternen Tonfall, in dem andere Fachblätter über Quantenphysik und Humanbiologie berichten. Der brillanteste Kopf des *Sport* war Walter Lutz, der ab 1964 zwanzig Jahre lang Chefredaktor war. Wenn Sportjournalist Lutz eine Fussballsaison beschrieb, tat er das so präzise und emotionslos, wie ein Mediziner eine Langzeitstudie analysiert.

Der *Sport* war ein echtes Weltblatt. 1999 starb er einen einsamen Tod. Auf den Grund kommen wir noch zurück.

Zuerst aber wollen wir etwas in den schönen Zeiten schwelgen. Der *Sport* erschien täglich. Seine beste Zeit hatte er in den Siebzigerjahren. Der Verkauf lag bei über 90 000 Exemplaren. Wenn damalige Spitzenathleten wie Bernhard Russi, Clay Regazzoni und Denise Biellmann siegten, schoss die Auflage auf 120 000 hoch.

Damit war der *Sport* eines der auflagenstärksten Blätter der Schweiz. Es war bei uns damals ähnlich, wie es anderswo heute noch ist. Sportzeitungen gehören meist zu den zwei bis drei grössten Titeln eines Landes.

Oft sind die grössten Sportblätter und die grössten politischen Blätter ungefähr gleich auflagestark. In Italien etwa ist die *Gazzetta dello Sport* mit einer Auflage von bis zu 500 000 die Nummer drei unter den Tageszeitungen, knapp hinter *Corriere della Sera* und *La Repubblica*. In Deutschland kommt die wöchentliche *Sport-Bild* mit 730 000 nahe an den *Spiegel* heran. In den USA liegen *Sports Illustrated* und *Time Magazine* mit je drei Millionen Auflage gleichauf an der Spitze der aktuellen Zeitschriften. In Spanien steht die tägliche Sportzeitung *Marca* mit 330 000 hinter der politischen *El País* auf Rang zwei. Die französische *L'Equipe*, Auflage 320 000, rivalisiert mit *Le Figaro* und *Le Monde* um die Position der populärsten nationalen Tageszeitung.

Was Sportzeitungen speziell interessant macht, ist ihre Volatilität. Keine andere Gattung hat solche Schwankungen beim Verkauf. Als Frankreich 1998 Fussballweltmeister wurde, verkaufte *L'Equipe* am nächsten Tag 1,65 Millionen Exemplare. Als Italien 2006 den Titel holte, gingen gar 2,3 Millionen der *Gazzetta* über den Tisch.

Unser *Sport* jedoch hielt sich nicht. Sein Ende wurde nach 1985 ausgelöst durch die scharfe Boulevardisierung des Genres. Der Boulevard überrollte den Sport noch schneller als Wirtschaft und Politik, weil im Sport die Personifizierung noch leichter gelingt. Anstelle einer Analyse von Abseitsfalle und Auswärtstor interessierte sich das Publikum nun für den Streit des Torwarts mit dem Trainer, die Saläre der Stars und das sündige Leben der Spielerfrauen.

Die Wissenschaftler um Walter Lutz schafften diese populistische Kurve nicht. Der *Sport,* so schrieb Lutz einmal, habe sich dadurch abgehoben, dass er «seriöse Informationen verbreitete und keine Sensationen suchte».

Erfolg mit Seriosität und ohne Sensation. Das müssen seltsame Zeiten gewesen sein.

Frösche ohne Perspektive

Alle reden von Toleranz. Vor lauter Toleranz vergessen die Medien manchmal die Fakten.

Einen hübschen Höhepunkt erreichte die Debatte um den Islam, als sich auch Riz Khan dazu äussern durfte. Der im Jemen geborene Khan, früher bei der BBC tätig, hat eine Talkshow auf Al-Dschasira, dem arabischen TV-Sender aus Katar.

Khan äusserte sich in der Zeitung *Sonntag.* Khan machte sich grosse Sorgen um die Meinungsfreiheit in der Schweiz und fand zum Beispiel das damalige SVP-Plakat zur Minarettinitiative «rassistisch». Das hörten die anderen Journalisten gern. Ebenso unkritisch zitierten denn auch weitere Schweizer Blätter die rassistischen Einsichten von Khan. Er war der wunderbare Kronzeuge gegen schweizerische Verbohrtheit.

Medienkenner hingegen wunderten sich. Sie erinnerten sich gut an Riz Khan. Im Jahre 2006 hatte er einen bemerkenswerten Auftritt auf CNN. Interviewer Frank Sesno fragte ihn damals, ob er die Hamas für eine terroristische Organisation halte. «Es ist nicht an mir, zu urteilen», sagte Khan. Als Nächstes fragte ihn der CNN-Interviewer, ob er die Hisbollah für eine terroristische Organisation halte. «Es ist nicht an mir, zu urteilen», sagte Khan.

Es war aber sehr wohl an Khan, zu urteilen, wie Meinungsfreiheit und wie Abstimmungsplakate in der Schweiz auszusehen haben. So weit ist es in den Medien gekommen. Verharmloser von Hamas und Hisbollah, neben al-Qaida die übelsten Terrortruppen der Welt, dürfen via Medien den ethischen Gehalt unserer Politik bewerten.

Damit wir uns richtig verstehen: Das ist keine moralische Aussage. Es ist eine Aussage darüber, wie Journalisten die Wirklichkeit wahrnehmen.

Journalisten betrachten die Welt aus der Froschperspektive. Das ist eine Stärke, wenn es darum geht, den nächstliegenden, kleinen Skandal auszugraben. Es ist eine Schwäche, wenn es darum geht, übergeordnete Zusammenhänge darzustellen. Der nächstliegende, kleine Bonus-Skandal ist darum stets unendlich wichtiger als die übergeordnete Debatte ums Finanzsystem. Der nächstliegende, kleine Rassismus-Skandal ist darum stets unendlich wichtiger als die übergeordnete Debatte um öffentliche Meinungsfreiheit.

Es steht deshalb kaum je ein Journalist auf und geht die Sachlage weniger skandalisierend und mehr analysierend an. Dann wäre ein Befund in der Branche eindeutig: Wenn es auf dieser Welt einen Todfeind der Meinungsfreiheit gibt, dann ist das der Islam.

Die wichtigste Ausprägung der Meinungsfreiheit ist die Pressefreiheit. Die Rangliste der Pressefreiheit wird jedes Jahr von der Organisation «Reporter ohne Grenzen» erstellt. Auf den hintersten Plätzen der untersuchten 173 Länder liegen gehäuft islamische Länder wie Iran, Palästina, Saudi-Arabien, Libyen, Syrien, Irak, Afghanistan, Jemen, Somalia und Pakistan. (Die Schweiz ist übrigens immer unter den ersten zehn.)

«Reporter ohne Grenzen» hat auch eine Liste der vierzig grössten Gegner der Pressefreiheit erstellt. An der Spitze stehen die Taliban.

Im Jahre 2009 beispielsweise wurden 33 Journalisten umgebracht. 19 davon kamen in islamischen Ländern zu Tode. Iranische Journalisten, aber auch Vertreter von ausländischen Medien wie *Newsweek* werden im Evin-Gefängnis in Teheran gefoltert. In Afghanistan, Pakistan und Somalia sind Entführungen und willkürliche Festnahmen von Medienvertretern an der Tagesordnung. Syrien verhaftet Internetnutzer und erst recht jeden Blogger.

Eine nette Idee steuerte auch Saudi-Arabien bei. Als ein Journalist während einer TV-Show das Staatsdefizit kritisierte, verbot das Regime umgehend alle Live-Sendungen. Es gibt nur noch Aufzeichnungen.

Damit wären wir zurück bei Freund Riz Khan vom TV-Sender Al-Dschasira. Katar, wo er arbeitet, liegt bei der Pressefreiheit auf Rang 74, gleichauf mit Sambia. Der Jemen, wo Khan herstammt, liegt auf Rang 155, gleich vor Afghanistan.

Für die Schweizer Journalisten hingegen ist er ein Mann der Freiheit.

Versuch am lebenden Objekt

Was ändert sich im Leben eines Mitmenschen, wenn er keine Zeitungen mehr liest?

Heute wollen wir über ein wissenschaftliches Experiment berichten. Es ist darum berichtenswert, weil es sich nicht um einen sterilen Laborversuch handelt. Es handelt sich um ein Experiment am lebenden Objekt.

Das lebende Objekt bin ich.

Seit wenigen Monaten lebe ich in Deutschland. Ich lebe dort aus beruflichen Gründen, aber das ist nicht weiter interessant. Interessanter ist, wie ich lebe.

Ich habe in Deutschland, erstmals seit 35 Jahren, keine Tageszeitungen abonniert. Ich stehe auf, koche einen Kaffee und lese keine Zeitungen dazu. Ich höre auch nicht Radio. Das ist mir morgens zu fröhlich.

Ich bin also völlig uninformiert. Dann fahre ich mit dem Auto ins Büro und komme dort völlig uninformiert an. Weil der Sitzungsrhythmus hoch ist, habe ich öfter auch zu wenig Zeit, mich tagsüber im Internet zu informieren. Ich fahre also völlig uninformiert wieder nach Hause zurück. Dort öffne ich eine Flasche Weisswein, schalte den Fernseher ein und schaue Fussball.

Natürlich verpasse ich dadurch die wesentlichen News unserer Welt. Ich habe in den letzten Tagen zum Beispiel verpasst, dass die Krankenkassenprämien steigen. Ich habe verpasst, dass der Bund seine CO_2-Ziele revidierte. Ich habe verpasst, dass in Gabun Wahlen waren.

Die Frage, die mich quält: Habe ich tatsächlich etwas verpasst?

Freunde von mir haben mir früher immer erzählt, dass sie keine Tageszeitungen läsen. Sie haben erzählt, sie kämen aufgrund ihrer gefüllten Agenda einfach nicht dazu. Und sie haben gesagt, dass sie nicht glauben, sie würden etwas verpassen.

Ich habe meine Freunde immer für Exoten gehalten. Ich habe immer den *Tages-Anzeiger*, die *NZZ* und den *Blick* gelesen, dazu mehr oder weniger regelmässig den *Daily Telegraph*, die *Welt*, die *Frankfurter Allgemeine Zeitung*, den *Corriere della Sera*, die *Financial Times* und das *Wall Street Journal*. Ich wollte nichts verpassen. News-Junkies nennt man diese Spezies.

Der Unterschied ist der: Meine Freunde hatten zur Information stets ein nüchternes Sachverhältnis. Sie interessierte nur, was ihnen in Berufs- und Privatleben direkten Nutzen brachte. Ich hatte zur Information ein romantisches Liebesverhältnis. Mich interessierten die gedruckten Inhalte losgelöst von ihrer Verwertbarkeit.

Eine der bösen Überraschungen der jüngeren Mediengeschichte war für die Zeitungsbranche die Erkenntnis, dass Zeitungen tatsächlich keinen handfesten Nutzen haben. Sie beeinflussen die Entscheidungsfindung eines Individuums nicht. Auch die profundesten Analysen der Krankenkassenprämien, der Klimapolitik und der Wahlen in Gabun verändern das Leben des Publikums keinen Millimeter.

Erst das Internet hat das der Branche schonungslos klargemacht. Das Internet bietet, anders als die allgemeine Presse, ein spezifisches Inhaltsangebot. Der konkrete Nutzen ist allgegenwärtig. Darum redet man hier auch vom «User», ein Ausdruck, den es in der Zeitungswelt nicht gibt. Von Geldanlagen über Preisvergleiche bis Fachinformationen bietet das Netz eine Fülle von direkt verwertbaren Inhalten. Dafür zahlen die Konsumenten. Für Zeitungen zahlen sie immer weniger.

Für die Zeitungsmacher hat das einschneidende Konsequenzen. Journalisten können sich nicht mehr darauf verlassen, dass Zeitungslesen – wie früher – quasi eine Pflichtaufgabe ist. Es gibt darum heute im Produktmanagement keinen Unterschied mehr zwischen der Zeitungsindustrie und der Schmuck-, Schokolade- und Modeindustrie. Man muss die Kunden jeden Tag von der Attraktivität der Nutzlosigkeit überzeugen.

Bucherer, Lindt & Sprüngli und Prada sind erfolgreich, weil sie ganz genau wissen, dass sie etwas Unnützes produzieren. Sie wissen aber auch, wie man Unnützes glänzend verkauft. Auf den Redaktionen müssen sie das noch lernen.

Der Scriptor vulgaris

Schon Alfred Brehm wusste: Um ein Verhalten zu verstehen, muss man den Antrieb der Spezies kennen.

Der oberste Verleger, Verbandspräsident Hanspeter Lebrument, sagte einen schönen Satz zur Lage der Nation: «Wir sind mit der journalistischen Unabhängigkeit zu weit gegangen.»

Auf Deutsch heisst das: Die Journalisten machen, was sie wollen.

Das ist ein guter Anlass, sich der Spezies der Journalisten einmal verhaltensbiologisch anzunähern. Wenn wir den gemeinen Journalisten (lat. Scriptor vulgaris) im freien Feld beobachten, dann fällt uns schnell seine hervorstechende Eigenschaft auf: Er macht, was er will.

Der Scriptor vulgaris tut, was er will, weil er will, dass sich etwas tut. Der Scriptor vulgaris will primär Applaus. Er will Resonanz auf seinen Artikel und auf seine Sendungen. Den Applaus misst er an Leser- und Zuschauerreaktionen. Das ist eine stark egozentrische Wahrnehmung der Welt. Das Verantwortungsgefühl des Journalisten gehört nicht der eigenen Zeitung oder gar dem eigenen Unternehmen. Das Verantwortungsgefühl des Journalisten gehört sich selbst.

Es ist darum unvermeidlich, dass dieses Eigeninteresse des Journalisten mit externen Interessen kollidiert, also mit dem Interesse des Verlegers.

Kompliziert wird die Sachlage durch die Methode, mit der man Resonanz erzielt. Resonanz bekommt man nicht durch eine ausgewogene und zurückhaltende Sachanalyse. Resonanz bekommt man, wenn man ein Unternehmen angreift, einen Manager attackiert oder einen Politiker niedermacht.

Also greift der Journalist Coop wegen ihrer Personalpolitik an. Also attackiert er den Chef der Kantonalbank wegen dessen Wertberichtigungen. Also macht er den Regierungsrat wegen dessen Amtsführung nieder.

Nun stammen aber fünfzehn Prozent der Werbeeinnahmen seines Verlagshauses von Coop. Nun steht aber sein Verlagshaus gerade in Verhandlungen mit der Kantonalbank über einen Neubaukredit. Nun debattiert der Regierungsrat aber gerade darüber, ob das Verlagshaus eine neue Radiokonzession bekommen soll.

Nun kann der Verleger vor die versammelte Mannschaft treten und sie anweisen, nur noch positiv über Coop, den Chef der Kantonalbank und den Regierungsrat zu schreiben. Dann passiert nur eines. Die Anweisung des Verlegers findet sich am nächsten Tag in den Spalten der Konkurrenz. Die Konkurrenz berichtet über alle Details. Sie schreibt von Zensur und einem empörenden Eingriff in die Pressefreiheit.

Der Verleger hat nur eine wirksame Möglichkeit, seine Journalisten einigermassen zu dirigieren. Es ist die Auswahl seiner Chefredaktoren. Er kann seinen Chefredaktoren Vorgaben machen, die sie in der Redaktion umsetzen müssen. Gute Chefredaktoren unterscheiden sich von guten Journalisten darin, dass ihr Verantwortungsgefühl nicht ihnen selbst gehört, sondern dem Unternehmen.

In der Medienbranche weiss man jeweils genau, wie ein Produkt aussehen wird, wenn man den Namen eines neuen Chefredaktors erfährt. Wir nehmen zwei Beispiele von jüngeren Ernennungen.

Als man bei der *Basler Zeitung* den konfliktfreudigen Markus Somm zum Chefredaktor machte, wusste man genau, dass nun ein griffigeres Blatt entstehen würde, weniger politisch korrekt und stärker debattenorientiert. Genau so kam es. Als man beim Fernsehen den trockenen Rudolf Matter zum neuen Chefredaktor machte, wusste man genau, wie sich der Sender positionieren würde, solide, eher unspektakulär und weniger populistisch. Genau so sieht es aus.

Wenn Oberverleger Lebrument also beklagt, dass Journalisten machen, was sie wollen, dann sagt er etwas anderes. Er sagt, dass die Schweizer Chefredaktoren oft nicht richtig funktionieren. Dann aber haben unsere Verleger ein Führungsproblem.

Schuld ist dann nicht der scriptor, sondern der praetor.

Flasche leer

Früher soffen Journalisten mehr. Aber der Alkohol ist weiterhin eines ihrer liebsten Themen.

Können Sie sich noch an den Spätsommer 2008 erinnern? Im Spätsommer 2008 lancierten die Medien ein neues Wort. Das Wort hiess «botellón». Der «botellón» war mehr als ein Wort. Es war Ausdruck einer äusserst gefährlichen gesellschaftlichen Entwicklung.

Im Spätsommer 2008 waren auch in der Schweiz «botellónes» geplant, organisierte öffentliche Besäufnisse unter Jugendlichen. Über Wochen delirierten die Journalisten in besoffener Vorfreude. Wie immer, wenn Journalisten ausrasten, verloren sie auch diesmal die Kontrolle über ihre Sprache. Es trafen sich also Tausende von «Kampftrinkern» und «Komasäufern» zum «Massenbesäufnis», zum «Saufen bis zur Besinnungslosigkeit» und zum «Meutesaufen».

Bevor auch nur der erste Schluck durch die Kehle rann, durften Heerscharen von Jugendpsychologen, Sozialarbeitern, Soziologen und anonymen Alkoholikern diese äusserst gefährliche gesellschaftliche Entwicklung kommentieren.

Der «botellón» endete jammervoll. Nirgendwo gab es ein Massenkotzen jugendlicher Besoffener. Nicht einmal einen Bewusstlosen gab es.

«In Basel bleibt der Sauf-Hype offensichtlich aus», klagte die *Basler Zeitung* über den lokalen Anlass. «Botellón fehlte johlende Masse», ärgerte sich die *Zürichsee-Zeitung* über den Anlass in Meilen. Beim Zürcher «botellón» waren die Dutzenden von Journalisten fast unter sich. «Zu Beginn schienen es fast mehr Medienvertreter als Trinkwillige zu sein», notierte die *NZZ*.

«Will hier eigentlich niemand saufen?, fasste der *Blick am Abend* die Verzweiflung der Medien zusammen.

Wir könnten uns die Erklärung nun einfach machen. Die Medien waren wieder einmal ihrem unheilbaren Hang zum Alarmismus erlegen. Alarmismus ist die hysterische Warnung vor nicht existierenden Gefahren. Wir machen uns die Erklärung aber nicht einfach, sondern wählen einen anderen Ansatz. Wir beschreiben das Verhältnis der Journalisten zum Alkohol. Es ist ein inniges Verhältnis.

Österreichische Journalisten haben eine Lebenserwartung von gerade mal 61 Jahren. Ein wesentlicher Faktor ist der Suff. Nach britischen Studien sind Journalisten, Künstler und Psychologen – auch alkoholbedingt – die Berufe mit der kürzesten Lebenszeit. «Die Lebenserwartung wird nur noch von Wirten unterschritten», schreibt der Zürcher Presseverein in eigener Sache.

Noch in den Siebziger- und Achtzigerjahren kreisten auf Schweizer Redaktionen schon tagsüber die Bierflaschen. In der untersten Schublade des Chefredaktors stand eine Whiskyflasche. Nach Redaktionsschluss becherte die Journaille in jenen wenigen Lokalen weiter, die damals bis zwei Uhr morgens offen hatten.

Der berühmteste Einzelfall war jener Zürcher Redaktor, der in seinem Büro jeweils Unmengen von Orangen schälte und verzehrte. Er galt als Gesundheitsapostel – bis er per Zufall ertappt wurde. Er hatte vor Arbeitsbeginn die Orangen jeweils subkutan mit einer Injektionsspritze präpariert, die er mit Wodka gefüllt hatte.

Heute sind die kreisenden Bierflaschen verschwunden, und auch Journalisten gehen ins Fitnessstudio. Geblieben aber ist eine hohe Alkoholdichte, die sich auf Redaktionen in einer unablässigen Folge von Apéros und Stehpartys niederschlägt. Kein Anlass ist zu gering, ein Glas zu heben. Es gibt den Einstand bei Arbeitsbeginn, den Ausstand beim Stellenwechsel, dazu zuhauf Beförderungen, Dienstjubiläen und Geburtstage, Weihnachts-, Oster- und Pfingstapéros, Blattneugründungen, Blatteinstellungen, Blattweiterführungen, Blattveränderungen, Branchentreffen und Preisverleihungen. Dazu kommen Erfolgsmeldungen aller Art, und Erfolge finden sich in dieser Branche immer.

Caterer haben auch heute eine Faustregel, wenn sie Anlässe in der Medienbranche beliefern. Sie schleppen das doppelte Quantum an

Alkohol von dem heran, was bei vergleichbaren Anlässen in anderen Branchen benötigt wird.

Wenn wir den kurzen Hype um den «botellón» betrachten, dann brauchen wir keine tiefsinnige Medienanalyse, um zu wissen, warum die Journalisten das Trinkgelage dermassen herbeischreiben wollten. Sie hätten einfach gerne selber mitgezecht.

Abschied von einem guten Freund

Adieu und ciao. Nach 40 Jahren Treue verabschieden sich die Journalisten langsam von der Linken.

Es gibt nur wenige Ereignisse in der Schweizer Mediengeschichte, die weltweit einzigartig sind. Eines davon ist ein Boykottaufruf.

Im Jahr 1994 riefen der Präsident und der Zentralsekretär des Schweizer Journalisten-Verbandes seine Mitglieder auf, den damaligen SVP-Nationalrat Christoph Blocher in ihren Zeitungen zu boykottieren. Sie schalteten dazu sogar ein Inserat: «Aufruf: Boykottiert Blocher!»

Der eklatante Verstoss gegen die Informationspflicht war eine Novität, weil sie die Ideologie derart unverhohlen vor die Information stellte. Der Aufruf wurde teilweise befolgt und der Journalisten-Verband konnte stolz vermelden: «Zahlreiche Zeitungsredaktionen halten sich tatsächlich bezüglich Anzahl und Umfang von Blocher-Beiträgen zurück.»

1994 war wohl der Höhepunkt der Kollaboration der Journalisten mit der Linken. Es war die Zeit, als Journalisten Schnäuze und Turnschuhe trugen. Die meisten unterstützten die Sozialdemokratie. Noch Anfang des 21. Jahrhunderts, so zeigte eine Umfrage, wählten 43 Prozent der Medienschaffenden die SP. 1,5 Prozent wählten die SVP. 60 Prozent der Journalisten insgesamt bezeichneten sich als links.

Die SP ist so etwas wie der Lackmustest für die Gesinnung von

Redaktionen. Doch genauso wie die Partei bei den Wählern ins Abseits geriet, ist sie bei den Journalisten mittlerweile unten durch. «Die SP ist im freien Fall», lesen wir inzwischen im *Blick*. Die SP sei «im freien Fall», lesen wir inzwischen in der *Aargauer Zeitung*. Als die SP in ihrem neusten Parteiprogramm gar die «Überwindung des Kapitalismus» forderte, kam es erstmal in der Schweiz zu einer vereinten Breitseite gegen die Genossen. Alle Blätter kritisierten unisono die fundamental-sozialistische Perspektive.

Interessant daran ist, wie schonungslos unsere Journalisten den Niedergang der SP sezieren. Früher hätten sie noch Entschuldigungen gesucht. Die gesellschaftspolitischen Rezepte der Partei gelten nun plötzlich als wettbewerbsfeindlich, weltfremd und antik. Eine «willkommene mediale Normalisierung», konstatierte in einer klugen Analyse die *NZZ am Sonntag*.

Das Ende der linken Meinungsdominanz kam schleichend, in den Jahren nach 2005. Alle rückten in die Mitte. Als einzige Zeitung verweigerte sich der linke *Tages-Anzeiger* diesem Zeitgeist. Ausdrücke wie «Kasino-Kapitalismus» oder «Armutsfalle» oder «Abzocker» finden sich in den Kommentaren des Blatts weiterhin so dicht wieder wie in den Communiqués der SP. Die grösste Traditionszeitung des Landes plädiert regelmässig für eine nationale Erbschaftssteuer von vollen 50 Prozent und deutlich erhöhte Einkommenssteuern. Da staunten selbst die Genossen.

Der Abschied von links hat verschiedene Gründe, medieninterne und medienexterne. Erst einmal ist die Dämonisierung der SVP und ihres Zugpferds Christoph Blocher passé. Nach ihrem stürmischen Vormarsch wuchs die Partei nur noch leicht, weil sie stärker eingemittet wurde. Auch Blocher selbst wurde nach seiner Abwahl ein ganz normaler Politiker. Der Anti-SVP-Reflex, der lange Zeit den Linksdrall der Medien unterfütterte, findet keine Nahrung mehr.

In den Redaktionen wiederum hat sich ein Generationenwechsel vollzogen. Die Altachtundsechziger, die lange Jahre die Kommentarspalten und die interne Meinungsbildung dominierten, sind gegangen oder stehen kurz vor der Frühpension. Eine Vielzahl junger, un-ideologischer Politik- und Wirtschaftsjournalisten übernimmt die inhaltliche Flughoheit.

Natürlich geht der Abschied von gestern nicht ganz ohne Weh-mut vonstatten. Auffallend an den Abgesängen auf die linke Ära ist eine gewisse Fürsorglichkeit. Auffallend häufig zerbrechen sich Jour-nalisten den Kopf, wie die SP gesunden könnte. Sie müsse «die Pro-bleme der Wähler» ernster nehmen, rät der *Blick*. Sie müsse «sich re-formieren», rät die *SonntagsZeitung*.

Man kann die fürsorglichen Ratschläge verstehen. Sie lindern et-was den Trennungsschmerz.

Dr. rer. spin

Wie man eine Information richtig inszeniert, haben die Medien bei ihren Verwandten gelernt.

Der Standardwitz über den Unterschied zwischen Journalismus und PR ist uralt, und darum erzählen wir ihn gerne nochmals: Der PR-Berater einer Grossbank und der Journalist haben mit dem Chef der Bank zum Lunch abgemacht. Da fällt vor dem Restaurant ein Rott-weiler über ein kleines Kind her. Furchtlos stürzt sich der Bänkler auf den Hund und tötet das wilde Tier mit blossen Händen.

Der PR-Berater rennt nun in sein Büro und formuliert das Com-muniqué: «Bankier riskiert sein Leben, um ein Kind zu retten.» Der Journalist rennt ebenso in sein Büro und formuliert die Schlagzeile: «Bankenboss erwürgt Haustier!»

Es ist der unterschiedliche Blickpunkt, der die beiden Branchen trennt. PR-Leute sind ihrem Dienstherrn verpflichtet, den sie in ein gutes Licht rücken wollen. Journalisten sind keinem Dienstherrn, sondern einzig der Wahrheit verpflichtet.

In letzter Zeit haben viele prominente Journalisten die Seite ge-wechselt und sich als PR-Berater vorgestellt. Viele ehemalige Chefredaktoren sind darunter, etwa jene der *SonntagsZeitung*, der *Berner Zeitung* und der *Bilanz*. Zuvor hatte es schon Chefredaktor-Kollegen von *Tages-Anzeiger*, *Blick*, *SonntagsBlick* und *Weltwoche* ins PR-Fach gezogen.

Der Trend ist international. Auch Joe Ackermann holte Stefan Baron, den Chefredaktor der *Wirtschaftswoche*, als Konzernsprecher zur Deutschen Bank.

Nachdem die prophezeite Annäherung zwischen Kapitalismus und Sozialismus in den Sechzigerjahren gescheitert ist, können wir also eine neue Konvergenztheorie präsentieren. PR und Journalismus nähern sich an. Die PR-Branche wird journalistischer, der Journalismus wird PR-orientierter.

Nun ist es nicht so, dass Journalisten plötzlich ihre Unabhängigkeit an der Garderobe abgeben würden. Wirklich unabhängig waren Schweizer Journalisten nur während 35 Jahren in ihrer 235-jährigen Geschichte. Zuvor waren sie zumeist Parteisoldaten. Noch vor 40 Jahren machte es keinen grossen Unterschied, ob man unter Willy Bretscher in der *NZZ* über die FDP schrieb oder ob man unter Gustav Däniker bei Farner-PR für die FDP schrieb.

Dann, nach 1968, kam die Öffnung. Nun wurden im Journalismus Begriffe wie Objektivität und Sachgerechtigkeit nicht nur theoretisch diskutiert, sondern auch umgesetzt.

In der PR-Branche dauerte es bis zur Öffnung länger. Man arbeitete bis in die Achtzigerjahre nach der Mentalität, mit der Rudolf Farner für eine Million Franken auch einen Kartoffelsack zum Bundesrat gemacht hätte. Manipulation und nicht Information stand im Vordergrund.

In den Achtzigerjahren änderte sich dies. Die PR-Branche lernte die klassische Information kennen. Sie lernte es vom Journalismus. Neben dem üblichen Kram wie Medienkonferenzen, Interviews und Communiqués organisieren die PR-Berater den News-Austausch im kleinen Kreis: Vier-Augen-Gespräche, Briefings und Kooperationen mit Journalisten.

Handkehrum lernte der Journalismus von der PR die Inszenierung der Information.

Machen wir zur Illustration einen kleinen Vergleich. Was geschieht, wenn in der Dritten Welt die Kaffeepreise sinken? Der traditionelle Journalist schreibt einen kritischen Kommentar über die Folgen der Globalisierung und ruft nach staatlicher Hilfe durch höhere Entwicklungshilfebudgets. Der PR-Mann hingegen sorgt dafür, dass bei der Migros von jedem verkauften Kilo Kaffee 50 Rappen auf ein Spendenkonto gehen. Anlässlich eines Charity-Konzerts mit U2 übergibt der Migros-Chef das Geld der Caritas.

Journalisten haben von den PR-Leuten gelernt, dass eine Information erst durch ihre dramaturgische Umsetzung zum Ereignis wird. Erst die Komposition macht die News zum Event. Wir haben in letzter Zeit dazu viele gute Beispiele erlebt, etwa die Dokusoaps um Managergehälter, Bankgeheimnisse und Tunneldurchstiche.

PR-Altmeister Klaus J. Stöhlker irrt darum, wenn er in der *Finanz und Wirtschaft* schreibt, all diese ehemaligen Chefredaktoren seien «höchstens PR-Lehrlinge, die auf Kosten ihrer Kunden das Gewerbe erlernen».

Journalisten lernen heute das Gewerbe der zielorientierten Öffentlichkeitsarbeit im eigenen Bereich. Sie wissen, wie man als Spin-Doctor Informationen dreht, wie man Kampagnen baut, wie man missliebige Fakten ausklammert und dienliche Fakten überhöht, sie wissen um das subtile Wechselspiel zwischen öffentlichem und privatem Interesse.

All die Chefredaktoren, die nun PR-Berater werden, sind darum keine Quereinsteiger. Sie sind Längseinsteiger.

Selbstliebe macht kurzsichtig

Über nichts schreiben Journalisten so gern und ausführlich wie über Journalisten.

Werner van Gent ist ein Teilzeitmitarbeiter des Schweizer Fernsehens. Er hat ein 50-Prozent-Pensum.

Dann kündigte der 50-Prozent-Teilzeitmitarbeiter beim Schweizer Fernsehen. Er kündigte, weil das Fernsehen nicht alle seine Ideen so gut fand. Das ist natürlich eine journalistische Sensation. Die *SonntagsZeitung* brachte das Ereignis darum auf einer halben Zeitungsseite.

Der Artikel deckte fast die halbe Zeitungsseite ab, damit er dem fundamentalen Thema angemessen war. Der Artikel zeigte auf, wie «schmerzhaft» die Massnahmen sind und wie das Fernsehen durch den barbarischen Akt «ausbluten» kann.

Das Beispiel ist gut geeignet, um eine der putzigsten Eigenschaften der Journalisten zu illustrieren. Viele Medienschaffende leiden unter dem Mittelpunkt-der-Welt-Syndrom. Sie halten sich selber für äusserst wesentliche Erdbewohner. Und über äusserst wesentliche Erdbewohner, so die publizistische Doktrin, muss man ja wohl berichten.

Am meisten interessiert Journalisten, nicht nur bei TV-Teilzeitmitarbeitern, wenn Journalisten untereinander oder mit ihren Vorgesetzten streiten. Wenn bei der Zeitung *Der Bund* interne Diskussionen laufen, berichtet die *NZZ am Sonntag* dann fast über eine halbe Zeitungsseite. Wenn bei der *Basler Zeitung* der Chefredaktor ein, zwei Personalentscheide fällt oder bei DRS 3 der Programmleiter geht, füllt dies tagelang die Spalten. Wenn die linke *Wochenzeitung* sich von zwei Teilzeitmitarbeitern trennt, steht das bedeutsam im Zürcher *Tages-Anzeiger*.

Keine andere Branche in der Schweiz hat den unablässigen Nachschub von Klatsch und Tratsch aus der eigenen Sippe darum derart gut organisiert. Es gibt mittlerweile vier Zeitschriften für die 10 000

Medienschaffenden der Schweiz. *Schweizer Journalist* heisst das führende Blatt. Es berichtet darüber, wer gerade Erfolg und Misserfolg hat, wer untereinander oder mit dem Vorgesetzten uneinig ist, wer wie viel verdient und wer gerade gekündigt hat.

Die beiden Homepages persoenlich.com und kleinreport.ch liefern dazu im Tagesrhythmus alle Gerüchte, Halbwahrheiten und Fakten aus dieser kleinen Welt. Bei journalistischen Sensationen wie der Kündigung von äusserst wesentlichen Erdbewohnern wird eine Sondermeldung auf die Handys der Journalisten verschickt. Dazu kommen Medienblogs wie medienspiegel.ch, welche die Akteure der Medienbranche intensiv begleiten.

Seltsamerweise jedoch gibt es keine einzige Schweizer Zeitung mit einer täglichen Medienseite. So ist es kein Wunder, dass sich überall lose Beobachtungen, loser Klatsch und lose Ideen zufällig aneinanderreihen. Auch in der *NZZ* sind Medien nur einmal pro Woche traktandiert.

Diese Haltung kontrastiert augenfällig mit dem Auftritt der deutschen Blätter. Von der *Frankfurter Allgemeinen Zeitung* über die *Süddeutsche Zeitung* bis zum *Tagesspiegel* pflegen alle deutschen Qualitätstitel einen täglichen Medienteil, meist auf bemerkenswert hohem Niveau. Sie wissen, dass die Medien alle gesellschaftlichen Einflussfaktoren systematisch zu hinterfragen haben, auch sich selbst.

Bei uns ist das anders, und darum bleibt die Medienszene auch leicht inzestuös. Die Akteure agieren in einem innigen Umgang untereinander. Auffallend oft sind Medienmenschen mit Medienmenschen verheiratet und verbandelt, und zwar quer durch die Artenvielfalt des Gewerbes. Die europäische TV-Oberdirektorin ist genauso mit einem Medienmann zusammen wie die Chefredaktorin der *Annabelle*. Der Chefredaktor des Gratistitels *20 Minuten* hat es genauso mit einer Medienschaffenden wie der Chefredaktor des *Tages-Anzeigers*. Und auch der frühere Chefredaktor der *Schweizer Illustrierten*, nunmehr in der Ringier-Konzernleitung, heiratete eine Redaktorin des eigenen Blatts.

Damit wäre der Boulevardteil der heutigen Kolumne abgeschlossen und wir heben, wie es unserer sauertöpfischen Art entspricht, gegen Schluss noch kurz den Mahnfinger in die Höhe. Viele Medienhypes und Medienflops der Vergangenheit sind auch durch diese dickliche Verkleisterung der Branche zu erklären, etwa die unsäglichen kollektiven Treibjagden und Lemmingwanderungen der jüngsten Zeit. Die Nabelschau verklebt häufig den Blick über das publizistische Spiegelkabinett hinaus.

Wer zu sich selber wenig Distanz hat, hat auch wenig Distanz zu ausserhalb.

**«Wir haben gelernt, dass es ohne Leidenschaft nicht geht.»
Interview mit Mathias Döpfner, CEO der Axel Springer AG**

*Mathias Döpfner ist ursprünglich Journalist.
Er begann 1982 als Musikkritiker. Nach einem
Ausflug ins Verlagsgeschäft kehrte er als
Chef der* Berliner Wochenpost, *der* Hamburger
Morgenpost *und der* Welt *in den Journa-
lismus zurück. Seit 2002 ist Döpfner Vorstands-
vorsitzender des Axel Springer-Verlags in
Berlin und steigerte dort den Umsatz auf deut-
lich über 2,5 Milliarden Euro. Er ist Mit-
glied im Verwaltungsrat des US-Medienkonzerns*
Time Warner.

Herr Döpfner, wenn Sie den Tag beginnen, was ist Ihre erste Medienaktivität?
Als Erstes schalte ich mein Handy an, um Mails und Nachrichten zu
überfliegen.
Online first.
Chronologisch ja, von der Bedeutung her nein. Ich habe morgens vier-
zehn Zeitungen zu Hause, die ich überfliege, selektiv lese und von de-
nen ich mich überraschen lasse.
Die gute alte journalistische Blackbox.
Genau. Das Schönste ist doch, wenn man sich plötzlich für etwas inte-
ressiert, von dem man nie ahnte, dass es einen interessieren könnte.
Ich schaue mir die Zeitungen auch darauf hin an, wie sie Themen ge-
wichten, wie eine Geschichte inszeniert ist.
Können Sie noch beurteilen, ob ein Artikel gut oder schlecht geschrieben ist?
Ich glaube, das ist die entscheidende Frage überhaupt in unserer Bran-
che. Wenn wir das nicht wichtig genug nehmen, dann sind wir auf dem
Holzweg. Wissen Sie, diese ganze Diskussion um Online und die Be-

drohung der Zeitung, das langweilt mich. Es müsste sich doch bis in den letzten Winkel herumgesprochen haben, dass hier lediglich neue Vertriebskanäle wie Computer, Smartphones und iPad entstanden sind. Unser Geschäft aber ist geblieben: gute Inhalte, starke Geschichten, das Charisma der Sprache.

Ich sehe, der langjährige Journalist bricht bei Ihnen durch.

Da muss nichts durchbrechen. Das ist unser Kerngeschäft. Ist ein Artikel gut geschrieben? Ist er relevant? Hat er wirklich die wichtigen Fragen gestellt und beantwortet? Und ist er in einer Sprache geschrieben, die eindringlich und sinnlich zu lesen ist und die den Leser vielleicht sogar zum Lachen bringt? Das sind die entscheidenden Fragen unserer Branche, und die stehen auch bei meiner morgendlichen Lektüre ganz vorne. Was heisst hier Online first? Ich sage: Journalismus first – analog und digital.

Der Slogan von Online first war ja stets etwas dubios, weil er eine Hierarchie der Vertriebskanäle postulierte. Sie argumentieren eher zurück zu den Wurzeln unseres Geschäfts.

Es geht um eine chronologische Hierarchie. Die Stärke des Online-Journalismus ist seine Aktualität. Das ist schwer bestreitbar. Diese Stärke müssen wir ausspielen. Aber Online ist nur einer von mehreren Wegen einer Geschichte zum Leser. Entscheidend bleibt die journalistische Qualität. Das bedeutet auch, dass wir unsere Autoren in der Redaktionshierarchie aufwerten müssen. Ohne die Reporter, die bewegende Geschichten recherchieren und aufschreiben, hat unser Geschäftsmodell keine Zukunft. Im Zentrum stehen die Magie und das Charisma des Textes. Das ist ganz altmodisch und radikal modern.

Nur müssen wir uns hier aber auch sehr selbstkritisch betrachten. Haben wir nicht, bei all diesen Kostensenkungen und Restrukturierungen der letzten Jahre, die Inhalte zunehmend anonymisiert und das Wort Qualität ziemlich vergessen?

Das wird die kürzeste Antwort dieses Interviews: Ja.

So kurz geht nicht. Ich habe noch zu viele leere Seiten.

Das verstehe ich. Auch wir haben in Teilen den Fehler gemacht, zu viel über Marketing und zu wenig über Journalismus zu diskutieren. Aber wir haben ihn in geringerem Masse gemacht als andere. Die journalistische Kultur stand bei Axel Springer immer im Vordergrund. Das Haus ist schliesslich von einem Journalisten gegründet worden. Das Primat des Inhaltes ist unser wichtigstes Erfolgsgeheimnis.

Das klingt mir etwas zu deklamatorisch.

Gut, gehen wir in den Alltag. Es sind oft die kleine Gesten, die zählen. Wir haben zum Beispiel beschlossen, dass in den Redaktionen nicht mehr bei Honoraren und bei Reisekosten gespart werden darf. Wir holen und fördern gute, junge Autoren. Und wir bezahlen sie gut. Wir investieren antizyklisch mit einem siebenstelligen Sonderbudget in investigative Recherche. Wir tun eine Menge, aber ich sage auch, dass wir noch mehr tun können.

Ich habe seinerzeit auch aus dem Journalismus ins Management gewechselt. Es ist nicht immer leicht, dort journalistische Anliegen durchzusetzen, weil Redaktionen eben ein gewichtiger Kostenblock sind.

Ja, Kosteneffizienz und publizistische Kompetenz erscheinen manchmal wie ein zerstrittenes altes Ehepaar. Sie müssen sich wieder versöhnen. Natürlich müssen wir so kostengünstig wie möglich produzieren, denn das Printgeschäft wächst nicht mehr. Wir können nur in der digitalen Welt noch substanziell wachsen. Aber wenn wir hier wie dort an die journalistische Substanz gehen, dann können wir diesen Transformationsprozess vergessen, dann geht das schief.

Einverstanden, aber man kann dennoch eine Redaktion nicht als geschützte Werkstatt betrachten.

Genau. Gerade wir Journalisten wissen doch sehr gut, wo man in einem Medienhaus sparen kann. Es gibt falsche Tabus, die nur mit Bequemlichkeit zu tun haben. Und es gibt richtige Tabus. Erfolgreiche Redaktionen brauchen auch das scheinbar Überflüssige. Ein investigativer Journalist muss zwei Wochen an einem Thema recherchieren können und dann zurückkommen und sagen dürfen: Tut mir leid, da war keine Geschichte. Wenn man das als ineffizient bezeichnet, hat man nicht verstanden, wie unser Geschäft läuft.

Es gibt eine aktuelle Tendenz in unserer Branche, die guten alten Medien und ihre Gebräuche etwas zu romantisieren ...

... nicht bei mir. Natürlich ist das Internet unser wichtigster künftiger Vertriebskanal. Aber auch auf diesem Vertriebsweg bleibt das Wichtigste der Journalismus. Wir wollen doch, dass die Leser für unsere Arbeit bezahlen. Also müssen wir auch was Besonderes bieten.

Das Internet hat die journalistische Praxis nachhaltig verändert. Journalisten wissen erstmals genau, was ihre Konsumenten wollen und was nicht.

Richtig. In unserer Branchengeschichte gab es drei Phasen. Im 19. Jahrhundert war der Journalist der Vorgesetzte des Lesers, mit einer autoritären Haltung. Der Leser hatte sich gefälligst anzustrengen, die Zeitung musste nicht besonders attraktiv sein. Das 20. Jahrhundert hat dann eine hierarchische Gleichrangigkeit zwischen Journalist und Leser gebracht. Der Journalist lernte, dass die Zeitung dem Leser gefallen muss, im Layout, in der Themenauswahl. Im 21. Jahrhundert, in der Online-Welt, ist nun der Leser der Vorgesetzte des Journalisten. Er bestimmt, was er haben will und was nicht. Auf manchen Zeitungsredaktionen bestimmt inzwischen die vorgängige Online-Nutzung die Themenselektion.

Heisst das, dass der Journalist der Zukunft nur machen darf, was Leser und Nutzer wollen?

Nein. Das wäre die Aufkündigung des journalistischen Führungs- und Verführungsprinzips. Journalismus ist keine Suchmaschine, die nur liefert, was nachgefragt ist. Journalismus muss überraschen. Er muss den Leser für Dinge interessieren, von denen er gar nicht wusste, dass sie ihn interessieren. Natürlich ist wertvoll, wenn man die Leserresonanz kennt. Aber wir dürfen das Prinzip der charismatischen Leserführung nicht aufgeben. Wer den Lesern nachläuft, wird sie nicht gewinnen. Wer den Lesern vorausgeht, der wird Gefolgschaft finden.

Sehr schön gesagt, aber unter dem Druck der Online-Welt haben wir dennoch eine sichtbare Popularisierung der Medieninhalte erlebt. Die Zeitungsjournalisten sind näher an die Bedürfnisse ihres Publikums gerutscht.

Im Print gibt es ja die Marktforschungsmethode «Reader Scan», mit der wir messen können, was die Leser wirklich lesen. Wir haben hier eine wesentliche Beobachtung gemacht: Lange Texte werden genauso oft gelesen wie kurze. Unter einer entscheidenden Voraussetzung: Sie müssen gut geschrieben sein. Und sie müssen überraschen. Wenn wir nur das liefern würden, was jeder erwartet hat, dann würden wir langweilige Produkte machen. Auf den ersten Blick wären wir extrem lesernah, auf den zweiten Blick aber fad, weil wir das Unerwartete und das Überraschende nicht mehr bieten.

Zeitungslesen wandelt sich vom Massensport zum Elitesport. Das kann durchaus Vorteile für unsere Branche haben. Wir bekommen echt interessierte Leser, die dafür mehr zu zahlen bereits sind.

Lassen Sie mich das kulturoptimistisch zuspitzen. Im Jahr 1900 haben nur zehn Prozent der Bevölkerung überhaupt eine Zeitung gelesen. Heute lesen in Deutschland 73 Prozent eine Tageszeitung. Nun kann man einwerfen, früher hätten sie die *NZZ* oder die *Vossische Zeitung* gelesen, heute *Blick* oder *Bild*. Da sage ich: Was für eine arrogante Haltung. Und für mich ganz entscheidend: Durch Online haben wir die hohe Zahl der Informationsinteressierten nochmals gesteigert. Noch nie waren so viele Leute in einen Informationsprozess eingebunden.

Jetzt kommt die Frage eben doch, die Sie mittlerweile langweilt. Niemand weiss, wie man diese vielen, wunderbaren Online-Nutzer zum Zahlen bringt.

Ich werde bei dieser Frage darum ungeduldig, weil unsere Branche dermassen auf dieses Vertriebsproblem fokussiert. Oder besser auf diese Vertriebschance. Online ist eine zusätzliche Chance, Leser zu erreichen. Natürlich bleibt das Thema der Monetarisierung brisant. Ich habe auch keine Lösung, nur eine These. Entweder werden Angebotsformen gefunden, für die der Nutzer bezahlt, oder der Journalismus in der digitalen Welt hat eine traurige Zukunft. Ich bin optimistisch, dass der Markt das regelt.

Viele träumen davon, dass das Netz die Inhalte quasi autonom und zu geringsten Kosten selber generieren könne.

Humbug. «User Generated Content», ja. Es gibt tatsächlich so etwas wie Schwarm-Intelligenz. Es gibt auch Schwarm-Dummheit. Ich glaube aber nicht ansatzweise, dass «User Generated Content» jemals professionellen Journalismus ersetzen kann. Vergessen wir nicht, die moderne Zeitung begann genauso. Leser haben irgendwelche Artikel eingeschickt, die gedruckt wurden. Irgendwann aber mussten Profis ans Werk, die frei von Interesselagen waren. Wir können keine Zeitung herausbringen, die nur aus Leserbriefen besteht. Im Internet ist es genauso.

Nur, als die Zeitungen dann von Profis gemacht wurden, haben diese Profis Geld dafür verlangt, ziemlich viel sogar.

Ich bin auch im Netz optimistisch, dass das gelingt. Wenn die Verlage nicht so dumm sind, Selbstmord zu begehen aus Angst vor dem Sterben, dann klappt das schon. Auch online haben die Nutzer das Bedürfnis nach glaubwürdigen Marken. Ich denke, wir stehen am Beginn einer Umkehr zu Bezahlmodellen.

Bleibt die Frage, wie man die Inhalte zu den Nutzern bringt. Hier war ich etwas überrascht über Ihre euphorische Einschätzung des iPad. Ich halte das eher für gefährlich, weil unsere Branche dann nur noch simpler Inhaltproduzent ist. Wir müssen auch den Sender besitzen.

Die Frage ist: Was ist das iPad? Ist es die Zeitung und ich bin als Verlag nur noch der Artikeleinsender? Dann gute Nacht. Oder sind die Tablets und Smartphones das Papier, das ich bedrucke? Wenn das zutrifft, dann haben wir keine Probleme. Konkret: Wenn Apple zum Verleger wird und die Hoheit über die Preise und die Kunden hält, dann wird das nicht funktionieren. Darum müssen wir darauf bauen, dass es eine echte Konkurrenz zwischen verschiedenen Tablets gibt. Weltmonopole gibt es nie, das gilt auch für Apple und für Google. Das ist unsere Chance.

Apple weiss das auch und wird das bei seiner aggressiven Preisgestaltung einfliessen lassen.

Logisch. Aber wir müssen mit Apple und anderen einfach vernünftige Margen aushandeln. Ein Grossist, ein Kioskbetreiber hat heute auch seine Margen, das ist in Ordnung. Hier ist von unserer Branche Klugheit gefragt, die in der Vergangenheit, zugegeben, nicht immer gegeben war. Entscheidend ist, dass wir Angebotsvielfalt haben. Der Wettbewerb wird's richten. Wir dürfen uns nicht auf einen Anbieter fixieren. Es geht um ein neues Genre. Tablets und Smartphones sind die Zeitungen und Zeitschriften der Zukunft.

Wie wird die Erlösstruktur des Hauses Springer im Jahr 2020 aussehen?

Wir machen heute 25 Prozent des Erlöses online. Wir haben hier eine Gewinnmarge von derzeit 12 Prozent. Es ist also ein reales Geschäft. In spätestens zehn Jahren werden wir mindestens 50 Prozent unserer Erlöse aus dem digitalen Geschäft holen. Das Haus wird auf zwei gleichwertigen Säulen stehen, dem analogen Geschäft und dem digitalen Geschäft. Und die grosse Chance sind die mobilen Geräte.

Die Krise der Branche ist ja vorbei. Erstaunlich aber war, dass Springer als grosse Ausnahme auch während der Krise Rekordergebnisse produzierte. Zufall oder was?

Wir hatten in dieser Phase sicher den strukturellen Vorteil, dass wir sehr, sehr starke Marken haben. Es zahlte sich aus, dass wir diese Marken stets gepflegt haben und auch in der Krise in Inhalte investiert haben.

Das ist die Voraussetzung. Andere hatten vergleichbare Voraussetzungen, sind aber dennoch tiefrot abgestürzt.

Wir haben sehr früh mit hartem Kostenmanagement begonnen, als andere noch im Traumland sassen. Dann haben wir sehr früh an die Digitalisierung als Chance geglaubt. Prinzip war, alle Marken, alle Inhalte und alle Geschäftsvorgänge in die digitale Welt zu übertragen. Überall, wo das nicht möglich war, haben wir die Aktivitäten abgestossen. Die Onlinegeschäfte können inzwischen Rückgänge im Printgeschäft überkompensieren.

Nun haben ja viele Medienunternehmen Ende der Neunzigerjahre kräftig in Online investiert – und es dann ein paar Jahre später wieder bleiben lassen.

Ja, es gab etliche Schleuderkurse. Wir haben unsere Strategie vor über zehn Jahren formuliert und nicht mehr geändert. Wichtig war im Nachhinein, dass wir stets einen integrierten Ansatz verfolgt haben. Wir haben nie gesagt, hier sind die Printleute, und hier sind die Onlineleute. Das hätte dazu geführt, dass 80 Prozent der Mitarbeiter für die Vergangenheit gearbeitet hätten. Bei uns gibt es keine Silos. Für Digitalisierung sind alle verantwortlich. Ich denke, das war ein echter Erfolgsfaktor.

Was war der schwierigste Prozess?

Der schwierigste Teil war, die Mitarbeiter davon zu überzeugen, dass diese digitale Transformation unsere Zukunft ist. Es gab viel Skepsis, auch bei uns. Man fürchtete, Online schade der Zeitung. Wir haben dann aber, wie versprochen, auch in der Krise kräftig investiert und wir haben vor fünf Jahren erste, echte Anfangserfolge im Netz gehabt. Das hat uns dann die Glaubwürdigkeit intern gesichert. Die Kollegen sehen nun, dass bei uns die Post abgeht, und das motiviert natürlich.

Es ist interessant, wie dieser Erfolg auch die Wahrnehmung des Hauses Springer verändert hat. Lange wurde Springer ausschliesslich politisch positioniert, nun sind Sie ein ökonomischer Massstab.

Richtig, das Klischee war: Axel Springer ist ein reaktionärer Verein von Ritterkreuzträgern.

Schöner kann man es nicht sagen.

Heute gelten wir als Innovationsführer. Das liegt an der Strategie. Aber es hat sicher auch damit zu tun, dass wir uns inhaltlich geöffnet haben. Stichwort Meinungspluralismus. Chefredaktoren haben bei uns keine Vorgaben. Streit ist erwünscht.

Und wie geht es weiter in unserem Gewerbe?

In den Neunzigerjahren wurde unsere Branche überschätzt, nach 2000 wurde sie unterschätzt. Wir kehren nun zur Normalität zurück. Wir sehen, dass das Printgeschäft viel haltbarer ist, als wir gedacht haben. Und wir sehen, dass das Onlinegeschäft schneller in die Profitabilität wächst als erwartet. Die Branchenleader werden darum weiterhin hohe Cashflow-Margen generieren.

Dieses Selbstbewusstsein fehlt einem hübschen Teil unserer Schweizer Verleger. Vielleicht nicht nur den Schweizern.

Selbstbewusstsein ist tatsächlich das Stichwort. Unsere Branche hat in schwierigem Umfeld einen masochistischen Hang zum Untergang bewiesen. Das ist soziologisch wirklich bemerkenswert.

Ich denke, es war dennoch ein guter Lernprozess für unsere Branche, weil wir erkennen mussten, wie wenig krisenfest wir eigentlich waren.

Stimmt. Dabei ist bei uns nicht anderes passiert als eine Strukturänderung, wie sie die Reisebranche, die Stahlindustrie und die Banken genauso erlebt haben. Nur, für uns war das neu. Tiefe Bankenkrisen gab es immer wieder, tiefe Medienkrisen nie. Deshalb war es ungewohnt, und wir mussten uns daran gewöhnen, nicht zu jammern, sondern zu kämpfen.

Und was haben wir gelernt?

Wir haben gelernt, dass es ohne Leidenschaft nicht geht.

Prominente, Filzläuse, Witwenschüttler

Welche Typen von Journalisten man in der Medienszene antrifft

Der Service privé

Die Staatsangestellten des Fernsehens arbeiten nur Teilzeit. Die Freizeit nutzen sie zum Geldverdienen.

Stephan Klapproth ist viel unterwegs. In der Messe Basel moderiert er erst das «Forum logistische Gesamtsysteme». Dann geht es in den Schiffbau in Zürich zur Moderation des «Forums Schweizer Aussenwirtschaft». Im Hotel Victoria-Jungfrau in Interlaken wartet schon das «Forum Promarca». Nun ist Zeit für die «UBS-Wirtschaftsarena» im KKL Luzern und das Forum «CRM Transfer» im «Mövenpick» in Glattbrugg.

Zwischendurch muss er manchmal ins Studio, um als Präsentator von «10 vor 10» aufzutreten. Das kann zwar lästig sein, ist aber wichtig, weil er via Bildschirm seine Aufträge akquiriert.

Ähnlich umtriebig sind auch die andern SF-Stars unterwegs. Klapproth-Kollegin Susanne Wille moderiert den «Esprix Excellence-Evening» in Zürich, gesponsert von der Credit Suisse. «Arena»-Chef Reto Brennwald ist am «Swiss-Export-Tag» in Luzern zugange, gesponsert von Euler Hermes. «Kassensturz»-Präsentator Ueli Schmezer moderiert das Berner «HR-Forum», gesponsert von Meichle + Partner AG. Weil sie andauernd sich selber vermarkten, sind alle grossen TV-Stars vertraglich nur Teilzeitangestellte der SRG. Stephan Klapproth, Susanne Wille, Reto Brennwald, Ueli Schmezer arbeiten genauso im Part-time-Pensum wie Daniela Lager, Sonja Hasler, Beni Thurnheer, Sandra Studer, Kurt Aeschbacher, Röbi Koller, Sven Epiney und Katja Stauber.

Als Journalist kann man nur populär werden, wenn man sich am Bildschirm zeigt. Die Sache hat damit zwei Aspekte, einen finanziellen und einen medienethischen. Beginnen wir mit Punkt zwei.

Am Bildschirm stehen Moderatoren für Glaubwürdigkeit. Ganz besonders gilt dies für die Köpfe aus den News-Programmen. Erstberuflich sind sie öffentliche Figuren, und die Zuschauer vertrauen ihnen.

Zweitberuflich sind sie das Gegenteil. Hier sind sie käufliche PR-Heinis. Die Briefings für ihre kommerziellen Moderationen sind oft detailliert. Man sagt den Klapproths, Schmezers, Brennwalds und Willes, welche Fragen sie stellen und welche Fragen sie ausblenden sollen und welche Sponsoren positiv zu erwähnen sind. Als Profis halten sie sich daran.

Wir wollen hier nicht gross über doppelte Moral im Journalismus herziehen, denn wir leben in der bestmöglichen, also kapitalistischen Gesellschaft. Wir können nur sagen, dass das Ganze etwas unappetitlich ist.

Dieses Urteil ist nicht von Belang, denn es geht um recht viel Geld. Topmoderatoren wie Stephan Klapproth kommen auf 7000 bis 10 000 Franken pro Veranstaltung. 5000 bis 7000 Franken kassiert die zweite TV-Garnitur. Manche sind bei Agenturen wie Speakers unter Vertrag, welche sie an Firmen und Organisationen weitervermitteln. Die TV-Prominenz darf die Einkünfte zu 100 Prozent behalten. Schon mit zwei gutbezahlten Moderationen pro Monat kommt man also auf ein höheres Einkommen, als man es als kleiner Teilzeitangestellter vom Schweizer Fernsehen bezieht.

In den TV-Aufsichtsgremien schiebt man das Problem vor sich her. Staatsangestellten, und das ist man quasi beim Fernsehen, müssten Nebenjobs an sich verboten sein. Lösen müsste das Problem eigentlich der SRG-Generaldirektor. Denkbar wäre etwa ein Modell, wie es in Medienunternehmen gilt: 50 Prozent des Honorars gehen an die Firma, 50 Prozent an die Privatperson.

So bleibt die amüsante Situation, dass wir Gebührenzahler TV-Stars finanzieren, die nur dank unserer Zwangsabgaben überhaupt TV-Stars werden. Die TV-Stars vergolden sich dann auf private Rechnung.

Das ist die privatwirtschaftliche Seite des Service public. Der Service privé.

Drei Sterne

Die besten Journalisten der Schweiz schrieben so lange, bis der Hund ihr Manuskript auffrass.

Sie heissen Margrit Sprecher, Karl Lüönd, Erich Gysling, Barbara Lüthi, Viktor Dammann, Andrea Masüger oder meinetwegen Kurt W. Zimmermann. Ihr gemeinsames Schicksal ist es, dass sie irgendwann einen Journalistenpreis bekommen. Das ist unvermeidlich. Es gibt Dutzende von Journalistenpreisen in der Schweiz und nicht genügend Journalisten.

Da wollen wir nicht zurückstehen. Wir bevorzugen aber keinen schnellen, sondern einen übergreifenden Ansatz. Wir wählen die drei prägendsten Journalisten der jüngeren Schweizer Mediengeschichte. Unsere persönliche Auswahl:

1. Seine letzte Reportage machte er für die *SonntagsZeitung*, deren Chefredaktor ich damals war. Niklaus Meienberg schrieb für uns über den Brand der Kapellbrücke. Er war rastlos. Er fuhr nach Luzern, rief an und sagte die Reportage ab. Ein paar Stunden später rief er an und sagte zu. So ging es tagelang. Einen Monat spä-

ter, im September 1993, zog er sich eine Plastiktasche über den Kopf und ging.

Meienberg brachte den «New Journalism» in die Schweiz, diese literarische Mischung aus objektiver Faktenlage und subjektiver Wahrnehmung. Er war vergleichbar einem Tom Wolfe und einem Hunter S. Thompson. Als Journalist war er der einzige von uns, der ein Genre stilbildend in der Branche etablierte. Er konnte schreiben wie ein Berserker. Darum ging es auch nicht gut, als er sich als Redaktionsbürolist versuchte und ein Jahr lang das Pariser Büro des *Stern* leitete. Politisch war Meienberg erst links, dann links-unberechenbar. Er fuhr zum Ärger seiner Adepten einen Jaguar. Er war der Grösste, den wir im Journalismus je hatten.

2. Seine Ausreden waren äusserst kreativ. «Das Manuskript war fertig geschrieben, da kam der Hund und frass es auf.» Oder: «Das Manuskript war fertig geschrieben, da wehte ein Windstoss es unauffindbar zum Fenster hinaus.» Werner Wollenberger war immer zu spät. Er konnte dafür etwas, was uns junge Journalisten bei der damaligen Jean Frey AG zutiefst beeindruckte. Knapp vor Redaktionsschluss setzte er sich an die Setzmaschine und haute seinen Kommentar direkt ins Blei. Bis weit in die Siebzigerjahre war der Bleisatz die Norm.

Es gibt keine Multitalente dieser Art mehr. Wollenberger war Chef der *Zürcher Woche* und *Weltwoche,* er schrieb hier Kolumnen und Essays, er hatte für das Cabaret Fédéral gearbeitet und für Voli Geiler und Walter Morath getextet. Er inszenierte Musicals, schrieb Drehbücher und hatte am Fernsehen eine Filmsendung, die er kettenrauchend aus einem Kinosessel moderierte. Er war der Meienberg der Unterhaltung. Er schrieb wie verrückt, aber immer zu spät. 1982 war es für immer zu spät.

3. Seine Stimme nannte man sonor. Es gibt wenige in unserer Branche, die schon zu Lebzeiten zur Legende deklariert werden. Radiolegende Sepp Renggli wurde zur ewigen Stimme des Sports in der Schweiz und des Senders Beromünster. Im Sommer sass er

auf dem Beifahrersitz, fuhr den Radprofis hinterher und berichtete live am «Tour-de-Suisse-Telefon» über Stürze und Sprints seit Küblers Zeiten. Im Winter kommentierte er die damaligen Amateure des Skisports, über dreissig Mal allein vom Lauberhorn. Unvergessen für jeden Bub ist Rengglis Präsenz in der Fussball-Konferenzschaltung am Sonntagnachmittag.

Renggli ist auch darum eine Ausnahme, weil er – anders als heutige Sportreporter – sich nie als Schreihals verstand. Der langjährige Radio-Sportchef hielt stets auf Distanz. Das ist bis heute so. Auch mit 86 Jahren gelingen ihm in der *Südostschweiz* schöne Kolumnen.

Waren wir etwas nostalgisch? Vielleicht. Auffallend jedenfalls ist, dass in den Medien die prägenden Figuren verschwunden sind. Wer ist der grosse Reporter unserer Tage? Wer ist der grosse Kolumnist unserer Tage? Wer ist der grosse Radiomann unserer Tage? Es fällt uns keiner ein.

Alice im Wunderland

Der Prozess gegen den Wetterfrosch Jörg Kachelmann war ein Anlass für etwas journalistische Nostalgie.

Für die *Bild-Zeitung* war es der «Prozess des Jahres». Stimmt. Die Causa Kachelmann hatte alles, was ein Schauprozess braucht: einen ungeklärten Fall, ein unglaubhaftes Opfer, einen undurchsichtigen Angeklagten und unglaublich viel Sex. Gleich neun ehemalige Geliebte aus Jörg Kachelmanns Harem sagten vor Gericht aus.

Der Prozess des Jahres verpflichtet. Der *Bild-Zeitung* gelang darum ein schöner Zug. Als ihre Gerichtsreporterin engagierte sie die Frauenrechtlerin Alice Schwarzer. Schwarzer hat schon einige gute Stücke über Alltagsdramen publiziert, etwa ihr Buch über den Tod von Petra Kelly und Gert Bastian und ihre Biografie über Romy Schneider.

Wir sind damit bei einem journalistischen Genre angekommen, das uns sehr am Herzen liegt. Es ist das Genre der Gerichtsreportage. Die Gerichtsreportage hatte vor dem Zweiten Weltkrieg ihre grosse Blüte. Führende Namen der Literaturgeschichte schrieben über Prozesse, Täter und Opfer. Es gibt grosse Gerichtsreportagen von Kurt Tucholsky, von Joseph Roth, von Gabriele Tergit und von Paul Schlesinger.

Schlesinger war der Beste von allen. Er schrieb unter dem Pseudonym Sling. Weil wir heute nostalgisch gestimmt sind, zitieren wir Slings berühmteste Passage aus einer Reportage von 1926. «Der Mensch, der schiesst, ist ebenso unschuldig wie der Kessel, der explodiert, die Eisenbahnschiene, die sich verbiegt, der Blitz, der einschlägt, die Lawine, die verschüttet. Alles tötet den Menschen, auch der Mensch tötet den Menschen.»

Das ist verdammt gut. Es erklärt auch den Erfolg der Gerichtsreportagen in den Zwanzigerjahren.

Der Grund lag im Positionsbezug der Journalisten. Sie sahen sich als menschliches Korrektiv zur obrigkeitlichen Justiz. Sie lieferten Milieustudien der Angeklagten. Es war aufklärerischer Journalismus. Mit demselben Ansatz hatten in den Siebzigerjahren die Reporter Margrit Sprecher im *Züri Leu* und Gerhard Mauz im *Spiegel* enorme Resonanz.

Dann verloren die Journalisten zusehends die kritische Distanz zum Justizapparat. Die vierte Gewalt begann immer ungenierter mit der dritten Gewalt zu fraternisieren. Justizkritik starb weitgehend aus. Man steckte sich lieber gegenseitig Informationen zu.

Die Folge dieser Verbrüderung waren krasse Beispiele von Vorverurteilungen. Die Journalisten hingen nun den Staatsanwälten und Polizeisprechern an den Lippen und übernahmen deren Versionen. Bestes eingängiges Exempel war der Prozess gegen Mario Corti und sein Swissair-Management. Monatelang trommelten Justiz und Medien vereint gegen die Übeltäter und forderten Höchststrafen für deren Verbrechen. Die Angeklagten wurden zur Enttäuschung der Journalisten freigesprochen.

Im Fall Kachelmann zeigte sich dasselbe Muster. Angeführt von *Bild, Blick* und *Focus,* wurden die Journalisten quasi zu Pressesprechern der Mannheimer Staatsanwälte. Täglich flüsterte die Justiz den Medien die neusten Verdachtsmomente ins Ohr. Die Medien druckten und sendeten das Geflüster ungeprüft und reicherten es zur Freude der Justiz mit allerlei schmutzigen Geschichten aus Kachelmanns Privatleben an. Erst als der *Spiegel,* die *Zeit* und die *Weltwoche* gegensteuerten, unterbrachen sie kurz die flotte Party der vereinigten Juristen und Journalisten.

Weil wir heute nostalgisch gestimmt sind, wünschen wir uns stattdessen die grosse Gerichtsreportage zurück. Den idealen Autor für künftige Prozesse hätten wir Schweizer sogar griffbereit. Besser als unser Krimi-Genie Martin Suter könnte das wohl niemand. Es müsste ihn nur jemand fragen.

Slow Food fürs Gehirn

Die Zeitung hat wohl darum eine Zukunft, weil sie von Hand geschrieben ist.

Letzte Woche traf ich einen Vertreter der italienischen Post. Er bescherte mir ein interessantes Aha-Erlebnis.

Der Vertreter der italienischen Post erzählte mir von einem Schreibautomaten, den sie entwickelt haben. Der Schreibautomat schreibt Handschrift mit Tinte. Er schreibt in zehn Varianten. Die Handschrift wirkt absolut echt, wie von einer lebenden Person verfasst. Man kann auch die eigene Handschrift programmieren.

In echter Handschrift wird die Adresse auf das Couvert geschrieben. Wenn man will, schreibt das Ding auch einen ganzen Brief von Hand. Genutzt wird der Automat von Unternehmen aller Art. Sie lassen damit Millionen von Werbebriefen handschriftlich erstellen. Der Erfolg, gemessen an der Rücklaufquote, ist sensationell.

Die Erklärung ist einfach. Jeder von uns öffnet einen Brief, der von Hand geschrieben ist. Niemand wirft einen handgeschriebenen Brief in den Papierkorb. Laser-bedruckte Werbebriefe hingegen schmeissen wir unbesehen weg. Was von Hand kommt, also von Herzen, das öffnen wir.

Und was, so fragen Sie sich nun, was hat das mit den Medien zu tun, die sonst Inhalt dieses Buches sind?

Ich denke, es hat einiges damit zu tun. Medienangebote, genau wie Mailings, sind meist reine Massenware. Es ist schwierig, sie differenzierbar zu machen. Erfolg hat darum oft das, was nicht mit dem Trend, sondern gegen den Trend schwimmt. Dieser Erfolg kann durchaus auf Nostalgie beruhen, wie in unserem Beispiel.

Wir haben ja alle die Nase voll davon, dass wir als anonyme und verwertbare Medienkonsumenten funktionieren. Das Internet ist kalt wie Eis, auch dann, wenn wir beim Öffnen einer Website und via Mails dauernd mit einem «Hallo, Kurt Zimmermann» begrüsst werden. Die Zeitung ist, ohne ihr Zutun, das Gegenkonzept zu diesem medialen Zeitgeist geworden. Sie ist seltsam unaufdringlich.

Ich bin darum heute optimistischer für die Zukunft der Tageszeitungen, als ich dies noch vor ein paar Jahren war. Ich habe gedacht, dass die Zeit gegen die Zeitungen arbeitet. Ich habe gedacht, Zeitungen seien zu langsam und zu verstaubt. Ich bin nun optimistischer, was ihre Unersetzbarkeit angeht. Ihre Unersetzbarkeit ist ihre Unschuld.

Zeitungen sind unschuldig. Sie sind unschuldig wie eine nostalgische Handschrift. Es fehlt ihnen diese berechnende und lauernde Kommerzialität der neuen Medien. Zeitungen sind so etwas wie die Pictets, die Porsches und die Patek Philippes im Banken-, Auto- und Uhrenmarkt. Sie erreichen nicht die Kundenzahlen ihrer populistischen Konkurrenz, aber sie sind Träger von Persönlichkeit und Tradition.

Die Geschichte der Zeitungen käme demnach einer Ellipse gleich. Johannes Gutenberg erfand Mitte des 15. Jahrhunderts den Druck. Als nach 1600 die ersten modernen Zeitungen auf den Markt kamen, bestand ihre Leserschaft aus dem Adel, den Handelsherren und dem Bildungsbürgertum. Zeitungen waren ein Zielgruppenprodukt. Die Auflagen waren gering. Der Normalbürger konnte sich die teuren Blätter nicht leisten. Erst um 1850 entstand die sogenannte *penny press*, die Zeitungen für jedermann erschwinglich machte. Die Blätter wandelten sich zum Massenprodukt, 150 Jahre lang. Dann, ab 2000, begannen die Auflagen dramatisch zu sinken.

In einem Punkt bleibe ich allerdings dabei: Zeitungen sind tatsächlich langsam und verstaubt. Zeitungen sind Slow Food für das Gehirn. Doch gerade darum kehren sie nun womöglich an ihren Ausgangspunkt zurück. Sie werden vom Massenprodukt wieder zum Zielgruppenprodukt. Es liest sie das neue Bildungsbürgertum. Das neue Bildungsbürgertum liest Zeitungen, weil sie eine Handschrift haben.

Die Auswechselspieler

Weil Chefredaktor nur ein Teilzeitjob ist, bleiben die meisten auch nicht lange.

Martin Spieler wurde 2010 neuer Chefredaktor der *SonntagsZeitung*. Er folgte auf Andreas Durisch. Durisch ging den Weg, den jedes Talent der Branche früher oder später geht, den Weg vom unabhängigen Journalisten zum abhängigen Kundenberater.

Der Wechsel wäre nicht von Bedeutung, wenn es da nicht eine Besonderheit gäbe. Durisch stand der Zeitung 13 Jahre lang vor. Unter den wichtigen Titeln war er damit der Chefredaktor mit der zweithöchsten Amtsdauer. Noch länger schaffte es nur Thomas Bornhauser von der *Neuen Luzerner Zeitung*. Er führte das Blatt seit der Gründung im Jahre 1995. Auch Titel wie *Südostschweiz, St. Galler Tagblatt* und *Neue Zürcher Zeitung* hatten kaum Personalrotationen. Sie brauchten seit 1995 jeweils nur zwei Köpfe an der Spitze.

Daneben gibt es Zeitungen, die in denselben 15 Jahren bis zu zehn Vormänner verschlissen haben. Beim *Blick* etwa liest sich die Chef-Liste der letzten 15 Jahre als Who's who des heimischen Boulevards: Luchsinger, Wigdorovits, Meister, Lehmann, De Schepper, Cavalli, Weissberg, Walder, Grosse-Bley.

Wir denken, dass solch personelle Hektik nur entstehen kann, wenn man die Funktion des Chefredaktors überschätzt. Wir hingegen wissen: Der Beruf eines Chefredaktors ist nur ein 50-Prozent-Job.

Chefredaktor zu sein erfordert nicht mehr als die Hälfte einer normalen Arbeitszeit, vorausgesetzt, man hat sich tüchtige Stellvertreter und tüchtige Ressortleiter ausgesucht. Was hat ein Chefredaktor dann noch zu tun? Er achtet im Tagesgeschäft ein bisschen darauf, dass keine wichtigen Themen untergehen, er hat jede Woche ein oder zwei mehr oder weniger originelle Ideen, er stellt ein paar Leute ein und entlässt ein paar, und er schaut, dass das Budget nicht allzu sehr aus dem Ruder läuft. Viel mehr ist da nicht, wie wir aus eigener Erfahrung wissen.

Mehr als 50 Prozent braucht es nicht, um ein guter Verwalter des Inhalts und der Redaktion zu sein und ein bisschen zum Rechten zu sehen. Wenn die SP die Wahlen verliert, dann sagen die Chefredaktoren: «Wir müssen nun etwas Grösseres darüber machen, warum die SP dauernd die Wahlen verliert.» Wenn die Redaktion dann seitenweise über die SP schreiben will, dann sagen sie: «Schon gut, aber wir brauchen auch noch ein, zwei lockere Geschichten im Blatt.» Dann sagen sie: «Aber jetzt muss ich weg, wir haben noch eine Sitzung über Kostenreduktionen.»

Weil das Amt des Chefredaktors ein 50-Prozent-Pensum ist, müssen sich die Chefredaktoren allerhand zur Ergotherapie einfallen lassen. Sie sitzen stundenlang mit Werbefritzen zusammen und tun so, als ob sie Anzeigen akquirierten, sie schlagen sich die Nachmittage in Seminarien und Symposien um die Ohren, sie moderieren im Fernsehen und bei allerlei Podiumsdiskussionen oder machen berufsbegleitend einen MBA. Sie könnten auch schreiben in dieser Zeit, aber das wäre anstrengend.

In Deutschland ist es noch ausgeprägter. Hier ist der Chefredaktoren-Job aufgrund der vielen tüchtigen Stellvertreter und der vielen tüchtigen Ressortleiter schon fast ein 30-Prozent-Job. Das beste Beispiel war Patricia Riekel-Markwort, die Frau des *Focus*-Gründers. Sie hatte kein Problem damit, die drei Erfolgsblätter *Bunte*, *Instyle* und *Amica* gleichzeitig zu leiten.

Bei uns leiten sie im Regelfall nur ein Blatt, und sie leiten es oft nur kurz. Wir machen uns darum einen Scherz und listen alle Chefredaktoren, inklusive Interims-Chefs, unserer zehn wichtigsten Publikationen seit 1995 auf. Im Durchschnitt wechseln die Chefredaktoren alle vier Jahre. Mit einer Ausnahme – Esther Girsberger vom *Tagi* – waren es nur Männer. Einige waren auch zwei- und dreifach im Einsatz. Vielleicht gibt es beim Durchlesen das eine oder andere Aha-Erlebnis.

Bachmann, Bächtold, Bornhauser, Bortolani, Britschgi, Büchi, Buri, Bütler, Cavalli, De Schepper, de Weck, Dorer, Dunkel, Durisch, Eisenhut, Fahrländer, Geering, Geisseler, Girsberger, Gisler, Grenacher, Grosse-Bley, Gsteiger, Haldimann, Hartmeier, Heller, Heusser, Hofer, Höpli, Hosang, Hug, Hurni, Köppel, Landmark, Lehmann, Löpfe, Luchsinger, Masüger, Meister, Mittler, Müller, Niethammer, Nolte, Platz, Rennhard, Rothenbühler, Sieber, Somm, Spillmann, Straub, Strehle, Walder, Weissberg, Wigdorovits, Wildberger, Z'Graggen.

Das war der Stand bei Redaktionsschluss.

Könige der Abschreiber

Heute entzaubern wir ein wenig den Traumjob der Journalisten, den Auslandskorrespondenten.

In Schweden fiel mir das *Svenska Dagbladet* in die Hände. Es druckte einen Artikel über Silvio Berlusconi und eine seiner jugendlichen Flammen. «Modellaffär hotar Berlusconi», hiess die Schlagzeile. «Hotar» heisst «bedroht».

Natürlich war der Artikel von A bis Z aus italienischen Zeitungen abgeschrieben. Er war genauso von A bis Z abgeschrieben wie die gleichzeitigen Artikel zur Berlusconi-Affäre in unseren Blättern.

Doch es gab einen Unterschied. Unter dem Artikel in Svenska Dagbladet stand: «Quelle: *La Repubblica* und *La Stampa*».

Wir müssen gestehen, dass wir noch nie zuvor einen solchen Anfall von Ehrlichkeit im Journalismus gesehen haben. Da schrieb ein Auslandskorrespondent, wie üblich, zuerst ungeniert aus andern Zeitungen ab. Dann gab er es öffentlich zu.

Das ist ungewöhnlich, weil sich hier der Journalismus der Wissenschaft nähert. Journalisten wie Wissenschaftler schreiben zwar beide pausen- und hemmungslos von ihren Kollegen ab. Journalisten verbergen dies. Wissenschaftler hingegen legen ihre Quellen in der Bibliografie offen. Wenn Studenten Zitate nicht kenntlich machen und also Plagiate vornehmen, droht ihnen im schlimmsten Fall der Ausschluss von der Hochschule. Den Journalisten droht im schlimmsten Fall das Verständnis der Vorgesetzten.

Die Könige unter den Abschreibern sind die Auslandskorrespondenten der Tageszeitungen. Im Gegensatz zu Journalisten in Inland, Wirtschaft und Sport verfügen sie über praktisch keine Primärquellen. Stattdessen schustern sie ihre Artikel im Büro oder auf der Sonnenterrasse aus den nationalen Zeitungen zusammen. Früher kopierten sie die gedruckten Exemplare, heute nutzen sie News-Sites und die Onlineausgaben der Blätter.

Weil Korrespondenten kaum Primärquellen haben, erscheinen im Auslandteil auch nur selten Interviews mit hochrangigen Regierungsvertretern. Man kennt sich nicht. In Inland, Wirtschaft und Sport sind direkte Gespräche mit Bundesräten, Firmenchefs und Klubpräsidenten an der Tagesordnung.

Damit ist auch erklärt, warum der Sessel eines Auslandskorrespondenten auf Redaktionen als prestigereicher Traumjob gilt. Keine andere Stelle erlaubt eine dermassen orts- und zeitunabhängige Arbeitsweise.

Es ist dennoch verwunderlich, dass Redaktionen bei Sparübungen, wie derzeit, stets heftig um eine möglichst hohe Zahl an Korrespondenten kämpfen. Denn richtig gute Analytiker gibt es unter ihnen selbst bei der *Neuen Zürcher Zeitung* nur wenige. Warum aber soll das Heer von Abschreibern der Qualität einer Zeitung förderlich sein?

Die Kunst des Kopierens ist erst seit zehn Jahren richtig aufgeblüht. Die Suchmaschinen haben sie enorm vereinfacht und beschleunigt. Früher mussten Journalisten für Informationen das Telefon in die Hand nehmen, Eilsendungen auf der Post abholen, Zeitungsarchive aufsuchen, Bücher lesen und Termine mit Fachleuten wahrnehmen. Heute genügt dafür vielfach das Internet.

Nicht nur Informationen, auch Desinformationen schiessen damit unkontrollierbar rund um die Welt. Ein gutes Beispiel einer global verbreiteten Falschmeldung war etwa der vermeintliche Konkurs von United Airlines. Ein Journalist hatte eine sechs Jahre alte Meldung mit Copy-Paste veröffentlicht – und alle stürzten sich auf die brandaktuellen News. Auch all die aufgeblasenen Medienhypes von Vogelgrippe bis Schweinegrippe wären ohne Internet nicht denkbar. Jeder schreibt bei jedem ab – und setzt noch eins drauf.

Natürlich haben wir für diese Kolumne auch kräftig abgeschrieben. Ein Teil der Passage über den Unterschied von Journalismus und Wissenschaft stammt aus der *Lampertheimer Zeitung* in Südhessen.

Lampertheimer Zeitung – wer merkt das schon?

Cohiba und Bleistiftspitzer

Wir begeben uns auf eine kleine Tour durch die Sitzungszimmer der Medienkonzerne.

Wenn man ein Unternehmen oder ein Gremium gut und schnell kennenlernen will, dann gibt es eine zuverlässige Methode. Man muss nur das grosse Sitzungszimmer besichtigen. Dann weiss man alles über die Firmenkultur.

Waren Sie zum Beispiel schon einmal in diesem miefigen Berner Bundesratszimmer mit diesen üblen Holzverkleidungen an der Wand? Eben. Dann weiss man alles über das Gremium, das hier tagt.

Besuchen wir also die Sitzungszimmer der drei grossen Deutschschweizer Verlagshäuser, wo die Verwaltungsräte und Geschäftsleitungen tagen. Bei Ringier hängt im Sitzungszimmer zeitgenössische Kunst an der Wand. Bei der *NZZ*-Gruppe hängen Bilder der früheren Präsidenten an der Wand. Bei Tamedia hängt nichts an der Wand.

So, nun wissen wir alles über die Firmenkultur. Ringier ist ein weltmännisches Unternehmen. Die *NZZ* ist ein rückwärtsgewandtes Unternehmen. Und bei Tamedia wird gespart.

Als Ringier seinen 175. Geburtstag feierte, schmiss man im KKL in Luzern eine gewaltige Party. Es war ein für hiesige Normen enorm aufwändiger Abend mit Kunst, Konzert, Glamour und Glanz. In den Sitzungszimmern von *NZZ* und Tamedia hätte die Idee solcher Grandezza nie entstehen können.

Der Grund des Unterschieds liegt beim Patron. Michael Ringier hat Klasse. Er gehört zu den grössten Kunstsammlern des Landes, er ist mit der seltenen Gabe der Selbstironie gesegnet, er raucht Cohibas, und er kann als einziger Schweizer Verleger anständig Golf spielen.

Nehmen wir das also zum Anlass, die Sitzungszimmer-These etwas auszuführen. Ein Führer durch drei Firmenkulturen.

Staatsform
Ringier: Fürstenhaus. Alles Wichtige entscheidet Michael I. Hofschranzen und Hofnarren gehören seit je dazu.
Tamedia: Zweikammersystem. Machtbalance zwischen VR-Präsident und CEO. Beide sind primär finanzinteressiert.
NZZ: Basisdemokratie. Jeder redet überall mit – oder auch nicht. Darum wurde Ende 2008 erstmals ein Konzernchef eingestellt.

Prozesse
Ringier: Man hat ein Projekt. Man startet spontan. Wenn das Projekt Erfolg hat, war das eine klare Strategie.
Tamedia: Man hat ein Projekt. Dann berechnen Scharen von externen Beratern die Rentabilität jedes Bleistiftspitzers.
NZZ: Man hat ein Projekt. Dann weiss man nicht so recht. Manchmal wird trotzdem etwas daraus.

Politische Ausrichtung
Ringier: Homogen. Angeführt vom *Blick,* ist man nun auf dem Marsch von links gegen die Mitte. EU-euphorisch.
Tamedia: Heterogen. *Tages-Anzeiger* deutlich links, *Finanz und Wirtschaft* als bürgerliches Korrektiv.
NZZ: Homogen. *NZZ* als liberaler Hort, etwas weniger ideologische Töchter in Luzern und St. Gallen.

Publizistische Kultur
Ringier: Man hat hohes journalistisches Interesse. Die publizistische Kompetenz liegt im Verwaltungsrat, weniger in der Geschäftsleitung. Man lebt eine Konfliktkultur, sie ist oft oft von Intrigen geprägt, dadurch viele Chefredaktorenwechsel.
Tamedia: In der Geschäftsleitung wie auch im Verwaltungsrat fehlt das journalistische Know-how. Chefredaktoren können darum meist machen, was sie wollen.
NZZ: Sie ist seit je publizistisch getrieben. Der *NZZ*-Chefredaktor war über Jahrhunderte der bestimmende Kopf der Firma. Nach dem Absturz in die finanzielle Misere gab es einen Paradigmenwechsel zu einem Modell mit starkem CEO.

Grundphilosophie
Ringier: «Das machen wir.»
Tamedia: «Das rechnen wir.»
NZZ: «Das warten wir ab.»

Der K-Klub

Nichts schiesst in den Medien dermassen ins Kraut wie die Kolumnisten.

Woche für Woche schwemmt es neue Köpfe in unseren Klub. Der ehemalige Preisüberwacher Rudolf Strahm stiess zu uns und Hildegard Schwaninger wurde reaktiviert. Jörg Kachelmann kam auch dazu – aus den bekannten Gründen aber nicht für lange.

Wenn es eine echte Massenseuche gibt im Schweizer Journalismus, dann sind es die Kolumnisten. Sie sind wie die Heuschrecken. Es gibt keine Zeitung, keine Zeitschrift und kein Käseblättchen mehr, die nicht ganze Schwärme davon beschäftigen.

Kurz zur Theorie: Die Kolumne ist definiert durch ihre starre Periodizität. Ein Autor äussert sich stets zur selben Stunde am selben Ort. Mehr ist nicht.

Bei der *Weltwoche* etwa, um gleich damit anzufangen, treiben meist um die zehn Kolumnisten ihr periodisches Unwesen, von Christoph Mörgelis Parteiprogramm bis Mark van Huisselings Partyprogramm. Als politisch-gesellschaftliche Zeitschrift ist das Blatt einigermassen entschuldigt. Bei diesem Genre, ähnlich wie in *Newsweek* oder *The Spectator,* gehört Kolumnendichte zur Tradition.

Erstaunlicher ist die Kolumnisten-Epidemie im Zeitungsfach. Bei den vier grossen Sonntagsblättern etwa machen sich in jeder Ausgabe mindestens sechs bis sieben Kolumnisten breit. Bei den führenden Tageszeitungen wie dem *Tages-Anzeiger* sind gar über ein Dutzend von ihnen unter Vertrag.

Selbst in den elektronischen Medien hat die masernartige Kolumnitis Einzug gehalten. Die Internet-Sites und Blogs strotzen davon. Auch Sender wie Roger Schawinskis Radio 1 beschäftigen neuerdings tägliche Äther-Kommentatoren. Lange Zeit war das «Wort zum Sonntag» die einzige kolumnistische Form im Funk.

Wir stellen uns also die Frage, warum die Zahl der Kolumnisten dermassen explodiert. Die Antwort ist simpel. Kolumnisten haben

Tugenden, die bei den Lesern gut ankommen. Und sie haben Tugenden, die den normalen Journalisten fehlen.

Zuerst einmal fassen sich Kolumnisten kurz. Die Kolumne, die Säule, ist ein Fachbegriff aus der Typografie und steht für eine Spalte. Nach einer Spalte ist für Kolumnisten Schluss, auch wenn sie über Ozeanien oder Obama schreiben. Normale Journalisten füllen am liebsten eine ganze Seite, wenn sie über Ozeanien oder Obama schreiben. Leser aber lieben es kurz und pfeifen auf langatmiges Gesülze.

Dann publizieren Kolumnisten regelmässig. Das unterscheidet sie etwa von den heutigen Schweizer Chefredaktoren, die selber fast nie schreiben, weil sie zu faul oder zu unbegabt sind. Wer nie schreibt, wird im Journalismus nie ein Name. Leser aber wollen erkennbare Namen, weil damit ihre Lektüre die Anonymität verliert. Kolumnisten wie Peter Bichsel, Martin Suter, Michèle Roten, Gisela Widmer und Jürg Ramspeck haben die Wahrnehmung eines Blatts oft stärker geprägt als der gesamte Rest des Impressums.

Schliesslich haben Kolumnisten eine Meinung. Man kann diese Meinung mögen oder ablehnen, man kann Frank A. Meyers Neosozialismus, Beat Kappelers Neoliberalismus und Güzin Kars Neosexismus lieben oder hassen, aber eine Linie ist eine Linie.

Kolumnisten leben oft von der We-love-to-hate-them-Regel, weil sie für eine klare Haltung stehen. Normale Journalisten hingegen haben oft keine Grundhaltung, sondern nur eine Abwartehaltung. Leser aber wollen wissen, woran sie sind. Also, Rudolf Strahm und Hildegard Schwaninger und alle anderen: Fassen Sie sich kurz und periodisch, und haben Sie keine Angst vor einer scharfen Meinung. Welcome to the club. Welcome back to the club.

Lehrstunde bei Fritz Finsterwald

Bei spektakulären Kriminalfällen wird die Presse zur Polizei. Aber nur wenige können es.

Fritz Finsterwald war in den Anfangsjahren des *Blick* der Polizeireporter des Blatts. Schreiben konnte er nicht besonders gut, aber dafür war er auch nicht angestellt. Angestellt war er als Witwenschüttler.

Der Witwenschüttler ist das Rückgrat des Boulevards. Seine Aufgabe besteht darin, trauernde Gattinnen von Mordopfern, Unfalltoten oder Selbstmördern aufzusuchen. Der Witwenschüttler verwickelt die trauernde Gattin in ein einfühlsames Gespräch. Das Gespräch dauert so lange, bis die Witwe eine Fotografie des Toten herausgerückt hat. Dann macht sich der Schüttler mit dem Bild aus dem Staub.

Fritz Finsterwald trug stets Schwarz und Kravatte. Als Schüttler ist er bis heute unübertroffen. Seine grösste Stunde schlug in den Sechzigerjahren, als er einen Mörder dazu überreden konnte, sich freiwillig der Polizei zu stellen.

Wir wollen heute aber nicht der guten alten Boulevardzeiten gedenken. Wir wollen auch von neueren Boulevardzeiten berichten.

Der für die Medien ergiebigste Mordfall der letzten zehn Jahre war die Entführung der fünfjährigen Ylenia Lenhard in Appenzell. Es gab Parallelen zu Kindermorden in den Achtzigerjahren. Was die Geschichte besonders bizarr machte: Der Hauptverdächtige Urs Hans Von Aesch hatte sich umgebracht.

Es war ein Fressen für den Boulevard. Was der *Blick* nun rund um die entführte Ylenia («ein blonder Engel mit blauen Augen») aufführte, war Boulevard vom Feinsten. Nichts fehlte, was eine schöne Täter-Opfer-Story ausmacht.

Es fehlte nicht die intensive Beobachtung vor Ort («Auch Polizeihündin Joya gibt alles, um Ylenia zu finden»). Es fehlten nicht die pikanten Details über den mutmasslichen Mörder Von Aesch («Von Aesch sammelte tote Tiere in Einmachgläsern»). Es fehlte nicht an wilden Spekulationen («Welche Geheimnisse verbirgt das Haus des Schreckens noch?»). Und es fehlte auch nicht an hautnahen Zeitzeugen («Kellnerin Sonja: Er trank Pfefferminztee»).

Und etwas ganz Wichtiges fehlte ebenfalls nicht. Der Boulevard ging in direkte Konkurrenz zur Polizei, in den Wettkampf um die bessere Recherche. «Von Aesch war glatt rasiert. Warum verschweigt das die Polizei?», durften wir unter anderem lesen.

Es gehört zur Phänomenologie des Boulevards, dass er bei attraktiven Kriminalfällen quasipolizeiliche Ermittlungen im Wettbewerb mit den Behörden anstellt. Er befragt dieselben Zeugen wie die Polizei, und er nimmt dieselben Lokaltermine wahr.

Pressegeschichte schrieb etwa Ende 2006 der Wettlauf zwischen der britischen *News of the World* und der lokalen Polizei, um den Prostituiertenmörder «Ipswich Ripper» zu fangen. Für die Polizei fahndeten die Polizisten, für die Zeitung die Leser.

In der Schweiz sind parallele Ermittlungen von Presse und Polizei bei grossen Fällen ebenfalls an der Tagesordnung. Bekanntester Igel-und-Hase-Contest war der Fall des Zürcher Baupolizei-Chefs Günther Tschanun, der 1986 vier seiner Untergebenen erschoss. Im Fall Tschanun fanden Journalisten den Flüchtigen in Frankreich schneller als die Polizei. Er gab Interviews, während die Polizei immer noch nach ihm suchte.

Die Witwenschüttler, und damit wären wir wieder bei Ylenia, zeigen in solchen Fällen besonders harten Fronteinsatz. Auch der *Blick* schickte einen seiner Spitzenschüttler zu Vreni Von Aesch, der Gattin des Verdächtigen. Leider war die Mission erfolglos. Sie wolle «keine Bilder von ihr und ihrem Mann herausgeben», berichtete bedauernd das Blatt.

Nehmt es nicht allzu schwer, Freunde, das kann passieren.

Nesthocker und Nestflüchter

Wer nichts wird, wird Wirt. Und wer nichts werden will, wird Journalist.

Letzte Woche traf ich Peter Hartmeier, den früheren Chefredaktor des *Tages-Anzeigers*. Hartmeier ist als Kommunikationschef der UBS Schweiz nun ein grosses Tier bei der Grossbank. Ich fragte ihn, wie es gehe. «Ich bin nicht in einer anderen Branche», sagte Hartmeier, «ich bin in einer anderen Welt.»

Nestflüchter Hartmeier ist ein gutes Beispiel für unsere heutige Frage. Die Frage lautet: Bringen es Journalisten im Leben eigentlich zu etwas?

Weil es so viele Journalisten gibt, beschränken wir uns bei unserer Frage auf die Chefredaktoren. Die Frage lautet also: Bringen es Chefredaktoren eigentlich zu etwas?

In Umfragen zur Reputation liegen Journalisten stets auf dem letzten Rang. Sie haben von allen Berufen den schlechtesten Ruf, weil sie dauernd lügen. Nun muss man fairerweise sagen, dass neben Journalisten auch Vertreter anderer Berufe wie Juristen, Juweliere und Jugendpfleger dauernd lügen. Die Journalisten lügen bloss öffentlich und damit überprüfbar.

Jeder Chefredaktor, der etwas auf sich hält, verlässt darum diesen Beruf irgendwann für ein besseres Gewerbe. Nach 13 Dienstjahren wechselte zum Beispiel Andreas Durisch (ex *SonntagsZeitung*) den Job. Er wurde Partner bei der Beratungsfirma Dynamics Group. Er tat dasselbe wie zuvor Jürg Wildberger (ex *Weltwoche*), der zu den Konsulenten von Hirzel, Neef, Schmid wechselte.

Als Partner einer führenden Kommunikationskanzlei kommt man, wenn es einigermassen läuft, auf einen Honorarumsatz von einer Million Franken im Jahr. Das ist mindestens das Doppelte von dem, was man bei einer Zeitung hat. Auch die bestbezahlten Chefredaktoren in der Schweiz kommen praktisch nie auf 500 000 Franken.

Auch in der Schweiz ist erstaunlich, wie viele bekannte Chefredaktoren von Publikumstiteln mittlerweile nicht mehr für das Publikum, sondern für Kunden und Klienten arbeiten. Im lukrativeren Corporate Publishing arbeiten etwa der frühere *Bilanz*-Chefredaktor Medard Meier, der das Magazin von IWC publiziert. Der frühere *SonntagsBlick*-Chef Christoph Grenacher produziert das Kundenmagazin von Axa Winterthur. Der frühere *Aargauer Zeitung*-Chef Markus Gisler lancierte die Zeitschrift der Fachhochschule Winterthur. Die frühere *Annabelle*-Chefin Christa Löpfe tat dasselbe für Toyota. Der frühere *Facts*-Chef René Lüchinger lieferte in seiner Publishing-Firma einen Titel für Coop. Der frühere *Basler Zeitung*-Chef Ivo Bachmann macht ein Blatt für die Spitex-Organisation.

Alle von ihnen übernehmen daneben Aufträge aus PR und Kommunikation. Am erfolgreichsten ist dabei der frühere *Blick*-Chef Sacha Wigdorovits, der inzwischen auf dem Fachgebiet der Krisenkommunikation zu den führenden Fachkräften des Landes gehört.

Die Namensliste erklärt gut, warum Unternehmenskommunikation dermassen im Aufwind ist. Früher arbeiteten PR-Fuzzis und erfolglose Journalisten für externe Kunden. Die Elite war in den Medien. Heute steigt die Elite der Schweizer Printmedien aus. Die meisten der genannten Chefredaktoren verliessen nach einem mehr oder weniger freiwilligen Abgang definitiv die klassischen Medien.

Nun kommen wir erst zu jenen, die es wirklich zu etwas gebracht haben. Dabei gilt es zu unterscheiden zwischen Nesthockern und Nestflüchtern. Nesthocker haben innerhalb der Branche ihr Geld verdient, Nestflüchter ausserhalb.

Bei den Nesthockern hat Roger Schawinski (ex *Tat*) ganz gut performt. Er verkaufte sein späteres Radio 24 an Credit Suisse und Tamedia und holte für sich rund 80 Millionen Franken heraus. Noch erfolgreicher waren Hanspeter Lebrument (ex *Bündner Zeitung*) mit seinem Südostschweizer Medienmonopol und Jürg Marquard (ex *Pop*) mit seinem internationalen Lifestyle-Verlag. Beide sind über 200 Millionen wert.

Nestflüchter gibt es nicht so viele. Eine hübsche Karriere hat Walter Bosch gemacht. Er war Chef des *Blick* und der *Schweizer Illustrierten*. Dann wechselte er in die Werbebranche, wo ihn sein talentierter Partner Theophil Butz ins neue Metier einführte. Nach dem Verkauf der Werbeagentur wurde Bosch Vizepräsident von Swiss International Air Lines und VR-Präsident der neuen Krankenkasse Sanitas-KPT.

Die absolute Nummer eins aber ist Edgar Oehler. Er war Chefredaktor der katholischen Tageszeitung *Die Ostschweiz* in St. Gallen. Durch gutes Beziehungsmanagement stieg er zum Hauptaktionär des Technologie-Unternehmens Arbonia Forster auf: Die Firma hat trotz Problemen einen Börsenwert von über 400 Millionen Franken.

Oehler ist damit der einzige Chefredaktor einer Zeitung, der es wirklich zu etwas gebracht hat.

Das letzte Kartell

Wenn es im Journalismus noch Filzläuse gibt, dann hausen sie in Theatern, Museen und Konzerthallen.

Als Kolumnist eines Intelligenzblatts hat man ja einen limitierten Breiteneffekt. Man wird allenfalls von anderen Intelligenzblättern kommentiert, aber die echte Volksnähe stellt sich nicht ein. Darum freuen wir uns natürlich jedesmal, wenn wir es in den *Blick* schaffen. Als «Frontalangriff auf die Kultur» verriss das Boulevardblatt kürzlich eine unserer Thesen.

Unsere These war schlicht. Sie lautet: Das Verhältnis von Kulturjournalisten und Kulturschaffenden ist verfilzt und korrumpiert.

Zum Auftakt der Beweisführung wollen wir kurz des legendären Volksaufstands von 2005 in Basel gedenken. Der Volksaufstand wurde ausgelöst, als die *Basler Zeitung* ihren Kulturteil etwas veränderte. Er erschien neu im Tabloid-Format, wurde farbiger und verlangte für Kleinanzeigen eine bescheidene Gebühr. Ein klarer Fall für die Kulturlobby: Die gesamte Kultur als solche wurde durch diesen barbarischen Akt in ihrer Substanz vernichtend getroffen.

Der Aufschrei des Kulturkartells war folglich herzzerreissend. Die Kulturschaffenden beschlossen erst einen Boykott der Zeitung. In ganzseitigen Inseraten empörten sie sich dann über diese «geistige Abrüstung». An Podien und Veranstaltungen wurde der kulturschänderische Akt nächtelang verurteilt. Kulturjournalisten der *Basler Zeitung* liefen zum Feinde über. Der Gipfel der Lächerlichkeit war dann erreicht, als 2500 Basler eine Petition an die *Neue Zürcher Zeitung* unterschrieben: Das Blatt solle künftig bitte mit einem speziellen Basler Zeitungsbund erscheinen.

Inzwischen ist natürlich auch dieser Sturm im kulturellen Wasserglas längstens erledigt. Die *Basler Zeitung* hat den Kulturteil ein paar Jahre später wieder in die Zeitung zurückintegriert. Nun hätte eigentlich ein Sturm der Begeisterung losbrechen müssen. Nichts geschah.

Das Beispiel ist artentypisch, um das letzte echte Kartell im Medienbetrieb zu beschreiben: das Kulturkartell. Kulturschaffende und Kulturjournalisten unterscheiden sich in ihrem öffentlichen Verhalten von anderen gesellschaftlichen Interessefeldern fundamental. Kulturschaffende und Kulturjournalisten leben in unkritischer Symbiose. Sie sehen sich gemeinsam als Vertreter eines Systems, des Kultursystems.

Ich erinnere mich gut an den früheren Zürcher Schauspielhausdirektor Christoph Marthaler. Marthaler schrieb 2003 eigenhändig einen Protestbrief an den Verleger des *Tages-Anzeigers*. Marthaler machte darin seiner enormen Empörung Luft.

Lobbyist Marthaler war in guter Gesellschaft. So schrieben und empörten sich auch die Kunsthaus- und Opernchefs Christoph Becker und Alexander Pereira. Es empörten sich Hunderte von Kulturschaffenden und Kulturbeflissenen. Sie empörten sich in aggressiven Mails, in Briefen, Telefonaten und den obligaten Abonnements-Kündigungen. An öffentlichen Diskussionen wurde gewütet. Wer sich nicht empörte, gehörte nicht dazu.

Etwas Unerhörtes musste geschehen sein. Tatsächlich: Der *Tages-Anzeiger* hatte beschlossen, täglich nur noch zweieinhalb statt drei Kulturseiten zu produzieren.

Es war eine dieser regelmässigen und ritualisierten Erhebungen des Kulturkartells. Die orchestrierten Grossproteste gegen Kleinigkeiten sind fester Bestandteil der vereinigten Medien- und Kulturindustrie.

Warum die Empörungsrituale? Es geht um Geld. Alle grösseren Kulturinstitutionen in diesem Land sind defizitär. Keine einzige kann sich selber ernähren. Sie müssen also an das Geld der anderen herankommen. Sie müssen an staatliche Gelder herankommen und an die Unmengen an Kulturpreisen, Förderungen, Stipendien, Legaten. Die öffentliche Kulturförderung ist eine gewaltige Subventions- und Umverteilungsmaschine. Sie organisiert perfekt die Privatisierung öffentlicher Gelder. Hunderte von öffentlichen Millionen fliessen jährlich in die privaten Taschen von Schriftstellern, Malern, Bildhauern, Musikern, Sängern, Schauspielern und Filmemachern.

Kulturjournalisten fühlen sich diesem Kultursystem gegenüber nicht zu kritischer Distanz verpflichtet. Sie hinterfragen nicht. Der aktuelle Kulturbegriff ist in der medialen Darstellung quasi sakrosankt. Es gibt keine Auswüchse in der Kultur. Zeitungen und Fernsehen berichten nie über Auswüchse in der Kultur. Es gibt sie nicht, weil es sie nicht gegen darf.

Es gibt keinen einzigen Artikel eines Kulturjournalisten, der jemals dezidiert auf Geldverschwendung in der Kultur hingewiesen hätte. Natürlich ist der Missbrauch hier ebenso verbreitet wie bei der Invalidenversicherung oder im Flüchtlingswesen – wie denn auch sonst?

Medien aber sind in unserem Thema affirmativ bis zur Selbstzensur. Ich habe auch noch nie einen Kommentar eines wichtigen Blattes gelesen, der sich gegen eine Kulturvorlage oder die Erhöhung eines Kulturbudgets ausgesprochen hätte. Ich habe noch nie den Ausdruck «Kulturgeldermissbrauch» gelesen.

Nun ist Kultur nach der Faktenlage ein Minderheitenprogramm. Der Kulturteil ist der am wenigsten gelesene Teil einer Zeitung. In den sogenannten Bundnutzungsstudien der Verlage landet der Kulturbund immer an letzter Stelle, noch hinter dem Sportteil. Ganz vorne, zum Vergleich, liegen der Nachrichtenteil und die Todesanzeigen. Dasselbe gilt im Fernsehen. Kulturformate kommen auf minimale Zuschauerzahlen. Kultursender wie «Arte» haben Marktanteile von lächerlichen 0,8 Prozent, was sie als «Zuschauerrekord» feiern.

Die Kulturlobby reagiert äusserst aggressiv, wenn ihre Anliegen ausnahmsweise keinen redaktionellen Widerhall finden. Kürzlich durften wir in der Schweiz das Ritual wieder einmal erleben. Die *Berner Zeitung* beschloss, den Kulturteil aufzuheben und das Thema Kultur in andere Gefässe zu integrieren. Natürlich protestierten die Museumsdirektoren Matthias Frehner und Reinhard Spieler sofort vehement. Natürlich gab es die obligaten Drohbriefe und obligaten Podiumsdiskussionen.

Etwas aber war anders in diesem Fall. Zum ersten Mal wunderten sich selbst die Kulturjournalisten über diese permanente und penetrante Aufregung der Kulturschaffenden und empfanden sie diesmal als reichlich gekünstelt. Ein renommierter Kulturjournalist des *Tages-Anzeigers* beschrieb die Aufregung um den Kulturteil des Blattes als «antik».

Im Wechselspiel zwischen Mediensystem und Kultursystem hat die Kulturlobby das Wohlwollen der Gegenseite überstrapaziert. All die stupiden, selbstgefälligen Kampagnen, die sie in den letzten Jahren führte, waren kontraproduktiv. Der mediale Rückhalt für die Anliegen der Kultur wird künftig abnehmen.

Ich glaube, es ist nur noch eine Frage der Zeit, bis Zeitungen erstmals Kulturvorlagen zur Ablehnung empfehlen. Und es ist nur eine Frage der Zeit, bis wir zum ersten Mal diesen neuen Ausdruck in der Zeitung lesen. Der Ausdruck heisst, Sie ahnen es: «Kulturgeldermissbrauch».

Tits und bits

Nichts sieht der Leser lieber als Fotos von Menschen, die so ganz anders sind als er selbst: schön und reich.

Roger Schawinski wirkt auf dem Foto in der *Schweizer Illustrierten* äusserst sportlich, er lächelt und trägt ein offenes weisses Hemd zum grauen Jackett. Anne Kall wiederum, die Gattin des Tamedia-Chefs, lächelt und sieht auf dem Bild äusserst blendend aus, sie trägt ein reizendes Designerkleid, golddurchwirkt.

Einmal im Jahr schaffen es die Reichen und Schönen der Medienbranche auch in die *Schweizer Illustrierte* und auf die People-Seiten des *SonntagsBlicks*. Einmal im Jahr treffen sie sich zu ihrem Verlegerkongress, in Interlaken, in St. Moritz oder Montreux. Dann werden auch sie für die Klatschpresse interessant.

Wir wollen einmal auf den Prominentenjournalismus und auf seine Nebenform, den Partyjournalismus zu sprechen kommen. «Celebrity journalism» nennen es die Angelsachsen, die diese Gartenlaube der Publizistik erfunden haben. «Confidential» und «People» hiessen die zwei historischen Mütter der «smiling heads», der Galerien der lächelnden Köpfe.

WWW: Wer war wo? Der Prominentenjournalismus ist derzeit die weltweit erfolgreichste Form der Publizistik. Er liegt im Megatrend der Branche, wonach in der Presse der Unterhaltung die Zukunft gehört, während News und Information immer weniger via Zeitung bezogen werden. Überall schiessen die People-Magazine wie Pilze aus dem Printboden. In Deutschland zum Beispiel, angeführt von *Bunte*, *Gala* und *In Touch*, gibt es etwa zehn davon. In England sind es über ein Dutzend, sie heissen *Closer* und *Heat* und *OK!* und *Zoo*. *Zoo* ist der treffendste Name für ein People-Magazin, finden wir.

In der Deutschschweiz gibt es bisher nur die *Schweizer Illustrierte* und die *Glückspost*. Der «celebrity journalism» hat aber auch bei uns enorm expandiert, er ist über den Boulevard und die Sonntagstitel längstens weit in die Tagespresse hineingewandert. Die Galerien der lächelnden Köpfe fehlen in kaum einer seriösen Zeitung mehr.

Das Interessante am Prominenten- und Partyjournalismus ist sein Verzicht auf die Informationsleistung. Es genügt vollkommen, wie die Engländer sagen, «tits and bits» zu liefern, grosse Busen und kleine Infohappen. Die Aussage ist oft reduziert auf ein Bild und auf jenes Textminimum, das in den knappen Bildlegenden der Fotogalerien noch Platz findet. Das ist meistens nur der Name und der Titel: «Ex-Miss Schweiz Christa Rigozzi». Oder: «TV-Star Kurt Aeschbacher». Wenn wir Glück haben und die Bildlegende etwas länger ist, erfahren wir vielleicht einen kleinen zusätzlichen Bit: «Ex-Miss Schweiz Christa Rigozzi in einem Kleid von Versace».

Prominentenjournalismus ist sozusagen die Endform des Journalismus. Es ist Journalismus ohne Information.

Es wurde schon systematisch untersucht, wie die Leser – und noch mehr die Leserinnen – auf diese reduzierte Wirklichkeit reagieren. Es ist verblüffend. Es gibt Medienkonsumenten, die erkennen Hunderte oder gar Tausende von Prominenten blitzschnell und treffsicher aufgrund von briefmarkengrossen Fotos. Sie kennen die Prominenten derart gut, dass sie nicht einmal mehr die kurzen Bildlegenden zu lesen brauchen. Man könnte geradeso gut nur noch die Bilder abdrucken.

Aus dieser Mechanik heraus erklärt sich auch das Phänomen, dass keine nachweisbare Leistung für den Einzug in die Prominentengalerien notwendig ist. Stattdessen gibt es die sogenannte C-Liste. Sie umfasst Prominente, die nur prominent sind, weil sie prominent sind. Sie schafften es irgendwann einmal in die gedruckten Paraden der Prominenten. Damit ist ihr Status des Prominenten zementiert. Es gibt schöne Beispiele von Prominenten, die sich über Jahre in den Zeitschriften hielten, von denen aber nicht einmal die Journalisten wussten, was sie eigentlich tun: «Jetsetterin Vera Dillier», «Society-Lady Renate Hirsch Giacomuzzi».

In eine vergleichbare Kategorie gehören die People-Journalisten.

People-Journalisten sind prominent, weil sie Prominente kennen. Suzanne Speich und Hildegard Schwaninger waren die Ersten in der Schweiz, die diese höhere Weihe erhielten.

Bestes Beispiel aber ist der «Star-Kolumnist» Mark van Huisseling, der darum berühmt ist, weil er mit Berühmten redet. Er war ursprünglich Wirtschaftsjournalist und wechselte dann gezielt in den Fachbereich von Lifestyle und Prominenz. Er wechselte, weil der neue Fachbereich lukrativer war und ein beschwingteres Leben garantierte.

Früher war es die Ambition eines unbedeutenden People-Journalisten, eines Tages als bedeutender Wirtschaftsjournalist zu enden. Heute geht das schon in die andere Richtung.

«Sei stark, smart und sexy. Get it all!»
Interview mit Jürg Marquard, Inhaber der Marquard Media Group

1965 gründete Jürg Marquard mit geliehenen 2000 Franken die Jugendzeitschrift Pop. *Der Aufstieg im deutschsprachigen Zeitschriftenmarkt begann 1981 mit der Übernahme der Frauenzeitschrift* Cosmopolitan. *Heute verlegt die Marquard Media Group über 30 Titel in Mittel- und Osteuropa, mit dem Schwergewicht im Bereich Lifestyle und Computing. Dem TV-Publikum wurde Marquard bekannt als Hauptdarsteller der Reality-Show* «Traumjob».

Herr Marquard, Sie sind der einzige grosse Schweizer Verleger, der nicht in der Schweiz aktiv ist. Der Markt Schweiz hat Sie offenbar nie interessiert.

Nun, ich habe ja 1965 die Zeitschrift *Pop* in der Schweiz gegründet. Das Themenspektrum war – wie die Popkultur selbst – international ausgerichtet. Musik und die damit verbundenen Themen waren und sind länderübergreifend. So war der Schritt nach Deutschland naheliegend.

Sie hatten von Anfang an Leser ausserhalb der Schweiz.

Pop hat sich in Deutschland sehr gut verkauft. Darüber hinaus konnte ich in den darauf folgenden Jahren einige Konkurrenzzeitschriften kaufen, die von Grossverlagen meiner Zeitschrift entgegengestellt wurden. Ich habe diese Titel dann mit *Pop* fusioniert, und so ist es mir gelungen, den zweitgrössten Jugendzeitschriftenverlag im deutschsprachigen Raum aufzubauen. Dieser Erfolg hat mir später die Scheu vor dem deutschsprachigen Raum mit heute rund 90 Millionen Menschen genommen. Warum sollte ich mich da auf vier Millionen deutschsprachige Schweizer beschränken?

123

Sie sind dadurch der einzige Schweizer Verleger, der in den letzten 100 Jahren ein grösseres Unternehmen geschaffen hat.

Ich bin meines Wissens auch in Deutschland der einzige Verleger, der einen Publikumszeitschriftenverlag dieser Grössenordnung gegründet hat und diesen nach über 45 Jahren immer noch verantwortlich leitet und auch zu 100 Prozent besitzt.

Das hat sich gelohnt. Die Bilanz führt Sie in der Liste der Schweizer Millionäre.

Ja, es hat sich gelohnt. Aber ich habe schliesslich auch 45 Jahre hart gearbeitet. Trotzdem bin ich mit einem von der *Bilanz* auf 300 bis 400 Millionen geschätzten Vermögen eher bei den «ärmeren» Multi-Millionären angesiedelt. Und wenn ich mir heute einen Mark Zuckerberg anschaue, der mit dem Aufbau von Facebook in nur sechs Jahren einen Wert von 20 Milliarden geschaffen hat, dann relativiert sich mein Erfolg doch sehr.

Ein armer Verleger und Millionär.

Nein, ganz und gar nicht. Ich liebe meinen Beruf und übe ihn mit Leidenschaft aus. Ich kann mir nichts Schöneres vorstellen. Im Übrigen brauche ich auch keine Milliarden. Als geborener Geniesser habe ich schon gut gelebt, als ich noch kein Geld hatte.

Es spricht trotzdem nicht gerade für unsere Branche, wenn Sie der einzige echte Newcomer sind.

Mag sein, aber unsere Branche ist sehr kompetitiv. Jede gute Idee wird innert kürzester Zeit kopiert. Der Verdrängungswettbewerb ist brutal und kapitalintensiv. Das bevorteilt in gewisser Weise grosse Verlagshäuser und macht es für Neueinsteiger heute äusserst schwierig.

Sie haben Anfang der Achtzigerjahre auf Lifestyle-Journalismus gesetzt. Das war die richtige Idee, wenn man die Mediengeschichte der letzten 30 Jahre betrachtet.

Die Zeitschriftenlandschaft sah vor 30 Jahren völlig anders aus. Als ich *Cosmopolitan* in Deutschland übernahm, war das gerade mal der zweite internationale Frauentitel auf dem Markt. *Vogue* war der erste, ein Jahr zuvor. Das war alles. Es war ein Wachstumsmarkt, aber man musste ihn sehen.

Und Sie haben ihn von Anfang an gesehen?

Weniger den Markt als den gesellschaftlichen Wandel. Es gab damals einen Paradigmenwechsel im Selbstverständnis der Frauen. Ich wusste, wenn es mir gelingt, *Cosmopolitan* als Protagonistin dieses Paradigmenwechsels zu positionieren und zu etablieren, dann ist der Erfolg programmiert. Denn alle anderen Frauenzeitschriften waren noch auf das traditionelle Rollenbild der Frau fokussiert.

Und was war Ihre neue Botschaft?

Sei stark, smart und sexy. Kurz: Get it all. Das ist heute noch unsere Botschaft. Das musste Erfolg haben. Und es hat darum auch heute noch Erfolg.

Cosmopolitan wäre in Ihrer Karriere demnach Ihr wichtigster Titel.

Nein, aus persönlicher Sicht ist das sicher *Joy*, weil *Joy* eine Eigenentwicklung und damit unsere wichtigste Marke ist. *Joy* erscheint in dreizehn Ländern und ist als Lizenztitel international äusserst erfolgreich. Asien, insbesondere China und Indien, sowie Südamerika sind Wachstumsmärkte, in denen wir vielversprechende Verhandlungen über Partnerschaften führen. *Cosmopolitan* war dennoch für mich enorm wichtig. Ohne dessen frühen finanziellen Erfolg hätte ich meinen Verlag nicht so rasch ausbauen können.

Wenn Sie Titel lancieren, wie entstehen die? Per Zufall oder auf dem Reissbrett?

Das passiert eher kalkuliert. Nehmen Sie nochmals das Beispiel *Joy*. Ich hatte damals *Mädchen* für die junge Zielgruppe und ich hatte *Cosmo*. Wir fragten uns, ob es nicht Platz dazwischen gäbe, etwas älter als *Mädchen*, etwas jünger als *Cosmopolitan*. Wir haben dann dieses Konzept entwickelt. Wir haben daran geglaubt und es auf den Markt gebracht.

Wenn ich mich richtig erinnere, war Joy zu Beginn nicht gerade ein Heuler.

Die Auflage stagnierte auf einem Niveau, mit welchem wir nicht zufrieden waren. Das führte dazu, dass wir einen radikalen Relaunch geplant haben, mit einem Wechsel der Chefredaktion, mit einer Umstellung auf das im Markt erfolgreiche Pocketformat und mit einem aggressiven Einführungspreis. Mit diesem Paket haben wir die Auflage um über 350 Prozent gesteigert. Ein Riesenerfolg. Ich glaube, es war der erfolgreichste Relaunch, den ein Lifestyle-Titel je geschafft hat.

Wenn Sie einen Titel lancieren, funktionieren Sie dann als Journalist oder als Controller?

Ich muss selbstverständlich beides sein. Wenn ich nicht das Faible des Journalisten hätte, dann wäre ich nicht in der Lage, einen Titel inhaltlich zu beurteilen. Andererseits muss ich abschätzen können, ob ein Titel auch eine kommerzielle Perspektive hat. Ich denke, genau diese Doppelbegabung macht einen guten Verleger aus.

Findet man heute noch Marktlücken?

Erstens, ich glaube an Print und vor allem an gut gemachte Zeitschriften und damit auch an die Innovationsfähigkeit von Zeitschriften. Zweitens, es gibt auch in überbesetzten Märkten immer wieder Platz für neue Ideen. Ein gutes Beispiel ist die höchst erfolgreiche *Landlust*, die einen Trend in der Gesellschaft aufnimmt und mit der Umsetzung den Nerv der Zielgruppe trifft. Gleichzeitig ist zu beobachten, dass zu viele Me-too-Zeitschriften auf den Markt geworfen werden, die versuchen, sich mit einem grösseren Aufwand an solche Erfolgtrends anzuhängen.

Sie verlegen auch Männerzeitschriften wie Playboy. *Gäbe es ein Rezept für eine neue Männerzeitschrift?*

Ja und nein. Männer-Lifestyle-Magazine sind insgesamt rückläufig. Gleichwohl machen wir mit *Playboy* nach wie vor ein gutes Geschäft. Denn auch hier gilt, dass ein Klassiker, wenn er gut gemacht ist, seine Zielgruppe findet. Gesamthaft kann man jedoch feststellen, dass sich der Markt konsolidiert und nur die starken Marken überleben. Im Übrigen wird die Zielgruppe «Mann» ja sehr umfassend und intensiv mit Special-Interest-Zeitschriften bedient, das reicht von Automobilzeitschriften über Computer- bis zu Modezeitschriften.

Können Sie sich vorstellen, welche neuen Titel in der Schweiz noch funktionieren könnten?

Der einzige neuere Titel, der sich erfolgreich halten konnte, ist *SI-Style* – aber wie der Titel schon sagt, ist das kein eigenständiges Magazin. Der Markt ist in der Tat nicht sehr dynamisch.

Heisst das, dass Sie sich auch künftig im Schweizer Markt nicht engagieren werden?

Ich bin ja im Schweizer Markt aktiv. Sowohl *Cosmopolitan* wie auch *Joy* haben einen Schweiz-Split. Beide Titel zusammen erreichen sogar eine grössere Reichweite als der Schweizer Traditionstitel *Annabelle*.

Würden Sie die kaufen, wenn Sie könnten?

Annabelle? Diese sehr gut gemachte Zeitschrift würde gut zu meinem Premium-Portfolio passen. Darüber hinaus habe ich auch nostalgische Gefühle, da ich als 16-Jähriger die ersten Artikel für die *Annabelle* geschrieben habe. Ich machte neben der Mittelschule Reportagen, und mein erstes grösseres Stück war: Was passiert, wenn man als junger Mann auf der Zürcher Bahnhofstrasse hübsche Frauen anspricht?

Sie sind in der Schweiz einer unserer wichtigsten Promis. Wie ist das eigentlich, wenn man so häufig in den Klatschspalten steht?

Als Verleger kann ich mich schlecht verweigern, wenn Journalisten mich bei unterschiedlichen Anlässen fotografieren wollen, das wäre nicht solidarisch mit der eigenen Branche. Ich bin aber insgesamt zurückhaltender geworden. Die letzte Homestory in der *Schweizer Illustrierten* über mich ist ungefähr zehn Jahre alt.

Nun hat Ihr Promi-Dasein aber auch seine Risiken.

Sicher, ein privater Fehltritt wäre schnell eine öffentliche Affäre. Aber das ist nun mal der Mechanismus, wenn man im Rampenlicht steht.

Hat es Sie nie gestört, dass Sie ein Verleger sind, der nicht meinungsbildend ist?

Nein, ich habe keine politische Mission. Vielmehr achte ich darauf, dass meine Publikationen qualitativ auf der Höhe der Zeit sind und ihre Zielgruppen optimal bedienen. Ich habe kein Bedürfnis, meine Ansichten öffentlich über meine Publikationen auszubreiten.

Was ist denn Ihre Motivation?

Ich freue mich, ein selbstbestimmtes und ausgewogenes Leben führen zu können. Ich muss mich weder nach links oder nach rechts verbeugen und ich muss niemandem nach dem Munde reden. Als Verleger macht es mir grossen Spass, mit meinem Management das Unternehmen weiterzuentwickeln. Ich kümmere mich gerne um mein Geschäft, aber eben nicht Tag und Nacht. Es bleibt mir genügend Zeit, mich meinen Hobbys zu widmen.

Rennfahren zum Beispiel.

Ja, ich bin oft auf den internationalen Rennstrecken anzutreffen, wo ich mit meinem Maserati-Trofeo und meinem Ferrari F 430 Challenge meine Runden drehe. Zudem habe ich mir einen lang gehegten Traum erfüllt und mir eine hochseetaugliche Yacht zugelegt, auf der ich viel Zeit verbringe. Dank dem iPad ist es noch viel problemloser aus zuvor, den Kontakt zum Unternehmen zu halten, sodass ich auch mal zwei bis drei Wochen am Stück auf dem Schiff verbringen kann.

Stehen Sie selber am Steuer?

Nein, meine Yacht hat eine 12-Mann-Crew, inklusive einer Frau als Kapitän. Ich selbst habe nur das Brevet für den Zürichsee.

Eigentlich müssten Sie sich langsam über die Nachfolge Gedanken machen.

Nun, meine älteste Tochter ist Mitte 20. Sie interessiert sich sehr für Mode, aber weniger für das Management. Mein Sohn ist 18, macht nun ein Zwischenjahr und will sich in dieser Zeit in Afrika zum Buschpiloten ausbilden lassen. Danach will er Anthropologie studieren. Das ist die Ausgangslage.

Es gibt nicht viele Verleger, die Anthropologie studiert haben.

Passen Sie auf, das ist keine schlechte Idee. Von der Anthropologie her kommend kann man sich sehr schnell in Themen wie allgemeine Kommunikationsmechanismen oder Social-Networks einarbeiten. Das sind durchaus aktuelle und zukunftsträchtige Themen für einen Verleger. Im Übrigen: Auch studierte Kunsthistoriker sowie ehemalige Musikkritiker sind in der Lage, einen Verlag erfolgreich zu führen.

Also kann man weiterhin mit Ihnen rechnen?

Ja. Ich bin in der komfortablen Situation, dass mir der Beruf viel Spass macht und mich nicht auffrisst. Ich habe kein Bedürfnis, der Arbeitswelt zu entfliehen. Im Gegenteil: Mir würde vieles fehlen.

Kannibalen, Blaublüter, Industriearbeiter

Wie Strukturwandel und Technologie die Medienbranche revolutionieren

400 Jahre nach Strassburg

Alle Wunden sind Selbstverstümmelungen – eine kurze Wirtschaftsgeschichte der Medienbranche.

Wenn in einigen Jahren eine neue, grosse Wirtschaftsgeschichte der Welt erscheint, dann wird der Band drei Kapitel enthalten, die wir alle miterlebt haben.

Es wird ein Dotcom-Kapitel geben. Es beschreibt, wie im Jahre 2001 die Internet-Fantasien platzten und wie zehn Jahre später die Realität die damaligen Fantasien bei Weitem übertraf. Es wird ein Banken-Kapitel geben. Es beschreibt, wie die internationalen Finanzinstitute mit unkontrollierten Spekulationen die Welt in eine Wirtschaftskrise ritten und wie sie mit Staatshilfe gesundeten.

Das dritte Kapitel wird die Medienindustrie nach 1995 beschreiben. Es wird die Geschichte einer historisch beispiellosen Selbstverstümmelung. Kaum je zuvor in der Wirtschaftsgeschichte hat eine Branche ihr eigenes Geschäft derart selbstmörderisch zerstört. Die Zeitungsbranche brauchte keine 15 Jahre, um ein 400 Jahre altes, bewährtes Modell in Schutt zu legen.

1605 publizierte Johann Carolus in Strassburg die erste Zeitung der Welt, die heutigen Kriterien standhält. Seine *Relation,* gedruckt in deutscher Sprache, legte das Finanzierungsmuster fest, das für alle nachfolgenden Blätter galt: Rund die Hälfte der Einnahmen stammt aus dem Verkauf an die Leser. Die andere Hälfte stammt von den Anzeigenkunden. Je nach Konjunktur schwankte dieses 50:50-Verhältnis über vier Jahrhunderte in die eine oder andere Richtung.

1995 brach das Modell zusammen – und zwar gleich doppelt. 1995 erschien mit *Metro* in Schweden die erste moderne Gratiszeitung der Welt, fünfmal wöchentlich verteilt in Stockholms U-Bahn, der «Tunnelbana». Natürlich hatten Verlage schon zuvor allerlei Gratistitel produziert. In der Regel waren es regionale Annoncenblätter, die ohne viel redaktionellen Aufwand hergestellt und in die Briefkästen gestreut wurden. *Metro* unterschied sich davon fundamental. Das Tabloid war zwar gratis, hatte aber eine ausgebaute Redaktion und bot aktuelle News in kompaktem Stil.

Metro hatte bei den Lesern schnell Erfolg. Umgehend legten darum auch klassische Verleger die Hemmungen ab und stiegen ins Geschäft mit den Gratiszeitungen ein. Gratiszeitungen erscheinen mittlerweile in über 50 Ländern, ihre tägliche Auflage nähert sich der 50-Millionen-Grenze. Allein die USA und Kanada zählen 55 Gratistitel. Noch ärger trieben es die Schweizer. In keinem anderen Land, ausser vielleicht in Dänemark, wurde die selbstzerstörerische Gratiskultur so konsequent betrieben. Zeitweise gab es sieben Gratisblätter im Land.

Es war ein Fehlentscheid: Die Auflagen der Traditionsblätter sanken unter dem Gratisdruck. Die *Los Angeles Times* verlor über 400 000 Exemplare, die *Washington Post* mehr 150 000. Auch das auflagestärkste Schweizer Traditionsblatt, der *Tages-Anzeiger,* büsste seit 1995 rund 80 000 Exemplare ein.

1995 war zugleich das Jahr des breitenwirksamen Internetstarts. Die ersten beiden Webbrowser, Netscape und Microsoft Explorer, eroberten den Massenmarkt. Zugleich wurde mit Yahoo die erste professionelle Suchmaschine populär. Für die Verlage ergab sich dadurch erstmals die Gelegenheit, ihre Inhalte auch ohne Druckmaschinen und Lastwagen unters Volk zu bringen.

Und was taten die Verlage? Sie kippten ihre Artikel gratis ins Netz. Ab 2003 waren die journalistischen Inhalte der Zeitungen fast lückenlos über Computer und später Smartphones und Tablets abrufbar. Der Einbruch bei der Leserschaft wurde dadurch zusätzlich beschleunigt. Die Schweizer Zeitungshäuser verloren fast alle jungen Leser an Gratisblätter und Internet. Nur im Segment der Rentner blieben die Reichweiten der Tageszeitungen einigermassen stabil.

Mit ihrer Gratiszeitungs- und Internetstrategie hatte die Presse ihr Geschäftsmodell definitiv begraben. Der Leser und Benutzer bezahlte für das Angebot nichts mehr. Ein Dritter bezahlte für ihn. Die Leser wurden zu 100 Prozent durch die Werbewirtschaft quersubventioniert.

Doch das neue Geschäftsmodell war stets nur ein Modell und nie ein Geschäft. Die Kosten liessen sich, anders als erwartet, weder bei Gratiszeitungen noch bei den Internetauftritten durch Werbung refinanzieren. Zusätzlich verschärft wurden die Probleme des Gratismarkts durch den Rückgang der Werbeumsätze. Die meisten Gratiszeitungen wiesen nie schwarze Zahlen aus. Selbst dem skandinavischen Pionier *Metro International*, inzwischen in über 100 Städten präsent, gelang es nie, nachhaltig in die Profitzone zu kommen.

Wie Gratisballone platzen können, zeigte sich auch in der Schweiz. Nach Verlusten von über 50 Millionen Franken ging nach 18 Monaten Existenz das Blatt *.ch* in Konkurs. *News* und *Le Matin bleu* verschwanden ebenfalls. *20 Minuten* wurde zur weltweiten Ausnahme. Das Blatt war jahrelang mit einer Umsatzrendite um 30 Prozent die rentabelste Gratiszeitung der Welt.

Ebenso zum finanziellen Problemfall wurden die Internetauftritte der Zeitungen. Nirgendwo konnten die Werbeeinnahmen ihre Kosten decken. Das Geschäft im Netz ging an den Medienhäusern vorbei. Zwar generierte der Online-Werbemarkt im Jahr 2010 einen globalen Umsatz von rund 50 Milliarden Franken. Mehr als 25 Milliarden davon flossen jedoch in die Kassen von Google. Weitere 15 Milliarden räumten andere Suchmaschinen und führende Portale ab. Für die Verlage blieben nur Krümel.

Die Gesamtbilanz seit 1995 ist damit reichlich bizarr: Durch Gratiszeitungen und Gratisinternet hat die Verlagsbranche die Leser ihrer traditionellen Tageszeitungen verloren. Mit Gratiszeitungen und Gratisinternet hat die Verlagsbranche jedoch kein Geld verdient. Dafür verdient sie nun bei ihren traditionellen Tageszeitungen kein Geld mehr. Selbstkastration nennt sich dieser Prozess.

Vor diesem Hintergrund stellt sich die Branche die finale Frage, ob sie für ihre Zukunft ein neues Businessmodell finde. Das ist nicht unmöglich. Die Chance besteht darin, aus den Verwüstungen, die man selber angerichtet hat, nun das Beste zu machen. Konkret bedeutet dies, dass sich die Verlagsbranche wieder in die finanzielle Abhängigkeit von ihren Lesern begeben muss. Die Leser müssen für die Inhalte zahlen, koste es, was es wolle.

Die Massenflucht aus den Zeitungen wird anhalten. Ebenso wird sich die Demografie des Publikums weiter verändern. Die Tageszeitung der Zukunft richtet sich an ein älteres und elitäres Publikum mit hohem Bildungs- und Finanzniveau. Diese Zielgruppe betrachtet die tägliche Lektüre als unabdingbaren Teil des persönlichen Lifestyles. Darum wird dieses Publikum dereinst auch 1000 Franken für ein Jahresabonnement zahlen.

Natürlich sinken durch diesen Bereinigungsprozess die Auflagen der Zeitungen auf die Hälfte bis zwei Drittel der heutigen Zahlen. Entscheidend aber ist: Die Leser werden in diesem Modell rund 70 bis 80 Prozent der Produktions- und Redaktionskosten tragen. Der volatile Werbemarkt wird nur einen geringen Teil der Gesamtkosten beisteuern müssen. Das schafft der Branche neue Unabhängigkeit. Wenn die Wirtschaft läuft, sind unter dieser Voraussetzung künftig sogar Umsatzmargen wie in der Vergangenheit möglich.

Mit diesem Modell können gut gemachte Zeitungen die nächsten

30 Jahre überleben. Was dann kommt, ist offen. Offen ist es darum, weil die demografischen Effekte schwer einzuschätzen sind. Ab 2035 fallen die Jahrgänge der Babyboomer altershalber aus der Leserschaft. Es folgen geburtenschwächere Generationen, die das Leserpotenzial zusätzlich reduzieren. Der negative Effekt wird verstärkt, weil in der Bevölkerung zudem der ausländische Anteil steigt, etwa Einwanderer aus Süd- und Osteuropa, die ohne klassische Tageszeitungen sozialisiert worden sind.

Voraussetzung für die mittelfristige Überlebensstrategie ist allerdings, dass die Branche ihre Gratiskultur in den Griff bekommt. Solange ein paralleles und deckungsgleiches Angebot von bezahlten und unentgeltlichen Inhalten besteht, wird ein Grossteil der Konsumenten immer auf die Gratislösung ausweichen. Wenn aber Information ein verschenkter Wegwerfartikel bleibt, ist eine Gesundung der Zeitungsindustrie nicht zu schaffen.

Die Verlagsbranche ist kein Opfer. Sie ist der Täter. Sie hat sich ihr Existenzproblem selber geschaffen. Sie kann es auch selber lösen. Sie darf nicht allzu lange warten.

Nicht traurig, aber wahr

Die Zahl 229 steht beispielhaft für eine Episode der neueren Mediengeschichte.

Im Spätsommer 2010 konnte man zu einem Schweizer Rekord gratulieren. Die neue Bestmarke stand nun auf 229. In nur 16 Monaten hatte das Zürcher Verlagshaus Tamedia 229 Stellen von Journalisten abgebaut. Das war auch europaweit ein Spitzenwert.

Wenn wir die normale Weltsicht eines Journalisten hätten, also eine linke Weltsicht, dann wäre der Fortgang dieses Textes vorsehbar. Wir würden nun zum gewerkschaftlichen Gezeter anheben, wonach der grösste Verlag im Heimmarkt ein übler Zerstörer von Arbeitsplätzen sei.

Weil wir aber nicht die normale Weltsicht eines Journalisten haben, betrachten wir Tamedias Rekord unpolitisch und ungerührt. Wir listen zuerst einmal auf, wo die 229 Journalisten zuvor gearbeitet haben und warum sie rausgeschmissen wurden.

49 Köpfe rollten, weil sich Tamedia bei den Landzeitungen *Zürcher Oberländer, Zürcher Unterländer* und *Zürichsee-Zeitung* einkaufte. Das ermöglichte Synergien bei den verschiedenen hauseigenen Lokalredaktionen und im sogenannten Mantelteil. Aus vergleichbarem Grund flogen 22 Journalisten in Bern, weil dort der einheimische *Bund* nun eng mit dem Zürcher *Tages-Anzeiger* kooperiert.

57 Journalisten feuerte man beim Stammblatt *Tages-Anzeiger*, weil die Redaktion zu fett und zu teuer geworden war. Aus demselben Grund mussten bei Edipresse 30 Journalisten gehen. Tamedia hatte den Westschweizer Verlag *(Le Matin, Tribune de Genève)* im Frühjahr 2009 übernommen. Das überlebende Edipresse-Management erkannte schnell, was die neuen Zürcher Herren erwarteten, nämlich eine schlankere Struktur.

Weitere Kündigungen setzte es, weil Fehlinvestitionen bereinigt wurden. 27 Journalisten wurden vor die Tür gesetzt, als Tamedia das Gratisblatt *News* beerdigte. Weitere 17 Redaktoren waren weg, als das *Solothurner Tagblatt* eingestellt wurde. 27 Stellen wurden zudem abgebaut bei Fusionen und Restrukturierungen der Gratisblätter *Le Matin Bleu, 20 Minutes* und *Berner Bär*.

Rechnen wir also nach: 49 plus 22 plus 57 plus 30 plus 27 plus 17 plus 27. Gibt im Total 229 Journalisten weniger. Ein stolzer Rekord, erreicht in gerade mal 16 Monaten. Wir gratulieren nochmals.

Nun sind Tamedia und ihr CEO Martin Kall tatsächlich einsame Rekordhalter, aber der Rekord erklärt, was in der Medienbranche geschah. Die Verlagsbranche ist seit der Krise nach 2008 definitiv in der real existierenden Wirtschaft angekommen. Es zählen nun auch hier die üblichen Kennzahlen jeder Ökonomie, also steigende Produktivität zu geringeren Kosten und damit verbesserte Effizienz.

Lange war das umgekehrt. In der Presse verdiente man über Jahrzehnte viel Geld ohne grosse Anstrengung. Die Anzeigenkunden hatten keine andere Wahl, und die Margen kletterten in guten Zeiten bis zur 20-Prozent-Grenze hoch. Die Redaktionen wuchsen und wuchsen. Die Spesenbudgets waren unbegrenzt. Zu unseren besten Zeiten, wir erinnern uns gerne, blieben wir beim Italiener mit den Kunden und ein paar Flaschen Barbaresco von Gaja auch bis 17.00 Uhr sitzen.

Die schönen Zeiten sind vorbei. Darum wollen wir auch nicht dem Barbaresco hinterherjammern. Die schönen Zeiten sind überall zu effizienten Zeiten geworden. Opel produziert heute bessere Autos zu geringeren Kosten als je. Ikea produziert heute bessere Sofas zu geringeren Kosten als je.

Auch die Verlagsbranche produziert zu deutlich geringeren Kosten. Die Qualität des Angebots aber ist auch hier nicht schlechter geworden. Der *Bund* und der *Tages-Anzeiger* etwa sind inhaltlich nicht abgestürzt, obwohl ihre Redaktionen viel kleiner als früher sind. Im Gegenteil.

Niemand trauert dem alten *Tages-Anzeiger* nach. Niemand trauert dem Gratisblatt *News* nach. Niemand trauert der alten *Zürichsee-Zeitung* nach. Es ist nicht traurig, aber wahr. Wir vermissen die 229 Kollegen nicht.

Kulturgeschichte des Spargelsalats

Weniger Wimpernverlängerungen bedeuten automatisch, dass die Zeitungen besser werden.

Die Mediengewerkschaft Comedia ist «bestürzt». Auch der Journalistenverband Impressum ist «bestürzt». Bestürzt sind sie darüber, dass bei den Zeitungen andauernd Redaktionsstellen wegfallen.

Wenn man im 21. Jahrhundert immer noch «bestürzt» darüber ist, dass die Tageszeitungen hart um ihre Zukunft kämpfen müssen, dann ist man entweder naiv oder blöd. Die Haupteinnahmen der Blätter, die Anzeigenerlöse, sind seit Jahren unaufhaltsam gesunken.

Die Schweizer Tageszeitungen haben nach 2008 über 1000 Journalisten entlassen. Aus Lesersicht ist das kein Grund zur Besorgnis. Im Gegenteil, es gibt dadurch sogar Hoffnung, dass die Zeitungen wieder echte Zeitungen werden.

Die Kernkompetenz von Zeitungen ist schnell definiert. Sie haben die Aktualität zu vermitteln und diese Aktualität intelligent zu analysieren. That's it.

Und was tun viele Zeitungen stattdessen? Sie machen das Gegenteil. Sie verzetteln sich ausserhalb ihrer Kernkompetenz in absurden Rubriken. Zeitungen liefern heute en masse Autotests, Rätselseiten, Wissensthemen, Modetrends, Gesundheitstipps, Kochrezepte, Finanzberatung, Lifestyle und Reise-Ideen. Will das jemand in einer Tageszeitung lesen? Natürlich nicht.

Trotzdem erfahren wir alles über die richtige Wimpernverlängerung *(Aargauer Zeitung)*. Wir erfahren alles über die Gene der Kuh *(Basler Zeitung)*. Wir erfahren alles über die Kulturgeschichte des Spuckens *(Der Bund)*, alles über die Ursachen der Darmprobleme *(Berner Zeitung)*, alles über die Modekollektion von Lidia Gerster-Morales *(St. Galler Tagblatt)*, alles über Surfen an der australischen Sunshine Coast *(Neue Zürcher Zeitung)*, alles über den Lexus IS 250 Cabrio *(Südostschweiz)* und alles über die Zubereitung von Spargelsalat mit Zitronenmelisse *(Tages-Anzeiger)*.

Denken Sie ja nicht, ich hätte diese Beispiele erfunden. Sie stammen aus den aktuellen Spalten. Nochmals also: Kauft jemand eine Tageszeitung wegen Kochrezepten, Reise-Ideen, Gesellschaftstrends, Autotests und Spargelsalat? Natürlich nicht. Wer sich dafür interessiert, kauft sich eine Fachzeitschrift oder nutzt spezialisierte Internetseiten. Oder er erwirbt ein Kochbuch.

Dass Zeitungen dennoch voll von diesem Unfug sind, hat historische Gründe. In der zweiten Hälfte der Neunzigerjahre begannen die Zeitungen, sich in Zeitschriften zu verwandeln. Sie weiteten ihr

Themenspektrum immer weiter aus und besetzten Inhalte rund um Lifestyle, Leisure und Konsum, die sie zuvor ihrer Konkurrenz auf Hochglanz überlassen hatten. Sie taten dies weniger für ihre Leser als vielmehr für ihre Inserenten, denen sie ein optimales redaktionelles Umfeld für deren Anzeigen bieten wollten.

Als dann nach 2008 die Strukturkrise die Branche definitiv ereilte, war der Widerspruch nicht mehr zu übersehen. Das Profil der Zeitungen war verwässert. Sie waren weder Informations-Fisch noch Unterhaltungs-Vogel. Ihr publizistisches Angebot und damit die Personalkosten waren über zehn Jahre gewaltig gewachsen. Gleichzeitig war die Nachfrage der Leser, gemessen an der täglichen Lesedauer, gewaltig gesunken.

Wenn nun Redaktionen kleiner werden, werden Zeitungen fast automatisch besser. Die verbleibenden Journalisten können sich auf die klassische Kernkompetenz ihrer Blätter zurückbesinnen und all den unsinnigen Ballast über Bord werfen.

Wir Leser können sie dabei nur ermutigen. Wir werden die Wimpernverlängerung, die Kulturgeschichte des Spuckens und den Spargelsalat nicht vermissen.

Kurzer Blick über die Grenze

In der Schweiz kamen die Gratisblätter, in Deutschland nicht. Die Folgen sind revolutionär.

Mathias Döpfner, Konzernchef des Berliner Springer-Verlags, war während seiner Telefonkonferenz mit Analysten geradezu provokativ gut gelaunt. Sein Reingewinn war mitten in der sogenannten Medienkrise deutlich gestiegen. Vor allem bei der *Bild-Zeitung* rannten die Anzeigenkunden dem Blatt die Türe ein.

Wie man sehe, sagte Döpfner, könne man das Zeitungsgeschäft nicht «krankreden». Damit der Schwung anhielt, investierte er zusätzliche 20 Millionen in zusätzliches Marketing für *Bild* und *Welt*.

Gut gelaunte Konzernchefs, Investitionen statt Sparprogramme. Aus Schweizer Sicht ist das unfassbar.

Das Unfassbare begann im Jahre 1999. Bis dahin unterschieden sich der deutsche und der schweizerische Markt kaum. Es dominierten starke Regionalzeitungshäuser. Hohe Umsatzmargen waren die Regel, genährt aus dem fetten Geschäft mit Kleinanzeigen. 15 Prozent Rendite und mehr lag allemal drin.

Dann liefen die vormals verwandten Märkte auseinander. Denn gegen Jahresende 1999 lancierte die norwegische Schibsted-Gruppe die erste Gratiszeitung in Deutschland, in Köln, und die erste in der Schweiz, in Zürich. Beide hiessen *20 Minuten*.

Die Deutschen bliesen sofort zur Schlacht, die man später den Kölner Zeitungskrieg nannte. Die Verlage Dumont Schauberg und Springer warfen mit dem *Kölner Morgen* und *Köln extra* zwei eigene, kostenlose Kampfblätter auf den Markt. Sie holzten mit Dumpingangeboten den Anzeigenmarkt nieder. Sie nahmen hohe eigene Verluste in Kauf, um die Preise tiefzuhalten und der Gratiskonkurrenz das Geschäft mit Inseraten zu vermiesen. Als Folge schrieb Schibsted schrecklich rote Zahlen und stellte *20 Minuten* nach 18 Monaten wieder ein. Sofort verschwanden auch die deutschen Konkurrenten. Seitdem kam Gratis in Deutschland niemals wieder.

Die Schweizer hingegen schauten kampflos zu. *20 Minuten* entwickelte sich darum prächtig. Tamedia übernahm schliesslich für rund 110 Millionen Franken das Gratisblatt und legte mit *News* einen zweiten, aber erfolglosen Gratistitel nach. Die Gratiszeitung *.ch* kam und ging. Ringier drückte den *Blick am Abend* in den Gratismarkt. Für die Auflagen der Bezahlblätter war der Trend vernichtend. Ihre Auflagen, durch das Internet ohnehin unter Druck, brachen zusammen.

Die deutschen Zeitungshäuser waren deutlich stabiler. Die *Süddeutsche Zeitung* erreichte 2008 die höchste Auflage ihrer ganzen Geschichte. Die *Frankfurter Allgemeine Zeitung* steigerte ihre Auflage sogar im Krisenjahr 2009. Weil die Stellenanzeigen einbrachen und nicht mehr zurückkehren werden, schrieben dennoch beide zeitweilig rot. Noch solider präsentieren sich heute die grossen Regionalzeitungen wie *Westdeutsche Allgemeine, Augsburger Allgemeine, Rheinische Post, Südwest Presse* und *Stuttgarter Zeitung*. Hier wird weiterhin hübsch Geld verdient.

In der Schweiz hingegen wurde die Gratiskultur zum Bumerang, der die Verlage voll erwischte. Nach einem Jahrzehnt mit ständig sinkenden Auflagen ist das Vertrauen in den Werbeträger Tageszeitung weitgehend dahin. 2009 machte die Mehrheit der Schweizer Verlagshäuser Verluste. Ein Jahr später sah es dank Kostenprogrammen wieder besser aus.

Interessant ist, wie die Geschichte auch die Zukunft prägt. Die deutschen Verlage mussten nicht dauernd retten, was zu retten war. Sie konnten darum stärker nach vorne blicken. Unternehmen wie Holtzbrinck, Springer und Burda investierten enorm viel Geld ins Internet, bauten Onlineportale von Finanzen über Rubrikenmärkte bis zu Gaming und beteiligten sich reihenweise an jungen Internet- und Mobile-Unternehmen.

Schweizer Verlage hingegen mussten versuchen, ihre Vergangenheit zu retten. Sie hatten darum den Blick für die Zukunft nicht frei. Seit Ringier Ende 2007 die Plattform Scout 24 übernahm, hat es im Online-Kommerz kaum mehr nennenswerte Investitionen der Verlage gegeben. Der prozentuale Anteil der digitalen Einnahmen liegt darum in Schweizer Medienhäusern deutlich tiefer als bei deutschen Pendants wie Axel Springer.

Die Vergangenheit bestimmt die Zukunft. Die Vergangenheit begann 1999.

Eine Analogie des Analogen

Ein rüstiger Greis kaufte Newsweek. *Solcher Mut interessierte besonders in Regensdorf.*

Am 4. August 2010 wurde Sidney Harman 92 Jahre alt. Das war genau der richtige Zeitpunkt, um sich eine der bedeutendsten Zeitschriften dieser Welt zu kaufen.

Harman kaufte sich also *Newsweek.* Das Blatt ist jung im Direktvergleich mit ihm, es erscheint seit 1933. *Newsweek* gehört mit *Time, Spiegel, Economist* und *Far Eastern Economic Review* zu den fünf Nachrichtenmagazinen, welche das vergangene, grosse Jahrhundert der Pressegeschichte weltweit prägten.

Die *Far Eastern Economic Review* ging im Dezember 2009 ein. Und *Newsweek* stand ein ähnliches Schicksal bevor. Die Abonnentenzahl sank von ehemals vier Millionen auf weniger als die Hälfte. Man schrieb 2009 einen Verlust von 28 Millionen Dollar. Die Muttergesellschaft der *Washington Post* entschloss sich darum zum Verkauf.

Sidney Harman erwarb das Blatt für einen Dollar. Dazu übernahm er Verbindlichkeiten von 60 Millionen Franken. Der jünger wirkende Greis setzte sich gegen andere Interessenten wie Hedgefonds durch, weil er versprach, nur einen kleinen Teil der 350-köpfigen Redaktion abzubauen. Er erwerbe einen Kulturschatz, sagte er.

Die Story spielt in den USA, ist aber darüber hinaus interessant. Denn die Geschichten von Harman und *Newsweek* beschreiben parallel den Übergang von der alten in die digitale Welt. Es ist eine hübsche Analogie des Analogen.

Harman startete 1953 seine Firma Harman/Kardon in der Unterhaltungselektronik. Man nannte das damals Hi-Fi. Harman baute Verstärker und Lautsprecher und entwickelte den ersten Stereoreceiver der Welt. Im Jahre 1994 kaufte er die Firma Studer im zürcherischen Regensdorf, die mit ihren Revox-Tonbandgeräten Weltruhm erlangt hatte. Die analoge Welt schien unzerstörbar.

Dann redete auf einmal niemand mehr von Hi-Fi. Man redete von Harddisks, Downloads und MP3. Harman/Kardon mit seinen Audiogeräten geriet in enorme Schwierigkeiten. Doch das Unternehmen fand eine Lösung des Problems.

Newsweek hatte eine parallele Geschichte. Das Blatt erreichte seinen Höhepunkt etwa im Jahr 2000. Die Viermillionenauflage verteilte sich auf acht Sprachen, von Russland bis Südamerika. Die Zeitschrift war ebenso ein Lowtech-Produkt. Sie wurde auf Holzpapier gedruckt und mit Lieferwagen verteilt. Zum Konsum musste Muskelkraft eingesetzt werden, um die Seiten umzublättern. Die analoge Welt schien unzerstörbar. Dann redete auf einmal niemand mehr von Zeitschriften.

Man redete von Internet, E-Papers und Blogs. *Newsweek* mit seinen Druckausgaben geriet in enorme Schwierigkeiten. Das Unternehmen fand keine Lösung des Problems.

Harman/Kardon hat sich seit seiner Krise enorm gewandelt. Es beliefert heute die Automobilindustrie. 80 Prozent des Dreimilliardenumsatzes kommen aus Bord-Entertainment und Navigationsgeräten. Nur noch eine kleine Produktion geht an den Endkonsumenten, etwa Lautsprecher für Notebooks und PCs. Auch Studer in Regensdorf verkauft heute keine analogen Tonbandgeräte mehr, sondern digitale Mischpulte.

Harman hat seine Zielgruppe geändert, vom individuellen Stereofan zur Grossindustrie. Er ist, unter seinem alten Markennamen, ein Zulieferer geworden. Der Endkonsument ist nicht mehr der wichtigste Kunde. Viele sagen, dass sich auch die klassischen Medien in diese Richtung entwickeln werden. Sie würden dann, unter ihrem alten Markennamen, Inhaltslieferanten für Dritte werden, für Apple, für Microsoft, für Amazon.

Sidney Harman denkt nicht so weit. Er habe keinen Plan, sagte er nach dem Kauf von *Newsweek*, aber er glaube, die Printmedien seien nicht erledigt. Er möchte darum das Magazin wieder profitabel machen, aber das werde «nicht Monate, sondern Jahre» dauern.

Ein paar Jahre mehr oder weniger sind für einen 92-Jährigen kein Problem. Jüngere Verleger sind da etwas nervöser.

Die Lehre von 1969

Der industrielle Journalismus ist wie ein Porsche in die Schweiz eingerollt.

Ältere Leser können sich sicher noch an den Porsche 914 erinnern. Der Porsche 914 kam im Herbst 1969 auf den Markt. Seine Besonderheit bestand darin, dass eine Porsche-Karosserie auf ein Volkswagen-Fahrgestell montiert worden war. Der 914er hatte mit dieser Produktionstechnik für einen Porsche einen sehr tiefen Preis. Er kostete 12 250 Mark.

Damit wäre die Frage beantwortet, warum das Medienhaus Ringier als erstes einen Newsroom gebaut hat.

Die Medienbranche ist inzwischen ungefähr dort angekommen, wo die Automobilindustrie 1969 stand. Die Medienbranche stellt um auf die zwei Prinzipien der effizienten Fertigung, auf Just-in-time-Produktion und auf Just-in-sequence-Produktion. Der Herstellprozess muss erstens zeitgerecht und zweitens durchgetaktet sein.

Der Newsroom ist so ein journalistisches Produktionscenter. Bei Ringier zum Beispiel sind die Redaktionen von *Blick*, *SonntagsBlick*, *Blick am Abend* und *Blick online* zusammengelegt. Nun ist es nicht so, dass jeder Journalist zugleich für alle vier Plattformen arbeitet. Aber es ist zumindest nicht mehr so, wie in der Branche lange üblich, dass vier Journalisten und vier Produzenten zugleich an demselben Thema arbeiten. Einer oder zwei machen nun die Recherche, andere weiden dann das Material aus.

Der Newsroom ist das Symbol des «industriellen Journalismus», wie man diesen aktuellen Trend nennt. Industrieller Journalismus passt die Arbeitsweise einer Redaktion den Effizienzkriterien an, die bei sonstigen Lieferketten ausserhalb der Medienbranche gelten. Die

Produktion wird standardisiert. Die individuelle Fertigung von Inhalten tritt zurück hinter das Kriterium der Mehrfachverwertung.

Und damit sind wir beim Problem. Der Porsche 914 wurde trotz seines attraktiven Preises kein Erfolg. Die Volkswagen-Fahrer fanden es zu wichtigtuerisch, im Porsche-Design zu fahren. Die Porsche-Fahrer wiederum fanden es würdelos, ein Käfer-Chassis von Volkswagen unter dem Hintern zu haben.

Man brachte die zwei Kulturen nicht unter einen Hut. Genau dasselbe könnte auch in den Medien passieren.

Online und Zeitungen entwickeln sich rasant in eine gegensätzliche Richtung. Online-Journalismus ist populistisch und dauernd verfügbar. Für die Kunden ist er billig. Er darf auch fehlerhaft, plump, oberflächlich und anspruchslos sein. Online ist für alle Mediennutzer da, es ist der Volkswagen.

Zeitungsjournalismus hingegen wird elitärer. Für die Kunden ist er teuer. Er erscheint nur alle 24 Stunden, dafür muss er Tiefgang haben, er muss ausgewogen, analytisch, elegant und anspruchsvoll sein. Die Tageszeitung ist für ein kleineres, feineres Publikum da, sie ist der Porsche.

Zeitungen und Online sind zwei sehr unterschiedliche Produkte mit zwei sehr unterschiedlichen Zielgruppen. *Tages-Anzeigeronline* und *NZZonline* unterscheiden sich von *Tages-Anzeiger* und *NZZ* wie Tag und Nacht. Sie sind oberflächlicher und schnell. Es braucht darum unterschiedliche Journalisten. Es braucht unterschiedliche Kulturen. Es macht darum wenig Sinn, die zwei gegensätzlichen Kulturen zu vermischen.

Am ehesten klappt das Newsroom-Konzept bei Titeln, wo Online und Print inhaltlich nicht auseinanderlaufen. In der Schweiz ist das tatsächlich am ehesten beim *Blick* der Fall. *Blick online* liefert schnelle Geschichten, hübsche Mädchen, Prominente, Sport, Sex- und TV-Tipps. Niemand erwartet vom gedruckten *Blick* am nächsten Tag die hintergründige Analyse der kurdischen Widerstandsbewegung. Man erwartet auch vom gedruckten Blatt schnelle Geschichten, hübsche

Mädchen, Prominente, Sport, Sex- und TV-Tipps. Insofern ist der Boulevard mit seinem Newsroom wohl auf dem richtigen Weg. Er ist eine Ausnahme.

Bei den andern ist das 914er-Risiko zu gross.

For a Few Dollars More

Häufig geht es um eine einfache Frage. Hat der Verleger einen Sohn? Und will der Bub?

Michael von Graffenried gehört seit 30 Jahren zu den besten Schweizer Fotografen. 2010 bekam er den Erich-Salomon-Preis, der vor ihm an Künstler wie Martin Parr, René Burri, Sebastiáo Selgado und Robert Frank gegangen war.

Michael von Graffenried ist nicht nur einer der besten Schweizer Fotografen, er war auch immer einer der geschäftstüchtigsten Vertreter seiner Branche. Ein paar Dutzend Ausstellungen, über zwanzig Bücher und eine endlose Reihe von Publikationen in internationalen Titeln belegen sein finanzielles Talent.

Natürlich hat er das Flair für das Business auch von seinem Vater mitbekommen. Charles von Graffenried, Privatbankier, Immobilienindustrieller und langjähriger Verleger von Espace Media und ihrer *Berner Zeitung*, ist für seinen Geschäftssinn renommiert.

Hätte nur der Sohn nicht die fotografische Kreativität dem verlegerischen Kommerz vorgezogen, er wäre vermutlich ein guter Verleger und Nachfolger seines Vaters geworden. Doch der Sohn wollte nicht Verleger werden. Er wollte Fotograf bleiben. Also verkaufte sein Vater an die Zürcher Tamedia.

Die Journalisten kommentierten damals den Verkauf von Espace Media mit bedeutungsschweren Ausdrücken wie industrielle Logik, Strategie, Nutzung von Synergien und Konsolidierung.

Wir wollen etwas entdramatisieren. Grössere wirtschaftliche Verschiebungen in der Schweizer Medienszene sind in aller Regel nicht von industrieller Logik, Strategie, Nutzung von Synergien und Konsolidierungsprozessen getrieben. Es sind simple, alltägliche Nachfolgefragen. Entweder hat der Vater einen Sohn oder eine Tochter, der oder die das Unternehmen weiterführt. Oder der Nachwuchs ist nicht interessiert. Dann wird verkauft.

Das musste auch die Basler Familie Hagemann erleben. Sie verkaufte 2010. Als die Schulden beglichen und die Minderheitsaktionäre ausbezahlt waren, verbleiben Matthias Hagemann noch rund 30 Millionen Franken. 30 Millionen Franken sollten reichen für den Lebensabend des vormaligen Besitzers der Basler Zeitung Medien. Denn Hagemann, 48-jährig, ist kein Jetsetter, sondern ein genügsamer Mann.

Dennoch ist es eine bittere Geschichte. Nach 81-jähriger Präsenz in den Medien verlor 2010 eine unserer letzten grossen Zeitungsdynastien ihr Unternehmen. Man machte früher mal einen Umsatz von 450 Millionen Franken. Nun blieben gerade mal 30 Millionen cash auf der Hand. Das ist im Vergleich nicht einmal ein Spatz in der Hand.

Fast alle anderen grossen Verlegerfamilien gingen zuletzt zwar ebenfalls in den Tod. Aber sie machten immerhin noch Kasse. Als Charles von Graffenried 2007 seine *Berner Zeitung* an Tamedia verkaufte, holte er für die Aktionäre über 300 Millionen Franken. Über 220 Millionen holte Edipresse-Hauptaktionär Pierre Lamunière, als er sich 2008 von seinem Schweizer Zeitungsgeschäft trennte und ebenfalls nach Zürich verkaufte.

Im Dynastiensterben der letzten Jahre ging auch eine Vielzahl von mittelgrossen Verlegern hinüber. Sie gaben lange Familientraditionen auf. Ende 2007 verkauften nach 153 Jahren die Lüdins aus Liestal ihre *Basellandschaftliche Zeitung*. Die Hubers aus Frauenfeld gaben 2005 nach 152 Jahren ihre *Thurgauer Zeitung* ab. Die Maurers aus Interlaken hatten 2001 nach 103 Jahren ihren *Berner Oberländer* veräussert.

Unter den grösseren Verlagen gibt es in der Schweiz nur noch zwei, die von einem einzigen Stamm kontrolliert werden. Michael Ringier *(Blick)* setzt in Zürich eine 177-jährige Familientradition fort. Peter Wanner *(Mittelland-Zeitung)* blickt in Baden auf 143 Jahre zurück.

Eine neue Mediendynastie hingegen ist seit Jahrzehnten nicht mehr aufgetaucht. Aber zumindest eine ist in Sicht. Seit über 20 Jahren kontrolliert Hanspeter Lebrument die Südostschweiz-Mediengruppe. Seine drei Kinder Susanne, Silvio und Peter arbeiten im Unternehmen in Führungspositionen mit. Vielleicht wird hier heraldisch etwas daraus.

Lebrument ist darum die Ausnahme des Trends, weil er zur falschen Zeit geboren ist. Er ist ein Verleger alter Schule. Er will Einfluss. Er sieht sich als gestaltenden Teil der Gesellschaft. Er sucht politische Präsenz. In Bünden läuft vieles über ihn. Er agiert genau so, wie Verleger bis vor 50 Jahren agierten.

Vor allem regionale Zeitungsverleger sahen sich in der Pressegeschichte stets als Ordnungsfaktoren ihres Territoriums. Sie wollten politische Macht und gesellschaftlichen Einfluss, und sie gaben diese Philosophie an die nächsten Generationen weiter. Die Firma und ihre Blätter wurden so lange wie möglich in der Familie gehalten. Es entstanden Dynastien.

Das Modell ist nahezu ausgestorben. Die Aufsteiger in der Branche sind keine Verlegertypen mehr, sondern Medienindustrielle. Newcomer sind Männer wie Zeitschriftenverleger Jürg Marquard, Internetpionier Thomas Sterchi, Film- und TV-Betreiber Bernhard Burgener, Radiomann Roger Schawinski und Anwalt Martin Wagner. Keiner von ihnen hat je signalisiert, dass ihm dynastisches Denken oder politischer Einfluss etwas bedeuten könnte. Wer einen profitablen Deal bekommen konnte, verkaufte sein Unternehmen teilweise oder ganz.

Betrachten wir also noch kurz die zwei verbleibenden grösseren Familienunternehmen in der Schweiz. Da ist zuerst Peter Wanner, der Verleger der *Mittelland-Zeitung*. Er legte sich zuletzt die *Basel-*

landschaftliche Zeitung und die *Solothurner Zeitung* zu. Peter Wanner nähert sich dem Pensionierungsalter, wird es aber noch ein paar Jahre machen. Einer seiner Söhne lässt sich nun in Deutschland zum Verlagsmanager ausbilden. So wie wir Wanner kennen, hat der Mann einen erfreulichen, dynastischen Charakterzug.

Dann gibt es Ringier. Die Ringier AG gehört zu je einem Drittel dem VR-Präsidenten Michael Ringier und seinen beiden Schwestern Annette und Evelyn. Er hat die Stimmenmehrheit, um flexibel agieren zu können. Ringier, so wie es aussieht, wird ebenfalls auf lange Zeit hinaus ein Familienunternehmen bleiben.

Ringier hat sich darum in Osteuropa mit dem deutschen Axel Springer-Verlag zusammengetan. Teuer wird hier vor allem der Aufbau des digitalen Geschäfts, weil hier eine starke Marktposition nur über Akquisitionen erkauft werden kann. Ringier allein schafft das nicht. Man hat mit einem Partner die Zukunft und sein Wachstum abgesichert. «Wir fühlen uns bestärkt, ein Familienunternehmen zu bleiben», sagt Michael Ringier.

Der damals 61-jährige Michael Ringier wirkte in den Tagen nach dem Springer-Deal ausserordentlich entspannt. Wenn man ihn fragte, wie lange er noch im Unternehmen bleibe, dann antwortete er mit einer Gegenfrage: «Wie alt wurde eigentlich Nicolas Hayek?»

Der jüngste Sohn von Schwester Evelyn, Robin Lingg, sitzt darum ab 2011 im Verwaltungsrat. Die Familie traut ihm zu, dass er das Haus von der fünften in die sechste Generation führen kann.

Appell des Rettungskomitees

Die Schweizer Tageszeitungen stehen kurz vor einer besseren Zukunft. Nur einer muss noch wollen.

Wenn es gegen Ostern und Weihnachten geht, dann befällt den Christenmenschen jeweils das Appellationsbedürfnis. Er appelliert an die Welt, damit die Welt besser wird. Er appelliert öffentlich. In den

Medien explodiert darum zu Ostern und Jahresende jeweils die Zahl der sogenannt offenen Briefe.

So schrieb etwa die Schweizer Jazzszene einen offenen Brief an den Radio-Direktor, weil er das Studio falsch umbauen will. CVP-Präsident Christophe Darbellay schrieb einen offenen Brief an die Muslime, weil er ihre Burka nun doch nicht verbieten will. Die Basler Deutschlehrer schrieben einen offenen Brief, weil sie Druckfehler auf städtischen Strassenschildern entdeckten.

Da wollen wir nicht zurückstehen. Auch wir schreiben einen offenen Brief. Wir schreiben ihn als Vertreter des «Komitees zur Errettung der Presse». Wir schreiben an Pietro Supino, den Verwaltungs-rats-Präsidenten von Tamedia:

Sehr geehrter Herr Supino
Das Komitee zur Errettung der Presse appelliert hiermit an Sie, endlich Vernunft walten zu lassen. Das Komitee zur Errettung der Presse fordert Sie darum auf: Stellen Sie sofort *20 Minuten* ein!

Mehr als ein Jahrzehnt an Verwüstung sind genug. Als *20 Minuten* im Dezember 1999 auf den Markt kam, da war die Situation der Presse in gutem Zustand. Die fünf führenden Tageszeitungen *NZZ*, *Tages-Anzeiger*, *Basler Zeitung*, *Berner Zeitung* und *Blick* erreichten zusammen eine Auflage von 1,1 Millionen Exemplaren.

Zehn Jahre später war diese Zahl auf 850 000 gefallen. Der Verlust von 250 000 Exemplaren ist primär auf die verheerende Wirkung von *20 Minuten* zurückzuführen. Allein bei den genannten fünf Blättern macht das bei den Abo-Einnahmen einen jährlichen Schaden von 90 Millionen Franken aus. Für die gesamte Presse liegt der Verlust bei 120 Millionen.

Vor zehn Jahren war auch das Anzeigengeschäft der Zeitungen in gutem Zustand. *20 Minuten* hat ihnen seitdem jährlich 60 Millionen an Werbegeldern weggenommen. Weil die Auflagen der Zeitungen wegen *20 Minuten* zusammenbrachen, kostete sie dies jährlich weitere 70 Millionen an Inserateeinnahmen.

20 Minuten hat damit in der Presse einen jährlichen Kollateralschaden von 250 Millionen Franken ausgelöst. 250 Millionen an Schaden pro Jahr. *20 Minuten* macht dagegen einen Gewinn von rund 30 Millionen Franken. Das ist ein bizarres Verhältnis von Schaden und Nutzen. Es ist volkswirtschaftlicher Irrsinn.

Sie können, sehr geehrter Herr Supino, dieselbe Rechnung auch hausintern anstellen. Allein Ihre zwei Tageszeitungen *Tages-Anzeiger* und *Berner Zeitung* haben wegen Ihrer Gratiszeitung pro Jahr über 50 Millionen an Abo- und Werbeeinnahmen verloren. Auch dagegen sind die paar Millionen Gewinn von *20 Minuten* nicht zu rechtfertigen.

Volks- wie betriebswirtschaftlich ist *20 Minuten* also ein Desaster. Wir können die Sache aber auch politisch betrachten. Wir verzichten dabei auf Plattitüden wie den «Bannwald der Demokratie». Wir sagen nur, dass Tageszeitungen eines der wichtigsten Diskussionsforen einer Gesellschaft sind. Es gibt keinen Grund, diese Funktion kaputtzumachen.

Natürlich sind wir vom Komitee zur Errettung der Presse nicht naiv. Wir wissen, dass es auch nach dem Ende von *20 Minuten* Jahre dauern wird, bis sich die Presse vom Terror des Gratisblatts erholt haben wird. Aber eine Chance besteht.

Nur Sie, sehr geehrter Herr Supino, können die Presse retten. Handeln Sie! Stellen Sie *20 Minuten* sofort ein!

Mit besten Grüssen, Komitee zur Errettung der Presse

Es knistert und riecht

Wenn es den Journalismus nicht mehr gäbe, würden wir ihn vermissen?

Nirgendwo war die Möglichkeit so nah wie in San Francisco. Es drohte die erste Grossstadt ohne Tageszeitung. Der *San Francisco Chronicle* war von der Schliessung bedroht.

Eine Grossstadt ohne Zeitung – wäre das nicht schrecklich? «Leute unter 30 würden es nicht einmal bemerken», sagte Gavin Newsom, San Franciscos Bürgermeister.

Würde uns ohne Journalismus etwas fehlen? Die Frage wird, von der *Frankfurter Allgemeinen Zeitung* bis zum *Economist*, derzeit heftig diskutiert. Es ist, und das ist das Interessante daran, keine feuilletonistische Diskussion. Es ist seriöser.

Seriös ist es darum, weil sich der Bürger erstmals in der Geschichte der modernen Gesellschaft auch ohne die klassischen Medien lückenlos informieren kann.

Nehmen wir als Beispiel die Dauerdebatte um die Gesundheitskosten. Im Netz finden wir alles, was wir wissen müssen. Wir erfahren die Position des Bundesrats genauso wie jene von Economiesuisse, Preisüberwacher, Gewerkschaft, Parteien, Krankenkassen- und Spitalverbänden. Es ist ein machbarer Aufwand, all dies über Suchmaschinen, Themen-Sites und Blogs zusammenzutragen. Wir kennen danach alle Fakten und Meinungen, ohne dass sich je ein Journalist zwischen uns und die Information gedrängt hätte.

Es ist dies eine soziale Kulturrevolution, die in diesem Ausmass völlig neu ist. Erstmals seit Ludwig XVI. kann heute der Citoyen umfassend informiert sein, ohne die klassischen Medien nutzen zu müssen. Die Journaille hat ihr Herrschaftsprivileg verloren.

Es gibt nun zwei Ansätze, auf diesen Rollenwechsel zu reagieren: mit Verklärung und mit Veränderung.

Die Branche neigt zu Möglichkeit eins. Zeitungen, sagt etwa der Publizist Frank A. Meyer, seien «magisch» und «sinnlich». Wörtlich: «Papier knistert, es macht schwarze Finger, es fühlt sich gut an, es riecht auch.» So wie er reden die meisten Journalisten und Verleger.

Das ist gefährlich. Das Produkt Zeitung hat in dieser Sichtweise eine Zukunft, weil es eine Vergangenheit hat. Indem man Zeitungen zum Fetisch verklärt, disqualifiziert man sie zugleich als Lifestyle-Produkt. Sie sind Textur und Parfüm. Die Hermès-Nachrichten. Sie riechen gut.

Klüger wäre, das überalterte Konzept zu überdenken. Nur wenige Journalisten haben bisher realisiert, wie der Internetzugriff der Bürger auf Primärinformationen ihre Rolle verändert hat. Zeitungen von heute bauen meist auf traditionelle Prinzipien wie Offenheit und Ausgewogenheit. Sie nennen sich Forumszeitungen.

Ein Forum, also eine Plattform für verschiedene Standpunkte, braucht es jedoch nur dort, wo das Forum der einzige oder dominierende Zugang zur Information ist. Wenn jede Information für jeden verfügbar ist, braucht es kein Forum mehr. Dann braucht es keine Offenheit und Ausgewogenheit mehr. Wenn jede Information auch ohne Zeitung erhältlich ist, hat die Zeitung keine Verpflichtung mehr zur Objektivität.

Das Internet, über alles gesehen, ist die heute höchstmögliche Form von Objektivität, weil hier alle Facetten versammelt und verfügbar sind. Diese Kulturrevolution macht den Zeitungen den Rücken frei. Sie müssen kein Forum mehr sein. Sie können quasi in ihre Vorvergangenheit zurück, als sie noch Parteiblätter waren. Als sie Parteiblätter waren, waren sie polemisch, partikulär und provokativ. Sie waren nicht objektiv.

Das müssen sie auch heute nicht mehr sein. Das umfassende Informationsangebot der Gegenwart hat einen Effekt auf die Standesethik. Es macht den traditionellen Begriff der Objektivität obsolet.

Zeitungen tun darum gut daran, wieder Meinungsblätter zu werden. Dann haben sie eine Berechtigung. Dann können sie auch künftig erfolgreich sein. Die Zeitungen haben durch das Internet ihre Vergangenheit verloren. Sie sind erlöst von ihrer gesamtgesellschaftlichen Verantwortung.

Ein Klumpen Zukunftsglaube

Tamedia-Chef Martin Kall liebt das Risiko. Am meisten liebt er das Klumpenrisiko.

Im Jahr 2007 kaufte Martin Kall die Espace Media mit *Berner Zeitung* und *Bund*. Dann kaufte er den Schweizer Teil der Edipresse und damit alle Westschweizer Zeitungen von Belang. Dann kaufte er die verbliebenen Zürcher Landzeitungen zusammen. Für alles zahlte der CEO von Tamedia netto 600 Millionen Franken.

Das ist viel, wenn man bedenkt, dass der Börsenwert von Tamedia über die letzten Jahre zwischen 500 Millionen Franken und 1,2 Milliarden Franken schwankte. Verglichen mit der Substanz des Stammhauses wären damit die Übernahmen masslos überbezahlt.

Das allerdings gilt nur aus heutiger Sicht. Aus heutiger Sicht ist es zweifelhaft, ob Investitionen ins Zeitungsgewerbe vernünftig sind. Die mittelfristigen Zukunftsaussichten des Gewerbes sind nicht allzu verlockend.

Man kann es aber auch andersherum sehen. Tamedia hat zum Beispiel 226 Millionen Franken bezahlt, um 50,1 Prozent am Schweizer Geschäft von Edipresse zu übernehmen. Der Preis war hoch, denn von der Börse wurden die 50,1 Prozent mit nicht mehr als 130 Millionen bewertet. Dafür aber wird Tamedia zum Quasimonopolisten im Westschweizer Zeitungsmarkt. Spezielle Marktpositionen haben in dieser Branche immer ihren speziellen Preis.

Wir erleben in Zürich ein einzigartiges Beispiel eines unternehmerischen Hochrisikos. Tamedia setzt in ihrer Zukunftsstrategie völlig auf den Zeitungsmarkt. Man spielt sozusagen Roulette – alles oder nichts.

Tamedia ist komplett zeitungsverrückt. Allein zwischen 2007 und 2010 kaufte das Verlagshaus rund 20 bedeutende und eine Vielzahl kleinerer Zeitungen auf. Insgesamt hat das Verlagshaus nun über 30 grössere Zeitungen im Portfolio. Die Zeitungen machen künftig rund 80 Prozent des gesamten Umsatzes aus. Den Rest teilt sich das Nebengemüse wie Zeitschriften, TV, Radio und Internet.

Die künftigen Märkte sind in der Investitionsstrategie tatsächlich Nebengemüse. Anders als vergleichbare Konkurrenten wie Ringier ist man in den elektronischen Märkten, Internet und Fernsehen, reichlich passiv.

Das ist ein enormes Klumpenrisiko. Es ist das Gegenbeispiel jeder Diversifikationstheorie. Noch klumpiger wird der Klumpen, wenn man bedenkt, dass sich alle Titel des Hauses im engen Schweizer Markt bewegen.

Tamedia ist nach unserem Kenntnisstand das einzige grössere Unternehmen weltweit, das heute noch derart besessen auf Zeitungen setzt. Das ist darum erstaunlich, weil die Zeitungskrise die Branche derzeit nachhaltig trifft. Fast wöchentlich melden in den USA führende Blätter Konkurs an. Andere, wie Rupert Murdoch, müssen Wertberichtigungen in Milliardenhöhe vornehmen.

Auch in der Schweiz brachen die Anzeigeneinnahmen und Auflagen ein. Und die Aussichten sind getrübt. Denn es kumulierten sich im Print konjunkturelle und strukturelle Faktoren. Autos, IT und Tourismus werden nach der Krise zu den früheren Gewinnzahlen zurückkehren. Den Zeitungen ist das kaum möglich. Ihnen fehlen in der nächsten Hochkonjunktur die Werbegelder, die inzwischen in andere Kanäle wie das Internet abwandern.

Der Markt weiss das. Zeitungsverlage wie Tamedia und News Corp. haben mehr an Wert verloren als Medienhäuser ohne grössere Zeitungsportfolios wie Time Warner, Lagardère Group und Disney. Am besten haben sich Online-Werbeplattformen wie Google gehalten.

Der Markt glaubt nicht an eine glänzende Zukunft des Zeitungsmarkts. Martin Kall und Tamedia glauben daran. Fast als Einzige.

Wir müssen ehrlich gestehen: Wir haben im Medienmarkt noch selten ein derartiges Beispiel von antizyklischem Verhalten gesehen. Wir können Martin Kall und Tamedia also nur wünschen, dass sie Recht bekommen. Sonst: Gute Nacht.

Schmutz und Schutz

In Deutschland hat die Presse einen Sieg über das Fernsehen errungen. Bei uns wird eher gejammert.

Das Schweizer Fernsehen hat in den letzten Jahren tüchtig aufgerüstet. SF 2 wurde zum Vollprogramm hochgestemmt, der Infokanal eingeführt, der Gemeinschaftskanal HD Suisse aufgeschaltet.

Daneben investierte man auch kräftig in Online. Die TV-Sendungen sind via Internet abrufbar, Fussballspiele werden live auf PC oder Handy übertragen. Dazu kommt unter dem Label der «Tagesschau» ein breites Nachrichtenangebot. Man bietet ein gutgeschnürtes Multimediapaket.

Genauso kräftig, wie das Fernsehen voranmacht, erschallt das Protestgeheul der Verleger. Sie verlangen lautstark, dass das Fernsehen auf News im Internet verzichte. Erst recht zu verzichten sei auf Werbung im Internt. Dies sei das Territorium der Zeitungsverlage.

In Deutschland wurde derselbe Streit von den 16 Ministerpräsidenten der Länder beendet. Verlierer war das Fernsehen. Ihm wurden im Internet alle Angebote untersagt, die «nach Gestaltung und Inhalt Zeitungen oder Zeitschriften entsprechen». Aktuelle News-Sites sind damit gestorben. Gestorben sind dadurch auch substanzielle Werbeeinnahmen. Der Entscheid beruht auf einer EU-Vorgabe, wonach gebührenfinanzierte Sender den Wettbewerb nicht verzerren, also nicht direkt gegen die Presse antreten dürfen.

Zum Glück für unser Fernsehen sind wir nicht in der EU. Der SVP sei Dank.

Der Konflikt um die Internetauftritte öffentlich-rechtlicher Sender ist komplex. Unbestritten ist, dass sie alles ins Netz stellen dürfen, wofür die TV-Zuschauer schon einmal bezahlten. Das sind Sendungen, Nachrichten, Sportübertragungen. Wenn die «Tagesschau» einen Nationalrat interviewt, soll dies auch online verfügbar sein, egal, ob als Video oder als Text.

Kritisch ist, was nicht «sendungsbezogen» ist, wie dies Fachleute nennen. Dazu gehören laufend aktualisierte Nachrichten aus Inland, Ausland und Wirtschaft, wie sie unser Fernsehen bietet. Dafür haben die TV-Zuschauer nicht schon einmal bezahlt. Darum sei das Schmutzkonkurrenz für die Zeitungen, sagen die Verleger.

Die Sache hat zwei Aspekte, einen strategischen und einen praktischen.

Strategisch haben bezahltes TV und bezahlte Tageszeitungen dasselbe Problem. Sie überaltern. Der durchschnittliche TV-Zuschauer ist gegen 60 Jahre alt. Der durchschnittliche Zeitungsabonnent ist auch nicht jünger. Fernsehen wie Presse müssen also dringlich versuchen, an eine jüngere Klientel heranzukommen. Über ihre bestehenden Kanäle geht das nicht. Das geht nur im Netz.

Der praktische Aspekt, der uns Nutzer interessiert, ist die Qualität des Gebotenen. Und hier gibt es einen entscheidenden Unterschied zwischen Deutschland und der Schweiz.

In Deutschland gibt es hervorragend gemachte Internetseiten von Verlagen, wie etwa spiegel.de, ftd.de oder welt.de. Sie sind schnell, kreativ und glänzen mit einem hohen Anteil an Eigenleistung. In der Schweiz hingegen sind die Internetseiten der bezahlten Tageszeitungen mit wenigen Ausnahmen Schrott. Einigermassen akzeptable Ausnahmen sind tagesanzeiger.ch, 20min.ch und blick.ch. Es ist darum richtig, dass man in Deutschland die Verlagshäuser vor der subventionierten Konkurrenz von ARD und ZDF schützt. Die Ordnungspolitik schützt hier Qualität.

Die Schweizer Verleger haben das erst noch zu beweisen. Gemessen an ihrer heutigen Leistung, agieren sie nicht im öffentlichen Interesse. Sie verlangen ordnungspolitischen Schutz für Internetangebote, welche meist unter dem Niveau intelligenter Konsumenten und Bürger liegen.

Schrott schützt man nicht.

Unter Kannibalen

In der Medienbranche gilt das Grundprinzip der Menschenfresserei:
Sonst landet man selber im Suppentopf.

Mitte der Achtzigerjahre war ich Mitglied einer Arbeitsgruppe bei Ringier. Die Arbeitsgruppe entwickelte eine Sonntagzeitung im gehobenen Segment. Sie sah ungefähr aus wie die heutige *NZZ am Sonntag*. An einem Wochenende präsentierten wir das Blatt einer Expertengruppe aus der Werbe- und Medienindustrie. Die Resonanz war sehr positiv.

Dennoch wurde Ringiers gehobene Sonntagzeitung nie lanciert. Ringier hatte Angst, sie würde dem eigenen *SonntagsBlick* schaden, damals noch die einzige Publikation am Tage des Herrn. Man hatte Angst, man würde den *SonntagsBlick* kannibalisieren.

Kannibalisierung. Der Angriff auf die eigenen Familienmitglieder ist einer der schwierigsten strategischen Entscheide in der Medienbranche. Es ist ein schwieriger Entscheid, weil sich hier fast immer das klassische Chancen-Risiken-Muster zeigt. Ein kurzfristiger, gesicherter Profit steht einer langfristigen, aber ungesicherten Wettbewerbschance gegenüber.

Interessant ist, wie die Medienbranche neuerdings die vormalige Scheu vor der Menschenfresserei verliert.

Am eindrücklichsten ist, wie die Verleger von Tageszeitungen weltweit ihre Blätter mit der Herausgabe von Gratisblättern massakrierten. In der Schweiz war Tamedia mit *20 Minuten* der kannibalistische Vorläufer, der seine Zähne in den hauseigenen *Tages-Anzeiger* schlug. Es folgten Ringier, das mit seinem *Blick am Abend* seinen traditionellen *Blick* in den Hals biss.

Interessant war auch der Verzehr von Blutsverwandten am Sonntag. Die *NZZ*-Tochter *Neue Luzerner Zeitung* lancierte eine eigene Sonntagsausgabe. Es war ihr wurst, ob die mütterliche *NZZ am Sonntag* dabei Schaden nehmen könnte. Dass sie Schaden nehmen würde, war klar. Sonntagsausgaben von Regionaltiteln «würden dem eingeführten *NZZ*-Sonntagstitel das Abonnentengeschäft erschweren», schrieb ahnungsvoll die Mutter *NZZ*.

Die Medienbranche lernte von anderen Industriezweigen. Nestlé hat kein Problem damit, hauseigene Brands wie Buitoni, Findus, Maggi, Frisco, Thomy, Hirz, Cailler, Kitkat, Smarties und After Eight aufeinander loszulassen. Ebenso wenig Mühe hat der Volkswagen-Konzern, seine Marken VW, Skoda, Seat, Audi, Bentley, Phaeton, Bugatti und Lamborghini gegeneinander antreten zu lassen. Es zählen nicht die Marktanteile der einzelnen Produkte, es zählt der Gesamtumsatz. Beide mussten diese Einsicht gegen eigenständige Unternehmenskulturen durchsetzen.

Auch bei den Medien fusst der ungezwungene Umgang mit der Anthropophagie auf Lehren der Vergangenheit. Eine wichtige Einsicht gewann die Branche im Internet. Aus übertriebener Angst vor internem Kannibalismus investierten die Schweizer Verlage in den Neunzigerjahren nur wenig in die elektronischen Stellen-, Immobilien- und Automärkte, und wenn sie anfangs investierten, fuhren sie die Budgets oft schnell wieder herunter. Sie wollten keine Marktanteilsverluste in ihrem einträglichen Printgeschäft der Kleinanzeigen riskieren.

Als Folge sind die Verlage heute in den Internet-Rubrikenmärkten kein Faktor mehr. Branchenfremde Anbieter spielen meist die führende Rolle. In Skandinavien, wo keine Kannibalismus-Phobie herrschte, sind entsprechende Verleger-Sites hingegen ein Bombengeschäft geworden.

Das Potenzial ist noch nicht ausgereizt. Es gibt noch weitere Möglichkeiten, bei denen eigene Familienmitglieder verspeist werden können. Eine Möglichkeit sind Gratiszeitungen am Sonntag. Das Tessin kennt mit *Il caffè* und mit *Il Mattino della domenica* bereits zwei Vertreter dieser Spezies. Sie sind ganz gut gemacht und beileibe keine Beliebigkeitsblätter. Sie sind in ihrem Markt ein Erfolgsmodell, wurden aber in der Deutschschweizer Medienszene stets als Exoten und nicht als Modellfälle betrachtet.

Interessanter für Deutschschweizer ist, was sich in Deutschland tut. Vor allem im süddeutschen Raum hat sich mittlerweile eine Vielzahl professioneller Gratis-Sonntagszeitungen etabliert. In Freiburg gibt es etwa *Der Sonntag*, in Nürnberg ist es *Prima Sonntag*, in Karlsruhe *Boulevard Baden*. Alle erreichen zwischen 200 000 und 300 000 an Auflage. Sie werden in die Haushalte verteilt und parallel über Läden, Beizen und Tankstellen distribuiert. Womöglich ist es nur eine Frage der Zeit, bis die Idee auch in die Schweiz überschwappt.

Im Rückblick, sagte Michael Ringier einmal in einem Interview, sei der Verzicht auf die gehobene Sonntagszeitung in den Achtzigerjahren einer der «grössten Fehler» seiner Verlegerkarriere gewesen. Als erfahrene Kannibalen wissen Verleger inzwischen: Wer nicht rechtzeitig zubeisst, wird selber verspeist.

Sterben ist das halbe Leben

*Todesanzeigen sind eine Goldgrube. Doch bis auf den **Walliser Boten** hat das noch keiner richtig verstanden.*

Bevor wir auf unser heutiges Thema zu sprechen kommen, wollen wir noch einmal gemeinsam des verblichenen Jasper gedenken. Jasper starb im Schleudergang einer Waschmaschine, in die er versehentlich geraten war, 1000 Umdrehungen pro Minute. Er wurde dreijährig. Friede seiner Asche.

Die Katzenhalter, das Ehepaar Meier-Deus aus Zug, sorgten nach dem Schleudertrauma für eine Innovation im Schweizer Mediengeschäft. Sie gaben für ihr Pelztier eine Todesanzeige im *Tages-Anzeiger* auf. Der Verlag erkannte die Marktlücke schnell und bot in der Folge Todesanzeigen für Katzen, Kanarienvögel, Karnickel und Köter an. Andere Blätter folgten.

Einige Jahre später müssen wir leider festhalten, dass die Viecherei als Flop endete. In den Schweizer Zeitungen liest man praktisch nie einen bezahlten Nekrolog auf Tigerli, Hansi, Schnuffschnuff und Rex.

Das entbindet uns jedoch nicht von der Aufgabe, uns heute mit der Todesanzeige zu beschäftigen. Die Todesanzeige ist eine der entscheidenden Säulen der Presse, sowohl was ihre inhaltliche wie ihre kommerzielle Bedeutung anbelangt. Allerdings werden wir Kritik an den meisten Schweizer Zeitungen üben müssen, die wir für unfähig halten, das Feld der Toten richtig zu beackern.

Die Todesanzeige, dies zur Phänomenologie, ist zuerst einmal eine Konkurrentin der Journalisten. Sie ist zwar ein Inserat, also von Dritten getextet und bezahlt, und doch wird sie intensiver gelesen als die meisten noch so schlauen Analysen aus der Redaktion. «Hast du gesehen, der Peter Piller ist tot» sorgt immer für mehr Gesprächsstoff als «Hast du gesehen, heute schreiben sie über die Diplomatie zwischen Panama und Puerto Rico».

Kommerziell ist die Mortalität ebenso unverzichtbar. Eine anständige Tageszeitung nimmt zwischen drei und sechs Millionen im Jahr mit Todesanzeigen ein, obschon die Preise hier pietätvoll meist etwas tiefer liegen. Dazu verdient man Geld mit der Gestaltung und dem Druck von Leidzirkularen.

Es könnte viel mehr Geld sein, wenn die Verlage die Sache richtig anpackten. Doch das tun sie nicht. Anders als bewährte Exitus-Branchen wie Kühlhäuser, Sargmacher und Steinmetze nutzen Zeitungen zu wenig die Gunst der Todesstunde, die da sagt: Nie ist die Witwe investitionsfreudiger in ihren Gatten, als wenn ihr dieser gerade geraubt, nie der Witwer ausgabeorientierter für seine Gemahlin, als wenn diese gerade verblichen.

Wir müssen also etwas Nachhilfeunterricht im Todesanzeigen-Marketing geben. Mangels einheimischer Vorbilder wählen wir einen ausländischen Benchmark, wir nehmen die *Dolomiten*, die grösste Zeitung Südtirols. Die *Dolomiten* leben beim Ableben finanziell richtig auf, denn sie kennen die erste Regel des Geschäfts genau. Sie lautet: In der Stunde der spendefreudigen Trauer verkauft man nicht eine einzelne Todesanzeige. Das wäre dumm. Man verkauft den Trauernden ein ganzes Paket, also eine Todesanzeige, eine Danksagung kurz danach, eine Erinnerungsanzeige einen Monat später, eine Anzeige zum 1. Jahrestag, eine Anzeige zum 2. Jahrestag, eine zum 5. Jahrestag und eine zum 10. Jahrestag. Alles en bloc mit Rabatt und alles zu einem Aufpreis mit Foto des jäh Entrissenen.

Unsere grossen Zeitungen in Zürich und Bern verzichten aus protestantischer Pietät auf diese himmlische Einnahmequelle. In katholischen Regionen sieht es kaum besser aus.

Das einzige Blatt, das auf diesem Gebiet vorbildlich agiert, ist der *Walliser Bote*. Der Bote nämlich beherrscht die zweite wichtige Regel im morbiden Business perfekt. Sie lautet: Alle, die einem Toten keine Todesanzeige widmen, sind schlechte Menschen. Man muss erzwingen, dass alle inserieren, bei denen der Hingeschiedene zu Lebzeiten wandelte, von Turnverein bis Trachtenchor.

Wenn dann zum Beispiel der Platzhirsch der Bettmeralp von uns geht, hagelt es Inserate. «Wir haben die schmerzliche Pflicht», inserieren im Boten darauf die Bettmeralp Bahnen AG. Es inserieren aber auch die Musikgesellschaft Bettmeralp, die Eringerfreunde Bettmeralp, die Gemeinde Bettmeralp, der Bettmeralp Tourismus, die Feuerwehr Bettmeralp, der Kleinkaliberverein Bettmeralp, der Gemeinderat Bettmeralp, der Hotelierverein Bettmeralp und die Schäferkollegen Bettmeralp.

Es ist schön, auch einmal eine kleine Zeitung loben zu können. Wir gratulieren dem *Walliser Boten* zu seinem Geschäftssinn und verabschieden uns, wie es dem Thema gebührt, auf Latein: Valet. Non olet.

«Journalismus ist gesellschaftliche Selbstaufklärung»
Interview mit Michael Haller, Direktor des Instituts für Journalismusforschung

Michael Haller war Redaktor bei der Basler Zeitung *und Autor bei der* Weltwoche. *Anschliessend war er dreizehn Jahre Redaktor beim Nachrichtenmagazin* Der Spiegel *und zuletzt Ressortleiter beim Wochenblatt* Die Zeit. *1993 wurde er Professor an der Universität Leipzig und leitete dort den Lehrstuhl für Journalistik. Er ist Wissenschaftlicher Direktor des Instituts für Praktische Journalismusforschung in Leipzig.*

Herr Haller, Sie sind einer der führenden Medienwissenschafter im deutschsprachigen Raum. Als einer der wenigen waren Sie vorher Journalist. Wie war das damals?

Als ich als Redaktor anfing, 1968 bei der *National-Zeitung* in Basel, hatten wir im Journalismus goldene Zeiten. Es war ja auch eine politisch und soziologisch spannende Epoche. Die Menschen waren in einer Aufbruchsstimmung. Man suchte nach neuen Formen des sozialen Miteinanders, die idealistisch stark aufgeladen waren. Werte wie Frieden und Gerechtigkeit standen zuoberst.

Der Beruf, sagen Sie, war stärker Ideen-getrieben und weniger Verwertungsgetrieben als heute.

Eindeutig. Wir redeten über Inhalte. Die Zeitung als Werbeträger war ja damals ein Selbstgänger. TV spielte keine Rolle, private Radios gab es nicht. Unser Verleger war vergnügt und rieb sich die Hände. Er sagte zu uns Journalisten: Macht mal, vielleicht wird ja was draus.

163

Ich vermute mal, anders als heute, redeten die Journalisten kaum über die Frage: Was verkauft sich am besten?

Unsere Überlegungen über den Zeitungsverkauf waren einfach: Wenn du die wichtigen Themen packst, wenn du interessant schreibst, wenn du am Puls der Zeit bist, dann wirst du bei den Lesern auch erfolgreich sein. Wir wussten durchaus, dass langweilige, bürokratische Berichterstattung keinen guten und so auch keinen erfolgreichen Journalismus darstellt.

Was lief dann anschliessend schief in der Schweiz?

Ich glaube, die Schweizer Presse hat die Kurve in die nachmoderne Lebenswelt nicht richtig gekriegt. Die Journalisten haben ihr überkommenes Verständnis von Politik beibehalten – und damit auch diese leserferne, mitunter selbstgefällige Attitüde. Der Niedergang mancher Schweizer Zeitung, angefangen bei der *National-Zeitung* in Basel, ist aus meiner Sicht selbstverschuldet.

Selbstverschuldet aus ökonomischen oder aus publizistischen Gründen?

Zunächst einmal aus publizistischen Gründen. Zu den Ursachen gehört meines Erachtens der stumpfe Berichterstattungsjournalismus, der aus seinen erstarrten Standards nicht mehr herausfand. Eigenständige Thematisierungen und hart recherchierte Geschichten kamen in der Tagespresse ähnlich selten vor wie gut erzählte Geschichten. Und auch die Leseransprache: Den Zeitungen glückte nur ausnahmsweise, dass sie in einen kommunikativen Prozess mit ihren Lesern kamen. Die Aufbruchstimmung, die ich vorhin erwähnt habe, verflüchtigte sich bald. Man kehrte zurück zum Protokolldenken, man orientierte sich wieder an den Institutionen und wollte deren Mandatsträgern gefallen. Man entfernte sich dadurch von den Lesern.

Sie sagen, die Journalisten waren zu sehr die Protokollführer der Institutionen und weniger die Vertreter der Interessen der Bevölkerung.

Ja. Bis zur Dotcom-Krise von 2001 ging es den Schweizer Zeitungen betriebswirtschaftlich ja noch immer gut. Man glaubte, die Presse funktioniere immer, selbst wenn sie ganz unattraktiv gemacht werde. Deshalb hat sich kein Problembewusstsein entwickelt. Etwas allgemeiner gesagt: Der Schweizer Journalismus hat den soziokulturellen Wandel in Richtung Zivilgesellschaft verschlafen. Die grossen Zeitungen haben keinen Diskurs über Werte und Ziele in Gang halten können und sind ihrer Rolle als Dialogpartner der Leser verlustig geworden. Man hat die Sichtweise der Veranstalter übernommen, die Sicht der Politikveranstalter wie auch der Wirtschaftsveranstalter. Die Journalisten hätten stattdessen die Perspektive der Leser übernehmen sollen, damit sie die Sicht der Veranstalter hinterfragen können.

Die Journalisten haben demnach vergessen, dass ihre letztlichen Auftraggeber immer die Leser sind?

Ich sehe das so. Das Journalismusverständnis war nicht auf jene bezogen, für die man das Ganze macht. Wir betreiben viel Forschung im Bereich Regionalzeitungen. Dabei zeigt sich immer wieder derselbe Befund: Die erwachsene Bevölkerung findet in der Zeitung nicht das, was sie in ihrer Lebenswelt wirklich interessiert. Meist ist das der urbane Raum, der Arbeit, Familie und Freizeit verbindet. In der Zeitung, sagen die Leser, stehen stattdessen immer dieselben Berichte, Politiker A sagt dies, Politiker B sagt jenes, Firma A macht was Supertolles, Dienstleister B bietet was Superschönes – immer dieselben langweiligen Texte und Bilder über dieselbe langweilige Veranstaltungswelt.

Sehen Sie hier den Hauptgrund für die sinkende Akzeptanz der gedruckten Presse?

Die falsche Perspektive gehört zu den Ursachen. Hinzu kommen handwerkliche Probleme. Just der Schweizer Journalismus hat inmitten dieser plebiszitären Gesellschaft handfeste Probleme, kommunikativ zu denken und seine Orientierungsfunktion lesernahe zu entwickeln und zu stärken.

Was ist demnach für Sie heute Qualität im Journalismus?

Allgemein gesagt: Qualität im Journalismus ist eine Leistung, die darin besteht, dass die Menschen über das zeitaktuelle Geschehen in der Gesellschaft orientiert sind. Mir kommt es auf das Merkmal «orientiert» an. Es umfasst nicht nur die Informationsleistung, sondern auch die

Herstellung sinnstiftender Zusammenhänge. Für die Gesellschaft insgesamt bedeutete dies: Selbstaufklärung. Jede demokratisch organisierte Gesellschaft ist darauf angewiesen, dass sich ihre Bürger unaufhörlich über ihre Zustände informieren und verständigen können – wir nennen das etwas akademisch die «gesellschaftliche Selbstverständigung».

Der primäre Job der Zeitung wäre damit eine gesellschaftspolitische Funktion?

Es ist eine Orientierungsleistung. Sie ermöglicht unter anderem, dass sich die Menschen auch über ihre Werte verständigen können und die Gesellschaft nicht auseinanderfällt. So gesehen leistet der qualitativ gute Journalismus in unserer Gesellschaft eine Integrationsleistung. Denn Verständigung setzt – zumindest auf sprachlicher Ebene – eine minimale Integrationsbereitschaft voraus. Man kann also konstatieren: Verständigung ist in einer komplexen Gesellschaft nur über Journalismus möglich. Wenn aber Journalismus nur noch veranstaltet wird, um eine bestimmte Geschäftsidee umzusetzen, dann wirkt er dysfunktional.

Ist das nicht etwas gar professoral?

Finden Sie? Warum lesen Sie Zeitung? Woran erkennen Sie, ob die Zeitung die wichtigen Vorgänge sinnvoll vermittelt? Bei welcher Nachrichtensendung oder welchem Onlineauftritt bekommen Sie Lust, mitzudenken, gegenzuhalten oder Einsprüche anzumelden? Was fällt Ihnen ein, wenn Sie an den Zustand Deutschlands oder Frankreichs denken? Und woher wissen Sie das, was Ihnen einfällt? Klar: aus den Medien.

Und wovon soll diese Art von gehobenem Journalismus leben?

Wenn wir den Lesermarkt mit Gratisangeboten nicht kaputt machen, dann rechnet sich guter Journalismus auch ökonomisch. Qualitativ guter Journalismus wird noch immer nachgefragt. Zeitungen, die den gesellschaftlichen Diskurs in Gang halten und moderieren, die Themen setzen und durch präzise Recherchearbeit einen Beitrag zur Transparenz leisten, sind schützenswert. Es ist zu hoffen, dass sie auch in zehn

Jahren genügend Käufer und Leser finden. Sicher bin ich mir allerdings nicht.

Doch die Journalisten nehmen diese eigentliche Aufgabe nicht mehr im dem Umfang wahr, wie Sie es von ihnen verlangen.

Wir stehen derzeit an einem Wendepunkt. Denn ein wachsender Anteil der Erwachsenenbevölkerung wendet sich vom Pseudojournalismus ab. Seit bald zwei Jahrzehnten geht die Reichweite journalistischer Medien – wenn auch nur leicht – zurück. Aus meiner Sicht ist dies eine Folge davon, dass sich der Journalismus oft genug instrumentalisieren lässt. Er verliert die für ihn genuine Orientierungsfunktion – er macht sich quasi selbst entbehrlich. Das ist nicht Ideologie, das sind Forschungsresultate.

Die wenigsten Journalisten sehen das so.

Das ist eines der grössten Probleme. Dieser schlechte Journalismus sägt an dem Ast, auf dem auch der qualitativ gute Journalismus sitzt.

Nun kann man einwenden, dass Verleger wie andere Unternehmer auf Umsätze, Margen und Gewinne zu blicken haben.

Wir kommen ans Eingemachte. Um es plakativ zu sagen: Journalismus ist in demokratischen Gesellschaften ein meritorisches Gut. Meritorische Güter sind solche Leistungen, die nicht allein über den Markt zu steuern sind, also nach dem Modell des knappen Guts, dessen Preis über Angebot und Nachfrage ausgehandelt wird. Die Ökonomie spricht hier von einem partiellen Marktversagen. Das Schienensystem der Eisenbahn zum Beispiel ist solch ein meritorisches Gut, oder auch das Stadttheater oder die Grundschule. Darum will sie auch niemand, der Grips im Kopf hat, privatisieren.

Nun sind aber die Medien im Normalfall in privater Hand.

Dennoch ist die gesellschaftliche Aufgabe des Journalismus nicht voll marktfähig, aber gleichwohl dringend notwendig. Die Kunst besteht darin, den Journalismus als meritorisches Gut zu pflegen und zu schützen, ihn aber dennoch so weit wie möglich marktgängig zu machen. Das funktionierte bei uns in Zeiten der Hochkonjunktur wunderbar, indem die Zeitungen zwei Märkte miteinander verkoppelten: den Lesermarkt und den Werbemarkt. Das war der Unterschied zu den USA, wo die Zeitungsverleger ihre Leser an die Werbewirtschaft quasi verkauften. Dort wurden bis zu 90 Prozent der Erlöse über Werbung geschöpft. Darum ist dort die Pressekrise heute so viel brutaler und zerstörerischer.

Mein Eindruck ist, dass die Verlage nun versuchen, die Rückgänge im Lesermarkt mit einem aggressiveren oder boulevardeskeren Journalismus aufzuhalten. Also weniger Meritorik und mehr Marketing.

Ich erlebe die Verlage vor allem als ratlos. Viele von ihnen bringen sich um ihre Chance, mit relevantem Journalismus wieder Reichweiten zu gewinnen. Sie organisieren den gesellschaftlichen Diskurs nicht mehr, wie es ihre Aufgabe wäre, sie machen stattdessen häufiger auf Spektakel, auf Promi-Casting und billigen Service. Ich beobachte eine Art Escort-Journalismus.

Nochmals, ist Ihr Anspruch auf die Dauer auch finanzierbar? Oder wer soll das bezahlen?

Wir müssen uns eine simple Frage stellen: Was passiert, wenn dieser Typ Journalismus in zehn Jahren nur noch ein Viertel der Erwachsenenbevölkerung erreicht? Was passiert, wenn das Abo von *NZZ* oder *FAZ* oder *Le Monde* dann weit mehr als hundert Franken im Monat kostet – egal, ob auf Papier oder iPad oder einem anderen Endgerät? Wir bekommen eine neue Klassengesellschaft. Nicht der Besitz an den Produktionsmitteln ist ausschlaggebend, sondern die Medienkompetenz. Also wird es eine neue Elite geben, die Qualitätsjournalismus verstärkt nachfragen und dafür den geforderten Preis auch bezahlen wird. Das mag beruhigend sein für die Verlage; für gesellschaftliche Verständigungsprozesse ist es eher beunruhigend.

Aber für die 75 Prozent künftiger Nichtleser wäre dies kaum beunruhigend. Denn die werden das Informationsmanko nicht als Defizit empfinden.

Es wird auch für sie beunruhigend sein, weil sie viel schlechtere Berufs- und Karrierechancen haben. Hinzu kommt die gesellschaftspolitische Dimension. Eine demokratisch organisierte Gesellschaft ist nun mal darauf angewiesen, dass die überwiegende Mehrheit der Bevölkerung handlungskompetent ist. Die Leute müssen die Folgen ihres Handelns einschätzen und demgemäss entscheiden können.

Schrauben Sie nicht Ihre Qualitätsanforderungen in eine Höhe, die eine normale Redaktion gar nicht leisten kann?

Lassen wir die Fahne auf der richtigen Höhe. Eine gut gemachte Regionalzeitung könnte das leisten, was ich hier skizziert habe. Sie muss ja nicht gleich den Pulitzer- oder Egon-Erwin-Kisch-Preis gewinnen wollen. Nehmen Sie eine *Südostschweiz*, nehmen Sie einen *Tages-Anzeiger* oder ein Blatt wie die *Mittelland-Zeitung*. Die liefern immer mal wieder eine ordentliche Leistung ab. Dort ist der Gedanke nicht fremd, dass die Regionalzeitung ihre Stärke in der scharfsichtigen Beobachtung der regionalen und lokalen Räume entfalten muss. Guter Lokaljournalismus ist nicht nur das Standbein, sondern auch der USP der Regionalzeitung. Das hat man lange unterschätzt.

Sie beraten ja auch viele Verlage. Gibt es so etwas wie ein Patentrezept?

Das wäre schön und ich bekäme Lizenzgebühren. Es ist leider ganz anders, nämlich mühsam. Denn der erste Schritt besteht tatsächlich darin, der Redaktionsleitung deutlich zu machen, was es konkret bedeutet, wenn sie die lokale und regionale Kompetenz stärken will. Das geht bis in die redaktionellen Hierarchien und in die Lohnordnung. Warum sitzen die Besten nicht im Lokalen? Warum bekommen die Lokalchefs nicht denselben Lohn wie der Chefredaktor?

Die Auflage der Regionalzeitung Tages-Anzeiger *lag mal bei 280 000. Heute ist sie bei 200 000. Wo wird sie in zehn Jahren sein?*

Wer weiss das? Ich spekuliere mal: Die Auflage der Papierzeitung wird dannzumal bei höchstens 130 000 liegen. Doch wenn es gelingt, ein attraktives Angebot für Tablets in den Lesermarkt zu bringen, dann könnten zusätzliche 150 000 Tablet-Abonnements generiert werden. Ich schliesse nicht aus, dass die Gesamtauflage sämtlicher Ausgabeformen sogar leicht steigen könnte.

Nun haben die Grabgesänge auf die Zeitung ja nicht nur inhaltliche, sondern auch strukturelle Ursachen. Vielleicht hat die Zeitung einfach ihre beste Zeit hinter sich.

Warum war die Zeitung in den vergangenen 360 Jahren so erfolgreich? Sie entsprach dem grossen Megatrend der letzten Jahrhunderte: dem Zuwachs an individueller Verfügungsgewalt, also dem, was die Menschen als Freiheit empfinden. Der Trend lautet stets: Zuwachs an Jederzeit-und-überall-Verfügbarkeit. Wir nennen dies Ubiquität. Und genau in diesem Trendsinne war die Zeitung immer schon hip, weil sie jederzeit und überall nutzbar war, also ein ubiquitäres Medium. Nur deshalb hat sie bis heute überlebt.

Wird es auch in Zukunft ihr Vorteil sein?

Der Orientierungsbedarf der Gesellschaft nimmt nicht ab, ebenso wenig die Nachfrage nach Journalismus. Bloss wird die Zeitung nicht mehr notwendig auf Papier stattfinden. Sie wird ja schon heute digitalisiert und kann über ganz unterschiedliche Channels distribuiert werden. Ich denke, früher oder später wird die Mehrheit der erwachsenen Bevölkerung die Zeitungen über digitale Endgeräte konsumieren, egal, ob sie billige Unterhaltung oder gute Orientierung bieten.

Darum ist es natürlich besonders fatal, dass die Branche die digitalen Online-Lösungen gratis abgegeben hat.

Genau. Das ist eine Tragödie.

Medienminister, Drahtzieher, Polizisten

Wie der Staat und die Politik zunehmend auf die Medien Einfluss nehmen

Die Geschichte des Jahres 1

Irgendwann trat sogar Moritz Leuenberger zurück. Eine kurze Geschichtsschreibung lohnt sich.

Warum braucht es Geschichtsschreibung? Seit Thukydides, dem Grossmeister des historischen Genres, wissen wir es. «Die Geschichte ist eine ewige Wiederholung», sagt Thukydides. Man lernt für die Zukunft.

1996 war das erste Amtsjahr von Medienminister Moritz Leuenberger. 1996 war so etwas wie das Schicksalsjahr der Schweizer TV-Geschichte. Es war das Jahr der Entscheidung zwischen dem freiheitlichen und dem obrigkeitlichen Weg. Es gab beide Optionen. Noch vor Ende seines ersten Amtsjahres hatte Leuenberger den freiheitlichen Weg zerschlagen.

Zur Erklärung tauchen wir kurz in die damalige Medienszene. 1996 gab es den TV-Kanal Schweiz 4. Er war von Bundesrat Adolf Ogi noch unter dem Namen S plus gegründet worden. Schweiz 4 war ein Sender mit autonomem Programm, an dem auch grosse Verlage beteiligt waren. Ogi wollte eine «politische Alternative» zum «Geist von Leutschenbach» schaffen. Ogi sah voraus, er war kein Staatsbewahrer.

1996 war zugleich das erste volle Sendejahr mit mehreren privaten TV-Anbietern wie Tele Züri, Tele Bärn, Züri 1 und Tele M1. Fernsehen, zuvor 40 Jahre lang in öffentlicher Hand, war im Aufbruch in eine neue Zukunft. Doch dann kam Leuenberger.

Die erste Weichenstellung war im Februar 1996 die Wahl des SRG-Generaldirektors. Es gewann der CVP-Beamte Armin Walpen, zuvor Generalsekretär im Justizdepartement. Anders als sein liberaler Gegenkandidat Matthias Steinmann war Walpen ein erklärter Etatist, ein Gleichgesinnter des ebenso etatistischen neuen Medienministers. Walpen ging dann Ende 2010 auch gleichzeitig wie sein Vorgesetzter Leuenberger. Er war immer der Garant für einen aggressiven Machtanspruch der SRG.

Die zweite Weichenstellung war der Kampf gegen die Privatsender. Die jungen TV-Kanäle brauchten damals jeden Werbefranken, um zu überleben. Manchmal interpretierten sie darum die staatlichen Werbe- und Sponsoringregeln etwas freimütig. Das Bakom, Leuenbergers mediale Polizei, knüppelte sie mit permanenten Aufsichtsbeschwerden nieder, um sie finanziell klein zu halten. Man schützte so das Werbevolumen der SRG. Diese Strategie dauert bis heute an.

Die dritte Weichenstellung war die Zerstörung von Schweiz 4. Im September 1996 entschied Leuenberger, die Autonomie des Senders zu brechen. Seine Argumentation wurde ihm erleichtert, weil Schweiz 4 schlechte Quoten hatte. Aus Schweiz 4 wurde nun SF 2. Der Sprachwechsel von 4 zu 2 war mehr als symbolisch. Ogis Gegenkonzept von zwei konkurrierenden Kanälen war tot. Das zweite staatliche TV-Programm war geboren, die Übermacht der SRG zementiert.

Das Hauptwerk von Thukydides, ab 431 v. Chr., war «Der Peloponnesische Krieg». Er thematisiert darin das Problem jeder Geschichtsschreibung. Sie sei diffizil, «weil die Zeugen der einzelnen Ereignisse nicht dasselbe über dasselbe aussagen». Das leuchtet ein. Darum ist es unfair, nur Leuenberger für die heutige Misere verantwortlich zu machen, wie dies seine politischen Gegner im Nachhinein tun.

In seinem zweiten Amtsjahr, 1997, nahm Leuenberger das monumentalste Projekt seiner Medienpolitik in Angriff, das neue Radio- und Fernsehgesetz. Es dauerte neun Jahre, bis es 2006 in Kraft trat. Es besiegelte die einzigartige Dominanz der SRG. Die SRG hatte nun definitiv den parlamentarischen Segen zu ihrem Machtanspruch. In den Beratungen brachten die Bürgerlichen von SVP und FDP zwar erst einen Rückweisungsantrag ein. Doch dann schmolz ihr Widerstand, und sie arrangierten sich opportunistisch mit dem Staatsfunk. Sie hatten nicht einmal mehr die Kraft für ein Referendum.

Eine ebenso tragische Rolle spielten die grossen Medienunternehmen wie *NZZ*, AZ Medien und Tamedia. Sie nickten das Gesetz ebenfalls ab. Denn es sah staatliche Subventionen für private Sender vor, eine Art Schweigegeld. Sie akzeptierten. Leuenberger hatte nicht nur die SRG für immer unangreifbar gemacht. Er hatte auch ihre privaten Konkurrenten als Subventionsempfänger versklavt.

Den bürgerlichen Parteien und den Verlegern geben wir darum eine letzte Einsicht von Thukydides mit: «Böses darf man nicht nur denen zur Last legen, die es tun, sondern auch denen, die es nicht verhindern, obwohl sie dazu in der Lage wären.»

Zahlen, was ist das?

Der Job des SRG-Generaldirektors ist der einfachste Job der Branche. Roger de Weck schätzt das durchaus.

Im Jahr 1997 war ich Mitglied der Geschäftsleitung von Tamedia, zuständig für Zeitungen und Zeitschriften. Ebenfalls Mitglied der Geschäftsleitung war Roger de Weck als *Tages-Anzeiger*-Chefredaktor.

Der *Tages-Anzeiger* hatte finanzielle Probleme. Die Kosten waren unter de Weck aus dem Ruder gelaufen. Der Chefredaktor warf das Geld für seine ambitionierte «nationale Strategie» aus dem Fenster.

Die Redaktion wuchs um über 40 Köpfe. Die Zeitung blähte sich auf sechs Bünde auf. All das kostete zehn Millionen mehr im Jahr. Nur die Abonnementenzahlen und die Einnahmen stiegen nicht.

Die Geschäftsleitung beschloss darum, beim *Tages-Anzeiger* eine Sparrunde anzusetzen. Es war eine äusserst milde Sparrunde. Dennoch warf de Weck umgehend den Bettel hin und nahm Reissaus. Erst hinterher wurde bekannt, dass alles eine abgekartete Sache war. De Weck wechselte wie geplant auf den Sessel eines Chefredaktors der *Zeit*, flog allerdings drei Jahre später wieder hinaus.

Interessant aus heutiger Sicht ist: Ich habe noch selten eine Führungskraft in den Medien erlebt, die derart wenig Ahnung von Zahlen hatte wie Roger de Weck. De Weck ist Ökonom, also muss man es präziser sagen: Ich habe noch selten eine Führungskraft in den Medien erlebt, die sich derart wenig für Zahlen interessierte.

Immerhin, seine persönlichen Zahlen sind bekannt. Als neuer SRG-Chef verdient er mit Salär und Bonus 647 000 Franken im Jahr. Das ist verwunderlich, weil es auffällig wenig ist dafür, dass er die Selbstständigkeit als Publizist und Wissenschaftler aufgibt. Warum tat er das?

Nun werden Zahlen aber über Jahre hinaus eines der Hauptthemen der SRG bleiben. Das ist der Alltag des Generaldirektors. De Weck aber hasste schon zu unserer gemeinsamen Zeit die Zahlen, weil Zahlen das unbestechliche Kriterium für Erfolg oder Misserfolg sind. Er liebte stattdessen Ideen und grosse Würfe, die nicht messbar waren.

Ende des Jahrzehnts geriet die SRG in die roten Zahlen. Sie machte ein jährliches Defizit von Dutzenden von Millionen Franken. Die SRG-Spitze weigerte sich trotzig, bei einem Gesamtbudget von 1,56 Milliarden auch nur die in solchen Situationen üblichen fünf bis zehn Prozent an Kosten einzusparen. Man zielte stattdessen auf mehr Geld vom Staat.

Die stete Defizitdrohung ist für die Zukunft das einzige Problem der SRG. Ansonsten ist sie blendend aufgestellt. Die politische Rückendeckung ist stark. Der Service public ist unbestritten. Die Marktanteile sind stabil.

Der Job eines SRG-Generaldirektors ist damit ein veritabler Zuckerjob. Er ist ein Vergnügen. Es ist mit Sicherheit der einfachste Job, den es derzeit in der Schweizer Medienindustrie gibt. Wenn man es etwas pointiert sagen will: Sogar ein Antimanager wie de Weck kann das. Die einzige kleine Herausforderung bleiben die Finanzen. Doch de Weck braucht kein Genie zu sein, um hier Erfolge ausweisen zu können. Er muss nur ein bisschen sparsamer als Vorgänger Armin Walpen sein. Es genügt, die Personalkosten etwa auf den Stand von 2005 zurückzufahren.

Die Frage ist nicht, ob er will, sondern auch, ob er muss. Der SRG-Verwaltungsrat, der ihn gewählt hat, wusste, wen er gewählt hat. Er wählte einen Mann, der bockt, wenn er unpopuläre Entscheide treffen muss. Es ist anzunehmen, dass der Verwaltungsrat keinen Druck auf seinen neuen Generaldirektor ausüben wird. Und warum sollte er sich selber unter Druck setzen?

Wir stellen uns also besser darauf ein, dass in Zukunft die Radio- und TV-Gebühren weiter steigen werden.

Geld und Glamour, Glamour und Geld

Manchmal will der Staat nicht, muss aber. Erstmals mussten Steuerzahler für eine Zeitung bluten.

Am 4. Mai 2009 stellte sich VR-Präsident Ernst Buob vor die 69 Mitarbeiter des Gratisblatts .ch und sagte den Satz, an den sich alle Anwesenden bis heute erinnern können. Buob sagte: «Wir wollen dieses Projekt mit Anstand beenden.»

Das Gratisblatt wurde eingestellt. Den angekündigten Anstand interpretierten die Mitarbeiter und die Geschäftspartner von .ch als jenen Stil, der in der Schweiz beim Tod von Zeitungen üblich ist: Es gibt einen Sozialplan für die Angestellten. Die Löhne werden etwas länger bezahlt als gesetzlich vorgeschrieben. Alle Rechnungen von Lieferanten werden beglichen.

So war es bisher immer bei uns. Diesmal geschah das Gegenteil, aber dazu kommen wir noch.

Interessant ist die Vorgeschichte. Der Unternehmer Hans Ziegler kam aus dem Bereich der Elektrotechnik, des Anlagebaus und der Logistik (Elma, Schlatter, Swisslog). Der Unternehmer Andy Rihs kam aus dem Bereich der Hörsysteme (Phonak). Ziegler und Rihs wollten nun auch Medienunternehmer werden. Gemeinsam mit dem Vorarlberger Medienunternehmer Eugen Russ, dem Innsbrucker Verlagshaus Moser-Holding und dem deutschen Verleger Georg-Dieter von Holtzbrinck stiegen sie bei .ch ein

Warum also wollen Büroautomations-, Stromverteilungs-, Verpackungs-, Elektrotechnik-, Anlagebau-, Logistik- und Hörsystem-Unternehmer unbedingt auch noch Medienunternehmer werden? Die volkstümliche Antwort ist: Es geht ums Ego. Das ist richtig, aber auch falsch.

Richtig ist, dass Medien sexy sind. Sexy wie die Macht. Sie ziehen darum einen Typus mit speziellen Charakterzügen an. Wenn man es negativ sagen will, nennt man es Eitelkeit, wenn man es positiv sagen will, nennt man es Passion. Der berühmteste Unternehmer, der unbedingt Medienunternehmer werden wollte, ist Werner K. Rey. 1987 kaufte er die Jean Frey AG mit *Weltwoche*, *Sport* und *Bilanz*. 1991 verkaufte er sie an den Detailhändler Beat Curti weiter. Auch Christoph Blocher war zehn Jahre lang Besitzer des *Bündner Tagblatts*. Crossair-Gründer Moritz Suter wiederum kaufte sich die *Basler-Zeitung*.

Suter, Rey, Curti und Blocher sind schillernde Figuren. Sie passen in ein Bild des medialen Quereinsteigers, das vor allem in romanischen Ländern fast zum guten Ton gehört. Bauunternehmer Silvio Berlusconi etwa schmückte sich mit Canale 5, Rete 4 und Mondadori. Olivetti-Besitzer Carlo De Benedetti übernahm dafür *La Repubblica* und *L'Espresso*.

In Frankreich kaufte der Rüstungsunternehmer Jean-Luc Lagardère den Radiosender Europe 1 und baute darauf ein Medienhaus mit 13 Milliarden Euro Umsatz auf. Baulöwe Francis Bouygues holte sich TF1. François Pinault von Renault und Gucci leistete sich das Newsmagazin *Le Point*. Bernard Arnault, Hauptaktionär des Luxuskonzerns LVMH, kaufte die Wirtschaftszeitung *Les Echos*. Der Unternehmer Pierre Bergé übernahm *Le Monde*.

Interessant daran ist, dass die meisten zugleich in ein Spielfeld mit vergleichbarem Glamour investierten, in den Sport. Von Lagardères Rennpferden bis Berlusconis Fussballvereinen reicht die Palette. So betrachtet passt Andy Rihs von Phonak mit seinem ehemaligen Profi-Radteam ideal ins Klischee.

Man kann das aber auch ganz anders sehen. Denn Medien sind in guten Zeiten auch in einer finanziellen Betrachtung eine Überlegung wert. Sie gehören noch immer zu den rentableren Branchen dieses Planeten. Gut geführte Medienhäuser kommen in konjunkturell normalen Zeiten auf eine Umsatzrendite um die zehn Prozent und mehr.

Das ist sehr respektabel, wenn wir mit anderen Industrien vergleichen. Die niedrigsten Umsatzrenditen weisen Firmen auf, die im Massengeschäft operieren. Migros und Kuoni kommen auf drei Prozent. Industrieunternehmen mit längeren Wertschöpfungsketten haben höhere Margen. ABB etwa steht bei sechs Prozent, Rieter bei sieben. Ungefähr im Bereich erfolgreicher Medien liegen Unternehmen mit vergleichbar starken Marktstellungen. Nestlé etwa liegt bei einer Rendite von 13 Prozent.

Vielleicht haben nun aber Industrielle eine andere Vorstellung von Ethik als die eher konservativen Medienhäuser. Bei .ch führte das zu einer Premiere. Der Verwaltungsrat, angeführt von VR-Präsident Ernst Buob, jagte die Firma – entgegen der vormaligen Ansage – überraschend in den Konkurs. Er deponierte die Bilanz. Die Mitarbeiter waren damit fristlos entlassen. Dann lief beim Konkursamt Zürich Oerlikon das Insolvenzverfahren an.

Erstmals in der Geschichte der Schweizer Medien hatten die Steuerzahler für das Ende einer Zeitung geradezustehen. Die Juni-Löhne der gefeuerten Journalisten und Verlagsleute übernahmen noch die Aktionäre von *.ch.* Ab Juli 2009 wurden die Löhne zu 70 Prozent von der Arbeitslosenkasse bezahlt, also vom Staat.

Durch den Konkurs verlor eine ganze Reihe von Unternehmen ihr Geld. Die wichtigsten Gläubiger waren Logistikpartner wie die Post-Tochter DMC, Hogatrans aus Zofingen und Prisma aus St. Gallen. Grössere Rechnungen waren auch von Nachrichtenagenturen offen, ebenso vom Druckpartner *Aargauer Zeitung*. Sie konnten ihre Ausstände vergessen.

Verantwortlich für das Trauerspiel sind die Aktionäre von *.ch.* «Das Vorgehen», sagte auch VR-Präsiden Buob, «ist jenseits von Wunschdenken.» Hübsch formuliert, aber nicht sehr glaubwürdig. Buob, Partner der angesehenen Anwaltskanzlei Bratschi, Wiederkehr & Buob, vertrat die ruppige Tour. Mit dem Konkurs sparten die Investoren zum Schluss etwas mehr als fünf Millionen Franken. Innerhalb von 19 Monaten hatten sie zuvor mit ihrer Gratiszeitung 55 Millionen Franken versenkt.

Auch mir schuldet *.ch* noch 25 000 Franken, weil ich eine wöchentliche Kolumne für das Blatt schrieb. Meine Rechnungen wurden am Schluss nicht mehr bezahlt. Ich bekam dann einen Brief vom Konkursamt Zürich-Oerlikon. Es schrieb, ich könne meine Forderung vergessen. Ich bekomme aus der Konkursmasse Franken null.

25 000 sind also hin. Aber als Trost bleibt immerhin: Ich war beteiligt an einer echten Premiere der Schweizer Mediengeschichte.

SRG und SBB: Der Unterschied

In Bern hatte man eine recht gute Idee, versäumte es aber, zuvor Nicolas Sarkozy anzurufen.

Die Politik hatte also wieder einmal eine Idee. Sie möchte für TV und Radio eine Zwangsabgabe erheben. Alle Haushalte sollen für die SRG zahlen, auch jene, welche ihre Programme gar nicht nutzen.

Die Idee, dies vorweg, ist gut. Sie ist nur, wie so häufig, nicht zu Ende gedacht.

Es ist tatsächlich notwendig, das Verhältnis von Staat und SRG finanziell neu zu definieren. Die endlosen Diskussionen um Kosten, Gebühren, Programm und Qualität zeigen deutlich, dass es hier eine Klärung braucht. Die Konflikte drehen sich vor allem um das Fernsehen.

Es gibt nur zwei Möglichkeiten für die SRG. Sie kann wie die SBB oder wie die Swisscom agieren.

Die SBB bieten Service public, der in der freien Wirtschaft nicht überlebensfähig ist. Sie liefern ein Angebot, das durch die Privatwirtschaft nicht im gesellschaftlich erwünschten Unfang bereitgestellt werden könnte. Der Staatsbetrieb Bahn bekommt darum jährlich über zwei Milliarden an Subventionen. Pro Haushalt kostet das den Steuerzahler 680 Franken im Jahr. Bei der SRG, zum Vergleich, macht die Jahresgebühr 462 Franken aus.

Die Swisscom bietet Service public, der in der freien Wirtschaft hingegen refinanzierbar ist. Der Staatsbetrieb Swisscom braucht keine Subventionen. Er macht einen Reingewinn zwischen ein und zwei Milliarden Franken. Wenn wir den staatlichen Anteil am Unternehmen in daraus gewonnene Steuerfranken umrechnen, dann verdiente jeder Haushalt zuletzt an der Swisscom 320 Franken im Jahr.

Das Dilemma der SRG liegt darin, dass ihr Service public eine Mischform ist. 1,1 Milliarden ihrer Einnahmen stammen aus obrigkeitlichen Gebühren. Etwa 350 Millionen stammen aus der Werbung im freien Markt. Die SRG ist also den SBB näher verwandt als der Swisscom.

Anders als die SBB produziert die SRG jedoch Inhalte. Und damit sind wir beim Kern des Problems.

Die Einnahmen vom Staat verpflichten die SRG, hochstehende Programme mit Information, Bildung und Kultur zu produzieren. Das bedingt Qualität. Die Einnahmen aus dem Werbemarkt verpflichten hingegen die SRG, auf die Einschaltquoten zu achten. Das bedingt Boulevard.

Dieser Widerspruch ist unlösbar, solange die SRG die heutige Finanzierungsstruktur hat. Einerseits muss sie aufwändige Gefässe wie «Tagesschau» und «Rundschau» anbieten, weil die Politik das verlangt. Andererseits muss sie populäre Formate wie «Deal or No Deal» und «Music Star» liefern, weil der Werbemarkt das verlangt.

Frankreichs Präsident Nicolas Sarkozy hat diesen Konflikt ebenfalls erkannt. Er hat die Frage zu Ende gedacht. Seit 2009 dürfen die staatlichen Sender nach 20.00 Uhr keine Werbung mehr ausstrahlen. Nach 2011 soll es im öffentlich-rechtlichen TV überhaupt keine Werbung mehr geben. Sarkozy will, dass seine Kanäle nicht mehr auf die Einschaltquoten starren müssen. Er will, wenn der Staat schon zahlt, dass sie Qualität im Programm liefern.

Der Ausfall an Werbegeldern für die Staatssender wird kompensiert durch höhere Zuschüsse. Interessant ist, dass nicht nur Sarkozy so denkt. Auch in Deutschland wird dieselbe Forderung lauter. Vorbild ist beidenorts die britische BBC. Sie ist völlig werbefrei und zugleich der beste öffentlich-rechtliche TV-Sender dieses Planeten.

Auch unsere Politiker müssen zu Ende denken und dasselbe tun. Denn die Idee ist gut. Mit einer Zwangsgebühr für alle Haushalte und für alle grösseren Betriebe braucht die SRG keine Werbung mehr. Das macht sie unabhängiger und besser. Womöglich kostet es den Steuerzahler in diesem Modell am Schluss sogar weniger als die heutigen 462 Franken.

Die SRG würde damit zwar offiziell zum Staatsbetrieb, genauso wie die Swisscom und die SBB. Das ist nicht weiter wichtig. De facto ist die SRG das seit Langem – ein Staatsunternehmen.

Böse, böse, ganz böse

Politiker haben grosse Angst, von den Medien ignoriert zu werden. Sie reagieren mit absurden Gesetzen.

Endlich wissen wir, was ein böser Monopolist ist. Ein böser Monopolist ist ein Medienhaus, das sich erfrecht, neben seiner Tageszeitung auch noch Radio und TV zu machen und, noch schlimmer, überall erfolgreicher Marktleader zu werden.

Das muss natürlich mit voller gesetzlicher Härte verboten werden.

Es gibt in der Schweiz mindestens drei Medienhäuser, die Zeitung, Radio und TV so erfolgreich machen, dass sie kaum regionale Konkurrenz mehr haben. Das sind die Schurken von *St. Galler Tagblatt*, *Südostschweiz* und *Aargauer Zeitung*. Alle drei Verlagsunternehmen machen aus Sicht ihres Publikums gute Zeitungen, gutes Radio und gutes TV. So eine Sauerei.

Das Bundesverwaltungsgericht entzog darum 2010 den bösen Buben die Konzession. Tele Ostschweiz, Radio Grischa und Radio Argovia wurden auf den Prüfstand gestellt. Es spielt keine Rolle, ob diese Massnahme nur vorübergehend war. Denn es zeigt die Position des Gesetzgebers. Die drei Sender gehören den bösen Monopolisten von *St. Galler Tagblatt*, *Südostschweiz* und *Aargauer Zeitung*. Das gehört bestraft.

Was machen die bösen Monopolisten falsch? Sie bieten, so wissen Staat und Justiz, über alle ihre Medien nur eine Einheitsmeinung. All ihre Zeitungen, Radios und Fernsehsender verbreiten nur eine einzige, von oben vorgegebene Haltung. Es ist, so wissen der Staat und die Justiz, wie in der DDR.

Der Staat jedoch – hurra, hurra – will Meinungsvielfalt. Die setzt er dann mit voller gesetzlicher Härte durch. Artikel 45 des Radio- und TV-Gesetzes sagt zur Konzessionsvergabe: «Sind mehrere Bewerbungen gleichwertig, so wird jener Bewerber bevorzugt, der die Meinungs- und Angebotsvielfalt am meisten bereichert.»

Bereichernde Meinungsvielfalt ist definiert über den Handelsregisterauszug. Der Staat betrachtet Journalisten als Roboter ihrer Arbeitgeber. Er kann sich nicht vorstellen, dass Journalisten von *Tages-Anzeiger* und Tele Züri unterschiedliche Meinungen haben können. Die arbeiten schliesslich für denselben Verlag. Sobald dieselben Journalisten von Tamedia zur *NZZ* wechseln, so vermutet der Staat, ändern sie ihre Meinung innert Sekunden. Dann sind sie willige Sklaven ihres neuen Herrn.

Sie fühlen sich allmählich auf einer medienpolitischen Geisterbahn? Wir auch. Um die absurde Gesetzgebung zu verstehen, müssen wir in die Psyche unserer Politiker tauchen. Politiker haben kaum mehr Angst, wenn die Medien sie kritisieren. Sie haben gelernt. Das Beispiel Christoph Blocher zeigte ihnen, dass es ein Erfolgsrezept ist, von Journalisten geprügelt zu werden.

Politiker haben aber panische Angst davor, von den Medien ignoriert zu werden. Sie fürchten um ihre Wahrnehmung, wenn in ihrem Wahlkreis ein einziges Medienhaus dominiert. «Wehe», denken sie, «wenn man mich dort nicht mag. Dann habe ich keine Medienpräsenz. Ich werde abgewählt. Ich muss also das Monopol gesetzlich schleifen. Ich brauche Alternativen, um in die Medien zu kommen.»

Was wir deshalb erleben, ist eine Schande. Es gibt tolle Medienunternehmer im Land. Nehmen wir Hanspeter Lebrument von der *Südostschweiz*. Ihm ist zu verdanken, dass Graubünden weiterhin zwei Tageszeitungen hat. Dazu hat er mit viel Arbeit eine Multimediastrategie mit Radio und TV aufgebaut. Und nun haben wir ein Gesetz, das dieses Lebenswerk kaputt machen kann, wenn man will.

Oder nehmen wir Peter Wanner von der *Aargauer Zeitung*. Ihm ist zu verdanken, dass zwischen Baden, Liestal und Solothurn weiterhin vielfältige Regionalzeitungen bestehen. Dazu hat er mit viel Arbeit eine Multimediastrategie mit Radio und TV aufgebaut. Und nun haben wir ein Gesetz, das dieses Lebenswerk kaputt machen kann, wenn man will.

Es ist nicht von Belang, ob das Gesetz in jedem Fall durchgesetzt wird. Es gibt das Gesetz. Schlussfrage: Ist das wirklich die Marktwirtschaft, die wir wollten?

Simonetta Schneider-Sutter

Mehr Sorgen als um den Bundesrat machen wir uns um die Einschliessungsverordnung.

Heute stellen wir ein paar Fragen zur Zukunft der Schweiz. Wir beginnen mit einem Thema aus dem Departement für Umwelt, Verkehr, Energie und Kommunikation (Uvek).

Hier steht demnächst die Revision der Einschliessungsverordnung an. Es geht darum, wie der Umgang mit gebietsfremden wirbellosen Kleintieren aus dem Anhang 2 der Freisetzungsverordnung neu geregelt wird. Die Anhörung liegt vor.

Unsere Frage: Spielt es eine Rolle, ob bei der Revision der Einschliessungsverordnung und ihrer Ausweitung auf wirbellose Kleintiere der zuständige Bundesrat Jacqueline Fehr, Jean-François Rime oder Karin Keller-Sutter heisst?

Nun kommen wir zum Finanzdepartement. Hier steht demnächst die Umsetzung der Ressourcenallokation im Bereich von Investitionsgütern in der chemischen Routineanalytik an. Der Laborbericht liegt vor.

Unsere Frage: Spielt es eine Rolle, ob bei der Umsetzung der Ressourcenallokation in der Routineanalytik der zuständige Bundesrat Simonetta Sommaruga, Johann Schneider-Ammann oder Bruno Frick heisst?

Nein. Natürlich ist es in beiden Fällen völlig wurst. Es spielt keine Rolle, wer im Alltagsgeschäft ein Departement führt. Und selbst wenn es eine Rolle spielen würde, hätte das Parlament das letzte Wort. Allenfalls in der Aussenpolitik haben die Bundesräte – etwa für spontane EU-Gesuche – so etwas wie parlamentarisch unkontrollierte Freiräume. Aber dann hat das Volk das letzte Wort.

Was wir hier sagen, weiss jeder Journalist. Er weiss, dass Bundesräte Papiertiger sind. Warum also diese regelmässige Hysterie um Bundesratswahlen, in unserem Fall jene des Jahres 2010? Nach dem Rücktritt von Hans-Rudolf Merz erschienen in der Schweizer Presse über 1000 Artikel zum Thema Bundesratswahl. In 80 Prozent aller Sendungen der «Tagesschau» war die Bundesratswahl ein Thema.

Die Hysterie ist peinlich, aber erklärbar. Schweizer Journalisten sind staatsfixiert. Wenn im kleinen Mikrokosmos des Bundeshauses etwas passiert, drehen sie durch. Sie verlieren die Distanz, die sie für sich ansonsten beanspruchen. Schweizer Journalisten sind thematische Etatisten. Wir erklären es gerne mit einem Beispiel aus dem Radio. Drei Wochen vor der Wahl 2010 sagte CVP-Fraktionschef Urs Schwaller gegenüber DRS 1, seine Partei habe zur Wahl noch keine Entscheidung getroffen. Aufgrund dieser Sensation schaltete DRS 1 am Mittag eine Sondersendung ein. Die Journalisten verkündeten aufgeregt die Botschaft, die CVP habe noch keine Entscheidung getroffen.

Das Beispiel zeigt gut auf, wie Journalisten in einem institutionellen Medienhype funktionieren. Sie funktionieren nach dem Mechanismus der reduzierten Varianz.

Die Varianz, wie man weiss, ist das Mass dafür, wie stark einzelne Daten vom Mittelwert abweichen. Bei einem echten oder vermeintlichen Grossereignis reduziert sich diese Varianz rasant. Weil sich alle Journalisten auf dasselbe Thema stürzen, ist es für sie fast unmöglich, abweichende Daten zu generieren. Es ist fast unmöglich, sich vom Mittelwert mit echten, eigenständigen Informationen abzuheben.

Dann sinkt die Varianz ins Bodenlose. Jeder Nonsens weicht nun in der Eigensicht vom Mittelwert ab. Die Noninformation des Fraktionschefs wird darum im Radio zur Sensation. Für den *Blick* und die *NZZ* wird zur Sensation, wenn SP-Präsident Christian Levrat sagt, falls ein Bürgerlicher das Uvek übernehme, sei die SP gegen einen grünen Kandidaten, weil sonst die CVP einen zweiten SVP-Sitz unterstütze – oder wie war das genau?

In Stresssituationen reagieren Journalisten nervös. Die grösste

Stresssituation ist für sie, wenn sie zu einem Fall nichts Neues mehr herausfinden. Null Varianz. Wer nichts Neues mehr herausfindet, unterscheidet sich nicht von der Konkurrenz. Das ist für jeden echten Journalisten eine Blamage.

Wenn Journalisten eine Blamage fürchten, dann werden sie hektisch und verlieren den Überblick. Dann werden sie sozusagen zu gebietsfremden wirbellosen Kleintieren.

Einer wird gewinnen

Wir erzählen gerne ein paar alte TV-Geschichten, lernen aber dummerweise nichts daraus.

Der 9. April 1978 war ein grosser Tag der Mediengeschichte. Die Luzerner Quartiermeister tagten zur 800-Jahr-Feier der Stadt. Die Sitzung der Quartiermeister wurde direkt in 32 000 Haushalte übertragen, zweieinhalb Stunden lang. Die «Luzernovision», wie man das damals nannte, war die erste richtige TV-Privatsendung des Landes.

33 Jahre später plante auch das Medienhaus Ringier einen TV-Kanal. Ringier produzierte bereits Programme für das Schweizer Fernsehen und ist an Teleclub und Sat 1 Schweiz beteiligt. Ein eigener Sender fehlte noch. Marc Walder, Chef von Ringier Schweiz, hoffte auf Roger de Weck und Ruedi Matter, die Service-public-Fundamentalisten an der eidgenössischen Rundfunkspitze. «Unterhaltung interessiert die SRG immer weniger», so Walder, «das ist unsere Chance.»

Schön, dass Ringier auch mal im Spiel war. Fast jeder hat es schon mal gegen die SRG versucht. Wir erzählen kurz nach.

Zuerst kam die legendäre Margrith Trappe mit ihrem Tell-TV. Jahrelang unterhielt sie die Öffentlichkeit mit gigantischen Fernsehplänen und geheimnisvollen Investoren. Bundesrat Adolf Ogi gab ihr eine Konzession. 1993 ging Tell-TV in Konkurs, ohne auch nur eine Minute gesendet zu haben.

Dann kam der Verbund von *Tages-Anzeiger, Luzerner Zeitung, Basler Zeitung* und Unternehmer Beat Curti. Sie planten ein Programmfenster auf dem deutschen RTL-Kanal. Die SRG wehrte sich vehement, sekundiert von den Ringier-Medien, die das Projekt zum Landesverrat hochschrieben. 1994 verbot der Bundesrat die Idee.

Dann kam Roger Schawinski. 1998 startete er mit Tele 24, einem nationalen Newskanal nach dem Vorbild seines Lokalsenders Tele Züri. Auf Vorrat bekam er dafür den Gottlieb-Duttweiler-Preis. Weitere Preise blieben aus, weil der Marktanteil im Keller blieb. 2001 stellte Schawinski den schwer defizitären Sender ein und verkaufte seine restliche Mediengruppe an Tamedia.

Dann kam das deutsche Programmfenster. RTL und Pro Sieben versuchten, sich im Vorabendprogramm mit helvetischen News und Magazinen zu profilieren. Dutzende von Journalisten wurden eingestellt. Sendebeginn war im Sommer 1999, Sendeschluss sieben Monate später.

Dann kam Tamedia. Im Herbst 1999 startete TV3, bei dem ich die Ehre des VR-Präsidiums hatte. Der Sender erreichte schnell um sieben Prozent Marktanteil und wurde zur «ersten echten Bedrohung der SRG», wie es der damalige SF-Direktor Peter Schellenberg formulierte. Doch dann stieg der amerikanisch-luxemburgische Partner SBS aus Finanzgründen aus. Der börsenkotierte Medienkonzern brauchte das Geld dringender für seine Problemfälle in Skandinavien und Osteuropa.

Zugleich platzte die Dotcom-Blase und führte zu einem scharfen Rückgang der Werbeausgaben. Auch bei Tamedia brach der Inseratenerlös um jährlich 100 Millionen Franken ein. Der Sender war nicht mehr zu finanzieren. Nach zwei Jahren war Schluss.

Dann kamen Dominik Kaiser und Partner. Mit 3+ lancierte Kaiser 2006 ein Low-Budget-Vollprogramm. Er setzte auf eingekaufte Filme und Serien und nur selten auf teure Eigenproduktionen wie die Dokusoap «Bauer, ledig, sucht …». Kaisers Sender hat in der Prime Time heute einen Marktanteil von drei bis vier Prozent und schreibt eine schwarze Null. Er ist damit die erste Erfolgsgeschichte im Kampf gegen den Staatsfunk.

Irgendwann wird Kaiser seinen Sender verkaufen, zumindest zum Teil. Dann wäre er nicht nur der Erste, der der SRG standgehalten hat. Er wäre auch der Erste, der damit richtig Geld verdient hat.

Eine drollige Geschichte

TV, Radio, Internet: Einmal mehr ertönt der Schrei der gemarterten Verlegerseelen.

Immer wenn die Schweizer Zeitungsverleger nicht weiterwissen, verfassen sie ein wütendes Communiqué. Besonders gerne zielen sie mit ihren Communiqués gegen die SRG. Einer ihrer Dauerbrenner ist, dass sie «mit Vehemenz» verlangen, die SRG dürfe auf ihren Online-Seiten keine Werbung schalten.

Aus der Verlegerecke ertönte wieder einmal der Schrei der gemarterten Seelen. Es ist ein guter Anlass, die drollige Geschichte der Zeitungsverleger in den elektronischen Medien zu erzählen. Es ist die Geschichte fataler Fehlurteile.

1958, kurz nach dem TV-Start in der Schweiz, unterzeichneten die Zeitungsverleger und das Schweizer Fernsehen einen Vertrag. Die Verleger zahlten pro Jahr zwei Millionen Franken ans TV, dafür verzichtete das Fernsehen auf Werbung. Der Vertrag war auf zehn Jahre abgefasst. Es war ein schönes Beispiel von Verhinderungspolitik.

Doch schon kurz darauf wurde der Druck des Marktes zu gross. Die Werbekunden wollten TV-Spots auch in der Schweiz, so wie sie das im Ausland sahen. 1964 entstand darum die AG für das Werbefernsehen. 40 Prozent ihres Aktienkapitals hielt die SRG, 40 Prozent bekamen die Verleger, der Rest ging an Vorort, Bauern- und Gewerbeverband. Die Verleger bremsten nun, wo sie konnten. Sie erlaubten nur 13 Minuten TV-Werbung pro Tag.

Der Druck des Marktes wuchs aber immer weiter. Die Nachfrage nach TV-Werbung war bald doppelt so gross wie das Angebot. Der damalige SRG-Chef Stelio Molo machte darum Druck auf die Verleger. Sie verliessen schliesslich schmollend die AG für das Werbefernsehen und gaben ihre 40 Prozent an Aktien an das Staatsunternehmen ab. Am Schluss hatte die SRG gewonnen.

Die nächste Chance für die Zeitungsverleger kam 1983. Sie bekamen endlich eigene Privatradios. Sie hüpften freudvoll von einem Bein aufs andere und glaubten, nun endlich an Werbung in den elektronischen Medien heranzukommen. Leider übersahen sie die Raffinesse der SRG, die zugleich DRS 3 lancierte. Dadurch erhöhte sich der vereinigte Marktanteil der SRG-Radios auf rund zwei Drittel. Die Lokalradios hingegen blieben hörerschwach und verdienen heute mit wenigen Ausnahmen kein richtiges Geld. Am Schluss hatte die SRG gewonnen.

Die nächste Chance für die Zeitungsverleger kam 1995. Sie bekamen endlich eigene, lokale TV-Sender. Sie hüpften freudvoll von einem Bein aufs andere und glaubten, nun endlich an Werbung in den elektronischen Medien herazukommen. Leider übersahen sie die Schlauheit der SRG, die sich mit dem neuen Radio- und TV-Gesetz einzigartige Privilegien sicherte. Die Verleger bekämpften das Gesetz nicht, sondern jammerten lieber über die Verluste ihrer TV-Sender.

Die nächste Chance für die Zeitungsverleger kam im Jahr 2000. Im Internet begann das Werbezeitalter. Geld verdienen konnte man, wenn man Anbieter von Finanzprodukten, Stellen, Service und Shops auf die eigene Seite brachte. Doch die Verleger glaubten, das Internet sei bloss eine Zeitung auf dem Computer. Sie bauten in der Mehrzahl keine erfolgreichen Finanz-, Stellen-, Service- und Shopping-Portale, sondern setzten auf News und klassische Online-Inserate im Netz. Natürlich blieben sie im Internet defizitär.

Auch hier dürfte am Schluss die SRG gewinnen. Beim Fernsehen lassen sich Bildschirm und Online nicht mehr trennen. Es spielt in Zukunft keine Rolle mehr, wo man bewegte Bilder konsumiert, ob zu Hause auf der Couch oder auf dem Tablet unterwegs. Was am

Fernseher beginnt, wird von den Sendern im zweiten Teil zudem nahtlos im Internet weitergeführt, mit Gewinnspielen, Chats, Shops und Videos. Verhindern lässt sich das nicht. Werbekunden wollen nicht TV-Spots schalten und dann, wenn es kommerziell zusätzlich interessant wird, im zweiten Teil im Netz draussen bleiben.

Natürlich haben wir die drollige Geschichte der Zeitungsverleger etwas verdichtet erzählt. Als Lehre aber bleibt, dass der Markt nicht funktionierte. Aktiv war jeweils das Staatsunternehmen, reaktiv die Privatwirtschaft.

Bundesamt für Kontrolle

Auf dem Weg zum Polizeistaat kommt die Schweiz in den Medien am zügigsten voran.

Wie macht man gutes Privatradio? Wir stellen uns vor, dass dies so schwierig nicht ist. Man spielt ab Festplatte ein paar flotte Hits und schiebt regelmässig News, Verkehr und Wetter dazwischen. Dann dürfen die Hörer anrufen und sagen, ob sie es gut oder nicht so gut finden. Dann kann man eine CD von Ex Libris gewinnen.

Da haben wir uns aber gehörig getäuscht. Gutes Privatradio kann man nur machen, wenn der Staat das überwacht. Der Staat kontrolliert darum, ob es in Radios konzessionierte Geschäftsordnungsreglemente gibt sowie längsschnittige Qualitätssicherungssysteme, etablierte Programmoptimierungsmechanismen und abnahmeprozessuale Evaluationsberichte. Das ist die Sprache des Staats.

Der Staat ist in unserem Fall das Bakom. Bakom ist die Abkürzung für Bundesamt für Kommunikation. Besser wäre Bakon, Bundesamt für Kontrollwahn.

In den elektronischen Medien ist die Schweiz inzwischen ein hübscher Polizeistaat geworden. Das neuste Beispiel ist die Kontrolle der 41 privaten Radios und 13 regionalen Fernsehkanäle. «Redaktionelle Qualitätssicherung bei privaten UKW-Radio- und TV-Veranstaltern» heisst das Projekt. Aus Platzmangel beschränken wir uns auf die – wörtlich zitiert – zentralen Punkte, die vom Bakom überwacht werden.

a) Liegen in den Sendern qualitätssicherungsrelevante Dokumente vor und sind darin inhaltliche und formale Qualitätsstandards formuliert? Finden sie in der journalistischen Praxis Anwendung?

b) Welche Mechanismen und Strukturen zur Vorbeugung von redaktionellen Fehlleistungen bestehen? In welcher Weise sind sie im journalistischen Alltag erkennbar?

c) Sind die vorhandenen personellen Ressourcen des Veranstalters ausreichend?

d) Sind die Anstrengungen der Sender im Bereich der Aus- und Weiterbildung der Programmschaffenden angemessen?

Alle zwei Jahre werden die privaten Radio- und TV-Anbieter nach diesem Schema überprüft. Das Bakom hat dafür vier externe Zertifizierungsfirmen beauftragt. Das kostet rund 20 000 Franken pro Sender.

Machen wir uns nichts vor: Es ist eine saubere, zentralstaatliche Überwachung privatwirtschaftlich angestellter Journalisten. Gefördert wurde dies dadurch, dass unsere Medienhäuser über das sogenannte Gebührensplitting neu Subventionen vom Staat beziehen. Das nutzte das Bakom gnadenlos aus und installierte in der Schweiz eine staatliche Medienpolizei.

Die Polizei büsste etwa die Ringier-Sendung «Gesundheit Sprechstunde», weil ein Sponsor nicht genannt wurde. Das Bakom verbot Onlinespiele wie «Fussball Challenge». Das Bakom untersuchte Tele Bärn, Tele Basel und ein Dutzend weitere Sender auf Spuren von Schleichwerbung. Das Bakom verbot den Privatradios, Radarwarnungen auszustrahlen. Und so fort.

Das Bundesamt für Kontrollitis und sein Vorsteher Martin Dumermuth meinen es bitterernst. Wehe, wenn dem Bakom die programmliche Relevanz eines Radios missfällt, wehe, wenn ihm der Personalbestand eines TV-Regionalsenders zu gering erscheint, wehe, wenn die Zentralbehörde ungenügende Massnahmen gegen journalistische Fehlleistungen aufspürt. Es wird immer wieder staatliche Strafen setzen.

Man könnte die Frage auch anders angehen. Man könnte sagen, dass ein Sender mit einem schlechten Programm ohnehin kein Publikum findet. Man könnte sagen, damit sei er gestraft genug.

In diesem Fall würde der freie Markt entscheiden. Das darf in einem Polizeistaat nicht sein.

Serengeti darf nicht sterben

Dank unseren Zeitungshäusern können wir den Kindern zeigen, wie TV 1965 ausgeschaut hat.

Letzte Woche haben wir wieder einmal die «NZZ-Standpunkte» eingeschaltet. Es war grossartig.

Im Studio sass der Chefredaktor der *NZZ*. Der Chefredaktor der *NZZ* schaute besorgt in die Kamera, runzelte die Stirn, schaute stirnrunzelnd den Kabarettisten Franz Hohler an und sagte: «Die Börse taucht, die Leute machen sich Sorgen – wie gehen Sie damit um?»

«Ja, wie gehe ich damit um?», sagte Hohler. Grossartig.

Ältere TV-Semester wie wir erinnern sich noch an Alphons Matt. «Tatsachen und Meinungen» hiess in den Sechzigerjahren seine Schwarzweiss-Sendung, die auf demselben Grundmuster aufbaute. Ein Journalist mit hoher TV-Untauglichkeit lädt unwissende Gäste ins Studio ein und stellt ihnen dort sterbenslangweilige Fragen, und das eine Stunde lang.

Die «NZZ-Standpunkte» von letzter Woche schalteten neben uns noch weitere 32 000 Haushalte ein. Das ist sehr wenig, aber die Regel dieses Gefässes. Eigentlich müsste man dieses Minderheitenprogramm der extremen Minderheiten längst aus dem Programm kippen. Man tut es nicht, aus historischen Gründen.

Wir erzählen also kurz ein Kapitel skurriler Fernsehgeschichte. In den Neunzigerjahren begann in den Schweizer Verlagshäusern der dringende Wunsch zu lodern, man müsse nun nationales TV machen. Am liebsten hätten die Schweizer Verleger am Bildschirm einfach ihre Zeitungen vorgelesen. Sie liessen sich aber von Fernsehprofis überzeugen, dass dies nur die zweitbeste Lösung sei.

Es entstand der Verbund des Presse-TV, zu dem heute die Verlage NZZ, Ringier, Basler Zeitung und Axel Springer Schweiz gehören. 1995 ging man erstmals auf Sendung, auf dem DRS-Zweitkanal, der damals noch Schweiz 4 hiess und zwei Jahre später in SF 2 umbenannt wurde.

Weil man die eigenen Zeitungen am Bildschirm leider nicht vorlesen konnte, verfiel man auf ein verwandtes Konzept. Man schickte die eigenen Journalisten ins Studio, die dort Themen vorstellten, über die sie in ihren Zeitungen schrieben. Es entstanden Sendungen wie «Basler-Zeitung-Standpunkte», «Gesundheit-Sprechstunde», «Handelszeitung-Börsenstandpunkte» und «Bilanz-Business-Talk».

Die Verlagshäuser waren überglücklich, dass sie ihre Zeitungen nun indirekt doch am Fernsehen vorlesen durften. Noch fröhlicher machte sie, dass sie dafür auch noch Subventionen einstreichen konnten. 12 Millionen Franken im Jahr bekommt Presse-TV jährlich vom Schweizer Fernsehen, teils eine Programmpauschale und teils eine Werbeabgeltung.

Die jährlichen 12 Millionen an die Verleger waren gut angelegt. Die Medienhäuser kamen zuerst einmal nicht auf die Idee, mit einem Privatsender die SRG direkt zu konkurrenzieren. Wenn sie das gemeinsam getan hätten, wäre es gefährlich geworden.

Dann honorierten sie die Grosszügigkeit der SRG auch auf politischer Ebene. Seit im Jahre 2000 die Arbeit zum neuen Radio- und TV-Gesetz begann, opponierten die Verleger nie gegen die monopolistischen Machtansprüche der SF-Kanäle. Als das Gesetz 2007 in Kraft trat, hatte SF sich eine Marktstellung gesichert, von der andere Staatssender wie RAI, ARD, ZDF und Antenne 2 nur träumen können.

Die SRG-Spitzen in Bern sind nicht blöd. Deswegen lassen sie die Verleger in ihrem TV-Sandkasten spielen. Solange sie spielen, sagen sie sich, machen sie nichts Dümmeres.

Frankenstein im Zwergenland

Politik ist die Kunst des gezielten Scheiterns. Niemand konnte das besser als Armin Walpen.

Wenn die Dänen nicht wären, dann wären wir vorn. 462 Franken kosten unsere Radio- und TV-Gebühren, der zweithöchste Wert Europas. Wir zahlen dreimal so viel wie in Italien, doppelt so viel wie in England und immer noch 140 Franken mehr als in Deutschland und Österreich.

Die Zwangsgebühren sind darum seit je ein politischer Strassenfeger. Bürgerliche Politiker ereifern sich, die Fernmeldekommission des Nationalrats ist besorgt, eine Volksinitiative ist wie immer ist in Vorbereitung.

Es ist eine künstliche Aufregung. Die Politiker betreiben kultische Ersatzhandlungen.

Kultische Ersatzhandlungen braucht es, wenn man das Gewissen erleichtern will. Genau das ist der Fall. Mit der SRG, das wissen unsere Politiker genau, haben sie ein Monster geschaffen. Das Monster ist viel zu gross für dieses zwergenhafte Land.

Die SRG bietet 8 TV-Kanäle und 18 Radioprogramme. Dauernd kamen neue Angebote hinzu, zuletzt die TV-Kanäle SF Info und HD Suisse, dazu Radio DRS 4. Kein vergleichbares Land kennt in den Medien eine solche Staatsdominanz. Selbst Österreichs ORF, eines der wenigen Hardcore-Monopole ausser der SRG, kommt mit 3 TV-Sendern aus.

Das Glanzstück der SRG war die gesetzliche Verhinderung der privaten Konkurrenz. Im Radio sind landesweite Privatsender verboten. Im TV kommt es auf dasselbe hinaus, weil die SF-Sender Gebühren einstreichen und dennoch keine Beschränkung der Werbezeit kennen. Anders als ARD und ZDF dürfen sie nach 20.00 Uhr Werbespots schalten. Privatsender haben darum keine Chance.

Warum das so ist? Es ist zu einem grossen Teil auch das Verdient eines Wallisers, der fünfzehn Jahre an der Spitze der SRG stand. Inzwischen ist er zwar in Pension, aber sein Erbe ist beeindruckend. Wir können ihm für sein Lebenswerk nur auf die Schulter klopfen. Er ist der Schöpfer des Monsters, das auch Viktor Frankenstein nicht besser hingekriegt hätte. Der Walliser Walpen war ein äusserst begabter Stratege. Seine Strategie beruht auf der Erkenntnis, dass Politiker gern in kultische Ersatzhandlungen flüchten.

Walpen inszenierte darum umsichtig die eigenen Niederlagen. Er wusste, dass ein Monster regelmässig eine Schlacht verlieren muss. Sonst wird das Monster zu dominant. Also organisierte er Schlachten, in denen er gezielt unterging.

Es gibt viele Beispiele dafür, wie absichtsvoll und gekonnt er sein Scheitern plante. Mal propagierte Walpen einen Pay-TV-Kanal, nur, um damit grandios zu scheitern. Mal plädierte er für höhere Radio- und TV-Gebühren, nur, um damit grandios zu scheitern. Mal wollte er Fussball und Formel 1 und Volksmusik aus dem Programm kippen, um damit grandios zu scheitern. Dann plante er einen Kinderkanal, um damit grandios zu scheitern. Dann liess er die Idee eines eigenen Kulturkanals scheitern.

Walpen war der Beste seiner Zeit, wenn es darum ging, den Politikern einen Triumph zu gönnen. Die Politiker jubelten bei seinen zahlreichen Niederlagen. Sie begriffen nie, dass die Niederlagen sorgfältig und vorausschauend inszeniert wurden. Sie realisierten nicht, dass sie zu kultischen Ersatzhandlungen verführt wurden.

Im Spätsommer 2010, vier Monate vor seiner Pensionierung, ging Armin Walpen für einen «chirurgischen Routineeingriff» ins Spital und blieb dann zwei Monate ausser Gefecht. Ich fragte mich lange, wo diesmal der Trick liegen könnte. Ich glaube, es war kein Trick, ausnahmsweise.

Warum nicht mal eine kleine Polemik?

Die Schweizer Verleger sind bestechliche und geldgierige Schmiergeld-jäger ohne jede Ethik.

Unsere heutige Kolumne hat zwei Teile. Der erste Teil ist der betriebswirtschaftliche, der zweite Teil ist der politische.

Im betriebswirtschaftlichen Teil werden wir die Haltung der Schweizer Verleger nüchtern analysieren. Im politischen Teil werden wir dann die Haltung der Schweizer Verleger mit einer wüsten Polemik niedermachen.

Die Schweizer Verleger kontrollieren in der Schweiz nicht nur Zeitungen und Lokalfernsehstationen, sondern auch die regionalen Radios. Alle grossen Verlage wie die von *Tages-Anzeiger, NZZ, Aargauer Zeitung, Basler Zeitung* und *Berner Zeitung* haben einen bis zwei Radiosender in ihrem Besitz.

Erfolgreich sind sie damit nicht. Der Marktanteil der Radiowerbung stagniert bei knapp 3,5 Prozent. Darum beschlossen nun die Schweizer Verleger, die gemeinsame Vermarktung ihrer Sender, den sogenannten Swiss Radio Pool, an einen Dritten zu delegieren. Der Dritte ist die SRG.

In einer betriebswirtschaftlichen Analyse kann man das nachvollziehen. Die SRG kennt den Markt, und sie bietet den Verlegern hervorragende Konditionen, konkret: sehr tiefe Kommissionen. Sie kann das tun, weil sie nicht gewinnorientiert arbeiten muss. Es ist also denkbar, dass die Verleger in Zukunft ein paar Millionen mehr mit Radiowerbung verdienen werden.

Damit endet der betriebswirtschaftliche Teil, und wir kommen zur Polemik.

Es ist entsetzlich, welch jammervolle Rolle die Schweizer Verleger einmal mehr spielen. Einmal mehr verkaufen sie für ein paar lächerliche Millionen ihre Seele. Schweizer Verleger würden auch ihre Grossmutter an den Teufel verschachern, wenn ihnen dafür ein paar Batzen im Kasten klingen würden.

Unternehmer zu sein, ist eine Haltung. Diese Haltung geht den Medienhäusern völlig ab. Es ist entsetzlich, wie die Verleger mit klebrigen Fingern nach staatlichen Geldern und Geschenken greifen. Sie nennen sich Unternehmer, in Wirklichkeit aber sind sie Kleinkrämer ohne jede unternehmerische Statur, Ethik und Ehre.

Wir kommen in unserer Polemik langsam in Fahrt und nutzen den Schwung, um das ordnungspolitische Sündenregister unserer Verleger kurz abzurunden.

Ringier, NZZ und Basler Zeitung möchten gern nationales Fernsehen machen, schaffen das aber selber nicht. Also lassen sie sich jährlich mit 12 Millionen Franken von der SRG schmieren, produzieren damit Sendungen wie «Standpunkte» und «Café Bâle» und «Cash-TV» und spulen sie auf SF 2 unter Ausschluss der Öffentlichkeit ab. Es ist grausig.

Mit ihren lokalen TV-Sendern wie M1, Tele Ostschweiz, Tele Züri und Tele Bärn stecken die Verleger seit Jahren in den roten Zahlen. Nun haben sie im neuen Radio- und Fernsehgesetz 28 Millionen Franken pro Jahr herausgeholt, die sie unter sich verteilen und zur Sanierung ihrer Serbelsender verwenden dürfen. Das Schmiergeld stammt wiederum aus dem Gebührentopf der SRG. Es ist grausam.

16 Millionen Franken haben die Verleger auch für die Lokalradios herausgeholt. Damit können sie nun ihre reichlich erfolglosen Kleinsender wie Radio Grischa und Radio Ri stärker subventionieren. Selbstverständlich stammt auch dieses Schmiergeld aus dem Gebührentopf der SRG. Es ist grässlich.

Nur zur Vervollständigung wollen wir kurz anfügen, dass die Verleger 80 Millionen Franken im Jahr vom Staat für verbilligte Zeitungstaxen geschenkt bekommen. Nur zur Vervollständigung wollen wir kurz anfügen, dass die Verleger jedes Jahr 20 Millionen Franken für absurde Strafzölle auf ausländische Druckerzeugnisse geschenkt bekommen. Nur zur Vervollständigung wollen wir kurz anfügen, dass die Verleger eine reduzierte Mehrwertsteuer bezahlen und jährlich gut 160 Millionen Franken vom Staat geschenkt bekommen. Es ist grauenvoll.

Wenn wir zusammenrechnen, streichen die stolzen Schweizer Verleger rund 320 Millionen Franken pro Jahr an staatlichen Geldern ein. Ohne diese 320 Millionen bliebe ihnen unter dem Strich nicht viel. Freie Marktwirtschaft nennen sie das.

Immerhin, bis jetzt haben die Verleger nur die hohle Hand gemacht. Indem sie nun die SRG auch ihre Radios vermarkten lassen, gehen sie noch einen visionären Schritt weiter. Sie lassen den Staat neuerdings auch ihre Geschäfte führen und ihre Märkte kontrollieren.

Wir halten das für ein zukunftsweisendes Modell und schlagen darum gern den nächsten Schritt vor. Eine Fusion der SRG mit den privaten Medienhäusern ist die logische Folge und deckt sich mit den Intentionen beider Seiten. Neben der Swisscom gibt es dann die ähnlich grosse Swissmediacom.

Vernünftig erscheint uns in der Swissmediacom ein Aktienverhältnis von 51 Prozent für den Staat und 49 Prozent für die Verleger. Einer muss schliesslich das Sagen haben.

«Ja, die Quote war mir wichtig.»
Interview mit Ingrid Deltenre, Chefin der European Broadcasting Union

Ingrid Deltenre war bei Ringier Verlagsleiterin der Wirtschaftszeitung Cash. *Sie wechelte ins Marketing von Credit Suisse und wurde danach Direktorin der SRG-Tochter Publisuisse, welche die TV-Werbung vermarktet. Im Januar 2003 wurde sie als Direktorin des Schweizer Fernsehens DRS gewählt. Seit Anfang 2010 ist sie Vorsitzende der Generaldirektion der European Broadcasting Union (EBU) in Genf.*

Ingrid Deltenre, Sie sind als EBU-Chefin die Spezialistin für Quervergleiche. Gibt es ein Land mit einer ähnlich grossen Dominanz der staatlichen Kanäle wie die Schweiz?

Es gibt in der Schweiz keine starke private Konkurrenz, das ist die einzigartige Situation. In anderen kleineren Ländern wie Belgien oder Dänemark gibt es das. Vielerorts jedoch ist die Dominanz der Öffentlich-Rechtlichen mindestens so gross wie in der Schweiz, wenn wir den Marktanteil betrachten.

Und warum hat es die Schweiz nie zu einem echten Privatfernsehen gebracht?

Weil die Schweiz zu spät den Markt liberalisierte. Die ersten Liberalisierungsschritte gab es erst in den Neunzigerjahren. Für ein Land, das dermassen stark verkabelt ist wie die Schweiz, war das deutlich zu spät. Viele Positionen waren bezogen. Die deutschen Privatsender, die hier über Kabel sendeten, hatten alle ihre Fehler schon früh in den Achtzigerjahren machen können. Als die ersten Schweizer Privaten starteten, mussten sie gegen längst etablierte Sender antreten. Das war zu hart.

Die Politik verzögerte den Prozess auch noch, als die Liberalisierung endlich beschlossen war.

Das kompetitive Umfeld wurde bei uns immer durch die Politik definiert. Sie bremste. Andernorts war man weitsichtiger. ITV zum Beispiel, als erster privater Konkurrent zur BBC, wurde 1956 gegründet. Ähnlich spät wie die Schweiz hat nur Österreich dereguliert.

Es ist also weniger das Problem, dass die Schweiz zu klein ist für privates TV.

Das ist weniger entscheidend. Andere kleine Länder wie Holland, Belgien, Schweden, Dänemark haben früher liberalisiert. Hier ist dadurch eine echte duale Marktsituation entstanden. Die privaten TV-Kanäle sind meist in der Hand von nationalen Verlegern oder internationalen Medienkonzernen.

Als man in der Schweiz dann endlich den Markt öffnete, tat man das nicht sehr konsequent.

Die Strategie der Schweizer Politik war merkwürdig. Einerseits hat man geradezu überliberalisiert, indem man ausländische Werbefenster zuliess. Das war der Sündenfall. Für mich sind heute die Werbefenster das grösste Problem unseres Marktes. Die SRG lobbyierte damals für diese Fenster. In vielen Ländern sind Werbefenster zu Recht verboten. Man bekommt nur Werbung, wenn man auch Programme liefert.

Im Gegenzug bekam die SRG keine anderen Werbebeschränkungen.

Richtig, anders als ARD und ZDF darf das Schweizer Fernsehen auch nach 20.00 Uhr Werbung einbuchen Die gleiche Regelung wie in Deutschland gibt es auch in Frankreich und in Spanien. Allerdings wurden die Sender mit der Erhöhung des Beitrags aus der Staatskasse für diese wegfallenden Werbeerträge kompensiert. In der Schweiz würde ein entsprechendes Verbot zu einer Erhöhung der Fernsehgebühr führen.

Hat heute ein Privatsender in der Schweiz noch eine Chance, auf mehr als zwei, drei Prozent Marktanteil zu kommen?

Das hängt stark vom Schweizer Fernsehen ab. Wenn ich dessen Strategie richtig verstehe, will man in den nächsten Jahren den Service public noch enger definieren und zum Beispiel das Kulturangebot zulasten der Unterhaltung verstärken. Falls das zu einem Rückgang der Marktanteile führt, bedeutet das automatisch, dass Private profitieren.

Je weniger aggressiv SF 1 und SF 2 programmieren, desto besser für die Konkurrenz.

Im Prinzip ja. Nur sind gerade auch Sender wie RTL und Pro Sieben bei den Jungen enorm stark. Wenn man sich als Privater daneben nur als Abspielsender positioniert, kommt man auf keinen grünen Zweig. Quote macht man nur mit Eigenproduktionen.

Private hatten es auch zu Ihrer Zeit als TV-Direktorin schwer. Sie pflegten eher ein Quotendenken.

Ja, die Quote war mir wichtig. Das oberste Primat hatte für mich die Quote aber nur in einer bestimmten Zeitschiene, nämlich in der Prime Time zwischen 19.00 und 21.00 Uhr. Daneben haben wir Sendungen wie «Kulturplatz», «Einstein» und die Wirtschaftssendung «Eco» lanciert und zudem den Bereich des Dokumentarfilms ausgebaut. Das hätten wir nicht getan, wenn nur die Quote gezählt hätte.

Quote ist ein Wort, das manchmal selbst in der SRG-Spitze eher abschätzig verwendet wird.

Die Prime Time hat eine Lokomotivfunktion. Wenn die Zuschauer hier erfolgreiche Sendungen finden, dann werden sie im Anschluss daran auch andere Sendungen sehen und auf diesem Kanal auch andere Themen suchen. Unterhaltung ist darum wichtig, weil sie das Publikum zu Formaten führen kann, die es sonst nicht sehen würde. Sender wie die SRG oder ORF brauchen eine hohe Akzeptanz. Wenn sie die Mehrheit nicht mehr erreichen, dann fragen sich die Leute, wofür sie eigentlich Gebühren bezahlen.

Es ist eine Gratwanderung. Wenn der Marktanteil von 33,9 Prozent auf 32,8 Prozent fällt, heulen die Medien auf und rufen die TV-Krise aus. Wenn man dann populäre Formate bringt, heulen sie wieder.

Damit muss man sich abfinden. Ob du Quote verlierst oder ob du Quote holst – nie ist es recht. Wenn man Quote verliert, ist man unfähig. Wenn man Quote zulegt, ist man populistisch. Es war mir immer wichtig, grundsätzlich ein solides und berechenbares Programmangebot zu bieten und ab und zu ein paar Experimente zu wagen. Die Opern-Events waren ein gutes Beispiel.

Und kosteten auch einiges.

Was ist die teuerste Wochensendung am Schweizer Fernsehen? Das ist «Kulturplatz». Sie ist teurer als «Kassensturz» und teurer als «Rundschau». Sie erreicht einen Marktanteil von sieben bis zehn Prozent. Es ist klar, dass sich der Chef eines Privatsenders so etwas nie leisten würde.

Ist die Diskussion über den Service public in der Schweiz besonders heftig?

Nein. Sie ist überall vergleichbar. Fast überall haben sich die Öffentlich-Rechtlichen geöffnet, haben mehr Geld in die Programminnovation investiert, haben sich verjüngt und sind dadurch in der Wahrnehmung kommerzieller geworden. Sie müssen in ganz Europa die Frage beantworten: Wodurch unterscheidet ihr euch überhaupt?

Und wie wird die Frage beantwortet?

Die Öffentlich-Rechtlichen haben mehr Eigenproduktionen und ein grösseres Informations- und Kulturangebot als die Kommerziellen. Der Markt allein würde das nicht finanzieren. Aber auch in der Unterhaltung, gerade mit ihren Reality-Formaten, gehen die Privaten wesentlich weiter als die Öffentlich-Rechtlichen.

Welche Sender gehen bezüglich der Unterhaltung am weitesten in Richtung Privatfernsehen?

Vermutlich die BBC und die italienische RAI. Den reinsten Service public bieten ARD und ZDF. Die anderen, auch die Schweizer, liegen irgendwo im Mittelfeld.

Zumindest in den Ankündigungen der Öffentlich-Rechtlichen wird allerdings der Service public wieder beschworen. Mehr Relevanz, mehr Politik.

Wichtiger ist mehr Eigenleistung. Das ist das Unterscheidungsmerkmal. Ich glaube allerdings auch, dass die Öffentlich-Rechtlichen mittelfristig eher konservativer werden. Sie stehen unter Druck, anders zu sein als die kommerziellen Sender. Dieser Druck kann nicht schaden, denn ich glaube auch, dass es für sie existenziell ist, sich von privaten Anbietern zu unterscheiden.

Wenn Eigenleistung wichtig ist, kann man so etwas wie einen Zukunftstrend erkennen?

Die Innovationstreiber sind die Benelux-Sender. Sie nehmen einen Trend der Branche vorweg. Sie wissen, dass weiterhin Reality wichtig ist, dass aber Big Brother und Supermodels ausgedient haben. Sie entwickeln neue, eigenwillige Reality-Formate, etwa zu Themen wie Ausländer oder Behinderte. Sie suchen nicht mehr künstliche Reality irgendwo im Dschungel, sondern authentische Reality im Alltagsleben, mit authentischen Personen und authentischen Geschichten. Bei SF sind es die Dokumentarfilme und das Angebot von «SF bi de Lüt», die diesem Trend entsprechen.

Dass sich öffentlich-rechtliche Sender abgrenzen, hat vermutlich auch mit dem politischen Druck zu tun. Das wird beim Schweizer Fernsehen nicht anders sein.

Die Tendenz ist generell zu beobachten. Der Druck kommt von Verlegern und kommerziellen Fernsehveranstaltern. Aber es gibt auch anderen politischen Druck. Als ich in der Schweiz anfing, hat man vielleicht mal einen Bundesrat angerufen. Das hat sich enorm intensiviert. Die Parteien führen heute Buch darüber, wann, wie und wie oft sie am Fernsehen auftreten. Das tönt dann von den Parteipräsidenten zurück.

Wer sind die aktivsten?

Christophe Darbellay von der CVP und Fulvio Pelli von der FDP. Da wurden wir gerne zu Sitzungen im Bundeshaus zitiert.

Ist es andernorts besser?

Kaum. Es kommt noch hinzu, dass sich einige Öffentlich-Rechtliche, wie beispielsweise in Holland, von einem Gebühren- und Werbemodell zu einem Steuermodell entwickeln. Damit werden ihre Budgets vom Parlament verabschiedet. Dadurch nehmen auch die politischen Interventionen zu. Aber am ärgsten ist es in einigen osteuropäischen

Ländern, wo man sich immer noch schwertut, die Sender in die Unabhängigkeit zu entlassen.

Was können Sie dagegen tun?

Wir von der European Broadcasting Union sind hier noch der beste Gegendruck. Wir haben Zugang zu Regierungen und zu Parlamenten. Wir versuchen, für die Meinungsfreiheit und für eine nachhaltige Finanzierung zu kämpfen. Je höher die Medienfreiheit in einem Land, desto niedriger die Korruption.

Und im Westen?

Machen wir uns nichts vor. Präsidenten wie Nicolas Sarkozy oder Silvio Berlusconi versuchen natürlich, ihre Leute an den entscheidenden Stellen zu platzieren. Am saubersten scheinen mir der Medienbetrieb und der politische Betrieb in Skandinavien getrennt.

Wie sieht TV in zehn Jahren aus?

Der Unterschied zu heute ist nicht so gross. Gute News, gute Filme, gute Doks, ein paar gute Shows in bester Audio- und Video-Qualität, aber nicht in 3D. Das Angebot wird noch grösser und die Zuschauerzahl wird kleiner. Um die passende Sendung zu finden, muss man sich nicht mehr minutenlang durch die Kanäle zappen. Man sucht und findet sie, wie man es vom Internet gewohnt ist.

Und wo wird man TV konsumieren?

In erster Linie immer noch vor dem Bildschirm. Man hält weiterhin die Fernbedienung in der Hand, man will nicht gross nachdenken, man will sich entspannen, man will sich unterhalten. Man will ein bisschen was für den Kopf, aber nicht zu viel. Bleiben wird auch, dass man TV zu zweit oder zu dritt konsumiert.

Internet spielt also als Abspielgerät keine entscheidende Rolle?

Internet wird eher einen formalen Einfluss haben. Die Bedienungsfreundlichkeit des Fernsehens wird an Internet gemessen werden, die Suchfunktionen, die Selektionsmöglichkeiten, die zusätzlichen Informationen, die interaktiven Möglichkeiten.

Wenn der klassische TV-Konsum erhalten bleibt, dann wird das Publikum noch mehr überaltern.

Ja, die Überalterung wird in den nächsten Jahren weiter zunehmen. Und hier spielt nun das Internet doch eine Rolle. Viele jüngere Zuschauer werden über Internet zum ersten Mal den Kontakt zu einem öffentlich-rechtlichen Kanal finden. Dies wird aber nur dann passieren, wenn die Sender hier neue, alternative Angebote erfinden. Stream allein genügt nicht.

Fast alles bleibt also beim Alten.

Nicht alles bleibt, aber die Couch bleibt.

Netzwerker, Surfer, Briefeschreiber

Welche Rolle in den Medien die Leser, Hörer und Zuschauer spielen

Wie informiere ich mich richtig?

Für die Zeitungslektüre hat man 15 bis 30 Minuten Zeit. Effizienz ist alles. Eine Lehrstunde.

Zeitunglesen ist ja keine eigentliche Tätigkeit. Zeitunglesen ist stets nur eine begleitende Tätigkeit zu anderen, wichtigeren Tätigkeiten. Diese anderen, wichtigeren Tätigkeiten können sein: Tram fahren, auf der Toilette sitzen, das Frühstück einnehmen, Arbeitszeit verbringen.

Weil Zeitunglesen nur eine Begleitung zu anderen, wichtigeren Tätigkeiten ist, kann das Zeitunglesen jederzeit durch diese wichtigeren Tätigkeiten beendet werden. Die wichtigere Tätigkeit kann enden durch Ankunft an der Tramstation, Ende der Darmentleerung, Erkalten des Kaffees, Auftauchen des Chefs.

Aufgrund dieser Ausgangslage ist Effizienz das Grundprinzip beim Zeitunglesen. Man muss in möglichst kurzer Zeit möglichst viele Informationen sammeln. Man sollte keine Zeit verlieren, weil man nie genau weiss, wann das Tram ankommt, wann der Darm sich entleert, wann der Kaffee erkaltet und wann der Chef auftaucht.

Zeitunglesen wäre ganz einfach, wenn Redaktionen dieses Prinzip der Effizienz befolgen würden. Dann stünden auf Seite 1 die interessantesten Artikel, auf Seite 2 die zweitinteressantesten Artikel, auf Seite 3 die drittinteressantesten Artikel und auf Seite 36 die uninteressantesten Artikel des Tages. Redaktionen aber machen das Gegenteil. Sie verstreuen interessante und uninteressante Artikel zufällig über das ganze Blatt. Auf Seite 1 kann ein völlig uninteressanter Text über die Wahlen in Guatemala stehen, auf Seite 36 ein hochinteressanter Text über die Heirat von Angelina Jolie.

Es braucht für Tageszeitungen also eine Gebrauchsanleitung. Sie muss rein formalistisch sein, weil man ja nicht erst einen Artikel durchlesen will, um hinterher festzustellen, dass es Zeitverschwendung war. Beachten Sie also fünf formale Punkte.

1. Lesen Sie keine geraden Seiten wie die Seiten 2, 4, 6 etc. Lesen Sie nur die ungeraden Seiten, also die Seiten 1, 3, 5 etc. Unser Hirn gewichtet stark rechts, genauso machen es die Redaktionen. Das Wichtige ist stets rechtsseitig platziert, also auf ungeraden Seitenzahlen, das Unwichtige stets links. Am besten sieht man das an der Seite 2 in Tageszeitungen. Hier ist nur Banales versammelt. Weil das Wichtige immer rechts ist, platzieren sie auf Redaktionen auch die Inserate links.

2. Lesen Sie keine langen Artikel. Lang ist alles, was mehr als eine Drittelseite abdeckt. Lange Artikel wollen die Welt erklären, statt Information zu liefern. Lange Artikel wollen durch Schreibstil statt durch Information glänzen. Lange Artikel stammen meist von schwurbelnden Reportern und Korrespondenten, die beleidigt sind, wenn die Redaktion ihre grossen Gedanken nicht druckt.

3. Lesen Sie keine kurzen Artikel. Kurz ist alles, was weniger als eine Zehntelseite umfasst. Kurze Artikel sind inhaltsarme Füller, die Gefässe abdecken, die es nur aus grafischen Gründen gibt. Kurze Artikel werden aus grafischen Gründen und nicht aus inhaltlichen Überlegungen eingefügt. Ausnahmen sind kurze Artikel auf der Frontseite. Sie fassen auf 20 Zeilen zusammen, was hinten auf

200 Zeilen ausgebreitet wird. Die 20 Zeilen vorn genügen im Normalfall vollkommen.
4. Lesen Sie keine Artikel, bei denen die Redaktion die eigene Intelligenz und Geistesgrösse signalisiert. Dazu müssen Sie nur auf die Kopfzeile der Zeitungsseite achten. Über solchen Artikeln stehen Rubriktitel wie «Hintergrund», «Reportage», «Analyse», «Thema» und «Fokus». Blättern Sie in diesem Fall sofort weiter, weil man Sie hier nur langatmig belehren und langweilen will.
5. Lesen Sie keine Artikel, die trommeln. Wenn Sie auf Ausdrücke wie «brisant», «pikant», «geheim» oder «vertraulich» stossen, ist der Leseabbruch ratsam. Es handelt sich um Scheinskandale, die von den Journalisten zur Staatsaffäre hochgestemmt werden. Vorsicht gilt auch bei Selbstlob durch Ausdrücke wie «Enthüllung» und «Recherche». Oft handelt es sich um aufgeblasene Storys, die am nächsten Tag wie Soufflés zusammenfallen.

Mit diesen fünf Punkten sollten Sie effizient genug sein, auch wenn das Tram oder der Chef unerwartet früh ankommt.

Wenn der Chef sogar schon vor Ihnen da ist, dann gehen Sie halt den traditionellen Weg aller Leser. Gehen Sie auf die Toilette.

Melissa und Melissengeist

Ein paar Fakten zur Mediennutzung. Wir ersehen daraus, wie das Erbe von Kurt Felix zerfällt.

«Das Halstuch» lief 1962, «Tim Frazer» lief 1963, danach kam «Melissa». Francis Durbridge war das Genie in der Geschichte der TV-Serienkrimis. Seine Mehrteiler erreichten Einschaltquoten von 89 Prozent. Es waren Rekordwerte, die es danach nie mehr gab. Die Innenstädte waren abends so ausgestorben, dass Durbridge der deutschen Sprache eine neue Wortschöpfung bescherte. Es war der Ausdruck «Strassenfeger».

In den Sechzigerjahren war Fernsehen ein soziales Erlebnis. Man guckte generationenübergreifend. Der 15-Jährige und die 75-Jährige sassen gemeinsam vor dem Gerät, genauso, wie man damals gemeinsam das Wunschkonzert hörte und gemeinsam das *Blatt für Alle* und die *Sie+Er* las.

Später ist Vergleichbares noch einem anderen Genie der TV-Geschichte gelungen. Kurt Felix trieb in den späten Siebzigerjahren mit seinem «Teleboy» und der versteckten Kamera 2,1 Millionen Deutschschweizer vor den Schirm. Er schaffte damit Marktanteile um die 80 Prozent. Auch hier schauten der 15-Jährige und die 75-Jährige gleichzeitig zu.

Die historische Vorbemerkung ist darum von Interesse, weil wir heute das Gegenteil beobachten können. Die Mediennutzung der jüngeren und der älteren Generation driftet vollkommen auseinander. Wir erleben so etwas wie die Entsolidarisierung des Medienkonsums.

Betrachten wir zuerst einmal, welche Medienangebote 14- bis 29-Jährige als unverzichtbar betrachten. Wir stützen uns dabei auf den sogenannten «Media Use Index». In absteigender Reihenfolge sind den 14- bis 29-Jährigen wichtig: Facebook, *20 Minuten*, Pro Sieben, SF 2, MSN und Youtube.

Es ist das Bild der Medienzukunft. Von abonnierten Tageszeitungen zum Beispiel will in diesem Alterssegment niemand etwas wissen. Es dominieren flotte Community- und Video-Sites, dazu gedruckte wie elektronische Angebote rund um Leben und Lieben der Prominenten. Die Ehrenrettung des einheimischen Schaffens gelingt unserem zweiten TV-Kanal, weil hier schwergewichtig junge Serien und Sport im Angebot sind. Das ist Medienkonsum à la Alcopops.

In bemerkenswertem Gegensatz dazu stehen die Medienpräferenzen der älteren Generation. Schauen wir zum Vergleich, welche Medienangebote die über 50-Jährigen als unverzichtbar betrachten. Das sind SF 1, DRS 1, das Lokalradio, SF 2, Bluewin, die bezahlte Tageszeitung.

Es ist das Bild der Medienvergangenheit. Die «Fünfzig plus» goutieren primär die Betulichkeit der zwei Staatskanäle SF 1 und DRS 1 und die ebenso angejahrten Nachbarschaftsradios aus der Region. Dazu bezahlen sie tapfer die Abogebühren ihrer Tageszeitung. Wenn sie sich mal auf ein Computer-Keyboard oder ein iPhone verirren, wählen sie mit Vorliebe eine Oldie-Site wie bluewin.ch. Das ist Medienkonsum à la Melissengeist.

Nun sind aber die Jungen, und nicht die Couch-Potatoes, die Treiber der Medienindustrie. Die Folgen sind umwälzend. 1997 nutzten erst 15 Prozent der Schweizer das Internet. Heute sind es 80 Prozent. 1975 las der Durchschnittsbürger noch täglich während 50 Minuten Zeitung. Heute liegt der Wert unter 30 Minuten.

Auch Francis Durbridge ging den Weg alles Endlichen. 1991 erschien sein letztes Stück unter dem Titel «Tief in der Nacht». Es wurde nicht mehr als TV-Serie umgesetzt, sondern nur noch als Hörspiel.

Weiss noch jemand, was ein Hörspiel ist?

20 000 Franken für ein Halleluja

Die schöne Zeitungstradition des Kopfgeldes erreichte die Schweizer Leser mit Verspätung.

Zuerst wüteten die Vandalen oben beim Waldweiherli. Sie spülten den ganzen Froschlaich weg. Dann verwüsteten sie den Grillplatz «Froschenbrünneli». Bei der Waldhütte «Häxebrünneli» setzten sie dann sogar einen Vogelschutzkasten in Brand.

Nun hatte der Natur- und Vogelschutzverein Zofingen genug. Aus der Vereinskasse setzte er eine Belohnung von 500 Franken zur Ergreifung der Täter aus. Das *Zofinger Tagblatt* unterstützte die Aktion.

Wenn die Aufklärung eines Verbrechens besonders wichtig ist, dann nutzen auch Vereine und Private den positiven Effekt der Belohnung. In Riehen etwa setzten fünf Gewerbler gemeinsam 40 000 Franken aus. Sie wollten den Brandstifter fassen, der Geschäftsgebäude abgefackelt hatte. Anhänger der SVP lobten in einem Inserat in der *Thurgauer Zeitung* wiederum 2000 Franken Belohnung aus. Sie jagten den Übeltäter, der ihre Plakate zerstört hatte.

Auch bei Zeitungen sind Kopfgelder ein alter Brauch. Das erste Beispiel in der Schweiz lieferte 2010 der *Blick*. 20 000 Franken setzte er für Hinweise aus, die den Killerkapitän vom Bielersee zur Strecke bringen sollen. Der hatte mit seinem Motorboot eine junge Frau getötet und sich davongemacht. Der *Blick* brachte damit eine Tradition in die Schweiz, die vor allem im angelsächsischen Raum eng zum Boulevardgeschäft gehört.

Kopfgelder sind darum beliebt, weil sie die ansonsten passiven Leser zu aktiven Teilnehmern einer Story machen. Der bisher grösste Fall war die vierjährige Madeleine Mc Cann, die 2007 an der Algarve verschwand. Die britische *News of the World* setzte eine Belohnung von sieben Millionen Franken aus. Sieben Millionen war selbst für ein Blatt von Rupert Murdoch viel Geld. *News of the World* bat darum um Spenden. Prominente wie Harry-Potter-Autorin Joanne K. Rowling, Virgin-Eigner Richard Branson und Fussballer David Beckham zahlten ein. Der Fall blieb bis heute ungeklärt.

Belohnungen haben einen stimulierenden Effekt. Sie heben einen Fall auf eine bedeutsamere Ebene, als wenn kein Geld im Spiele ist. Auch Behörden und Polizei setzen Kopfgelder darum nicht nur bei Schwerverbrechen ein, sondern stets dann, wenn sie hohe öffentliche Resonanz erspüren. Das können Tankstellenräuber in Bern sein oder Grabschänder in Oberrohrdorf. Belohnungen steigern die Aufklärungsquote, in der Kriminalistik das Mass aller Dinge.

Der interessanteste Fall der Schweiz war die vierjährige Ylenia Lenhard, die im Sommer 2007 verschwand. Private aus dem Umfeld des Opfers setzten eine Belohnung von 21 000 Franken aus. Der *Blick* heizte die Suche täglich an. Der Informatiker Simon Kuhn las jede Zeile und rekonstruierte das Muster des Verschwindens minutiös.

Schliesslich fand er das Mädchen vor der Polizei, vergraben im Wald bei Oberbüren in der Ostschweiz. Von der Belohnung kaufte er sich eine Sonnenbrille. Den Rest verschenkte er an karitative Organisationen.

Wenn Zeitungen ein Kopfgeld aussetzen, dann können sie von einem zusätzlichen Faktor profitieren. Sie erkaufen sich Nähe zum Fahndungsgeschehen. So war auch der *Blick* nach seiner Belohnungsstory vom Bielersee bei der polizeilichen Auswertung intimer dabei, weil er den entscheidenden Hinweis mit identifizieren musste. Darum hatten sie natürlich auf der Redaktion gehofft, dass sich der Fall möglichst lange hinziehen möge.

Der segensreiche Effekt von Belohnungen führt mitunter zu einer speziellen Rivalität. Als 2002 in England die Schulmädchen Holly und Jessica ermordet wurden, setzte *The Sun* 300 000 Franken als Belohnung aus. Das liess sich die Konkurrenz vom *Daily Express* nicht bieten und ging auf zwei Millionen Franken hoch.

Da hat der *Blick* aber Glück gehabt. Weil es nur ein Boulevardblatt gibt im Land, kam er mit 20 000 Franken davon.

Von 59 v. Chr. bis 2005 n. Chr.

Ceteris paribus waren die Acta diurna *eine Novitas. Und was hat das mit Facebook zu tun?*

Heute wollen wir uns etwas mit der Geschichte der Massenmedien beschäftigen. Aha, denken nun unsere humanistisch beschlagenen Leser, jetzt kommt gleich Gaius Julius Cäsar um die Ecke.

So ist es. Cäsar lancierte 59 v. Chr. die *Acta diurna*, das erste Massenmedium der Welt. Die *Acta diurna* waren ein News-Journal, das alle 24 Stunden in Rom erschien. Es lieferte News aus Regierung, Behörden und Parlament. Es war die erste Tageszeitung der Welt. Die Exemplare wurden durch private Unternehmer vervielfältigt, die auch den Vertrieb in die Provinzen organisierten. Die Zeitung gab es auf Papyrus, Metall und Ton.

Mit den *Acta diurna* war das historische Prinzip der Massenmedien etabliert, die Einwegkommunikation. Erst über 2000 Jahre nach Cäsars Idee endete die Hegemonie der Einwegkommunikation – mit diabolischen Folgen.

Ein Meilenstein in der Geschichte der Massenmedien war das Jahr 868, als in China erstmals ein Buch in einer damaligen Grossauflage erschien. 1455 erfand Gutenberg den Buchdruck für Europa. 1605 kam in Strassburg die *Relation* auf den Markt, die erste klassische Zeitung des heutigen Typs. Von China bis Strassburg ging die Botschaft immer vom Anbieter zum Kunden, nie zurück.

Nach 1920 wurde das Radio zum Massenmedium, nach 1950 das Fernsehen. Wieder wurde das Prinzip der Einbahnstrasse strikt eingehalten. Die Konsumenten hatten am Lautsprecher und vor dem Bildschirm keinen Einfluss auf die Inhalte. Sie konnten nur über Alibi-Feedbacks wie Leserbriefe oder Telefonanrufe ihren verspäteten Senf dazugeben.

Dieses Muster änderte sich nicht, als 1994 das Internet massentauglich wurde. Medienhäuser, genauso wie andere Firmen und Organisationen, stellten nun ihren Content ins Netz. Es war derselbe Einweg. Der Nutzer konnte weiterhin nur konsumieren, nicht aber wirklich kommunizieren.

Die klassischen Verlage fühlten sich bestätigt: Radio und TV hätten die Zeitungen nicht verdrängen können, wussten sie nun, obschon das viele vorausgesagt hätten. Auch das Internet werde also die Zeitungen nicht verdrängen können.

Dann, im Jahr 2005, implodierte das System der Massenmedien. Es begann der unerhörte Vormarsch der «social networks», der sozialen Netzwerke im Netz. Es sind Sites wie Twitter, MySpace, Xing und das unglaubliche Facebook.

Erstmals konnte nun ein Massenpublikum nicht nur konsumieren, sondern tatsächlich interagieren. Erstmals war das natürlichste kommunikative Bedürfnis der Menschheit erfüllt, die Einbindung des Individuums in eine weltweite Gemeinschaft, zu jeder Stunde, an jedem Ort. Das Publikum, vor allem das jüngere Publikum, wurde verrückt nach dieser neuen Form der Mehrwegkommunikation.

Für die Verlage sind das schlechte Nachrichten. Soziale Netzwerke absorbieren enorm viel Mediennutzungszeit. Es sind oft Stunden pro Tag, die man über Computer, Smartphone oder Tablet damit verbringt. Es ist die Zeit, die für die Nutzung der Presse fehlt. Noch schlechter ist, dass die Partizipation in sozialen Netzwerken genau dort passiert, wo vormals die Zeitungen ihren Heimvorteil hatten: im Kaffeehaus, im Büro, im Zug.

Wenn wir es wirtschaftshistorisch betrachten, ist die Sache simpel. Radio und Fernsehen konnten die Zeitungen nicht ersetzen, weil eine Form von Einwegkommunikation nie eine andere Form von Einwegkommunikation ersetzen kann. Das ist die Lehre der Substitutionstheorie.

Nun aber ersetzt eine Mehrwegkommunikation die vormalige Einwegkommunikation. Ein Substitut setzt sich immer dann durch, wenn es – ceteris paribus – einen einzigartigen Vorteil gegenüber der Konkurrenz hat. Ceteris paribus heisst, dass sich ausserhalb des neuen Elements das Marktumfeld nicht verändert.

Das ist für die Verlage leider der Fall. Zeitungen sind nur für Nutzer gemacht, die konsumieren wollen, nicht für jene, die kommunizieren wollen. Doch Zeitungen können sich nicht verändern, nur verschwinden. Die *Acta diurna* verschwand nach knapp 300 Jahren.

Heilung der Geisteskranken

Es ist nur eine Frage der Zeit. Wenn Medienhäuser ihre Nutzer kennen, setzen sie auf Tablets.

Der erste Tablet, der April 2010 auf den Markt kam, war der iPad von Apple. Inzwischen gibt es Tablets von Blackberry, von Samsung, Panasonic, Nokia, Fujitsu, Acer, HP, Lenovo, Toshiba und noch etwa zwölf weiteren Anbietern.

Im Jahr 2011 werden nach den Marktprognosen 55 Millionen Tablets verkauft. Bis ins Jahr 2014 werden sich rund eine halbe Milliarde Konsumenten ein Tablet gekauft haben.

Es ist darum keine gewagte Prognose, dass gegen Ende des nächsten Jahrzehnts die Mehrheit der Bevölkerung die Zeitung nicht mehr auf Papier, sondern auf einem elektronischen Endgerät lesen wird. Es spielt keine Rolle, ob es schon in fünf oder erst in zehn Jahren so weit ist. Der Wechsel zum digitalen Leser ist nicht aufzuhalten.

Das ist eine gute Nachricht für die Verlagsbranche. Es ist sogar eine sehr gute Nachricht, falls sich die Verlagsbranche nicht mehr so saublöd anstellt, wie sie das in der Vergangenheit tat.

Die besonders gute Nachricht für die Verlagsbranche ist die, dass es neben dem iPad von Marktleader Apple auch Tablet-PCs von Blackberry, von Samsung, von Panasonic und von zwanzig anderen gibt. Natürlich werden etliche sich nicht durchsetzen können. Aber es deutet doch einiges darauf hin, dass Apple im Tablet-Markt keine Monopolstellung bekommen wird wie anfangs befürchtet.

Damit bliebe die Verlagsbranche vom Schicksal der Musikindustrie verschont. Dort hat Apple gezeigt, dass es zu den brutalsten Unternehmen der Welt gehört, wenn es darum geht, die eigenen Lieferanten fertigzumachen. Apple dominiert mit seinen iTunes den internationalen Musikmarkt und setzt eigene Regeln zum Kopierschutz durch. Apple diktiert die Preise. Die Musik-Downloads kosten oft weniger als die Hälfte der CDs im Laden. Plattenfirmen wie Universal und EMI können sich nicht weigern, hier mitzumachen. Sonst fliegen sie bei iTunes raus. Dann können sie gleich den Grabstein bestellen.

Die Medienhäuser haben nur wenige Jahre Zeit, um den Wechsel von der papiernen zur digitalen Zeitung zu gestalten. Es genügt nicht, die bestehenden Zeitungsinhalte einfach in die Tablets zu kippen. Weil Lesen völlig orts- und zeitunabhängig wird, braucht es flexible journalistische Formen und einen neuen Mix von Text, Bild und Videos. Nicht einfach wird auch sein, die Inserate und Werbebeilagen aus der Zeitung auf die Tablets zu bringen.

Zuerst aber müssten die Verlage schleunigst aufhören, ihre Inhalte gratis ins Netz zu stellen. Sie tun dies zu einem grossen Teil immer noch, obwohl es sie schon Zehntausende von zahlenden Lesern gekostet hat. Es gibt eine Studie der Boston Consulting Group, welche die Chancen der Tablets für die Medienbranche beleuchtet. Demnach wird es funktionieren, wenn die Leser der Zukunft bezahlen. Für die heutige Praxis der Verlagshäuser, ihre Informationen gratis abzugeben, hat Boston Consulting nur ein Wort übrig: «insane», geisteskrank.

Nun ist jede Geisteskrankheit irgendwann geheilt. Dann wird es interessant, wie die Preisgestaltung funktionieren wird. Zuerst einmal wollen die Apples, Blackberrys und Samsungs dieser Welt eine Kommission von 20 bis 30 Prozent. Dafür fallen aber bei den Tablet-Lesern die Papier-, Druck- und Zustellungskosten weg. Der digitale Leser rentiert darum besser als der Papierleser, selbst dann noch, wenn man ihm das Jahresabonnement etwas verbilligt anbietet.

Die Zeitungsbranche müsste also jedes Interesse daran haben, den Wechsel vom Papier zum Tablet nicht passiv zu erdulden, sondern aktiv voranzutreiben. Sie müsste ihren Lesern die Tablets zu Sonderpreisen anbieten und gerade das jüngere Publikum ermutigen, diese neue Form des Lesens zu nutzen.

Grammatikalisch sattelfeste Leser haben gemerkt, dass der letzte Abschnitt im Konjunktiv geschrieben ist. Kehren wir von der Möglichkeitsform zum nüchternen Indikativ zurück. So, wie wir viele unserer Verlage kennen, dösen die lieber ihrem Untergang entgegen.

Erdbeben für den Journalismus

Ein Erdbeben zeigte uns exemplarisch, wie die Medienwelt von morgen funktioniert.

Manchmal braucht es ein spezielles Ereignis, damit eine Theorie zur sichtbaren Praxis wird. Das spezielle Ereignis war das Erdbeben in Haiti von 2010. Morgens um zwei schaltete ich CNN ein. CNN hatte keine Videos aus Haiti, weil Telefon und Strom immer wieder zusammenbrachen.

Die einzigen Bilder, die der Sender ausstrahlen konnte, stammten von Facebook. Es waren Fotos von eingestürzten Häusern, die mit dem Handy aufgenommen und ins Netz gestellt worden waren. CNN hatte auch keine Tonkommentare. Die Beschreibung der aktuellen Lage in Haiti kam von Twitter. Twitter-User schilderten live, wie Spitäler und Schulen einstürzten.

Die Theorie war endgültig Praxis geworden. Die Theorie heisst «grassroots journalism». Die Theorie beschreibt, wie wir Medienkonsumenten die Medienmacht übernehmen. In Haiti war dies erstmals bei einem Grossereignis der Fall. Nicht die TV-Profis informierten das Publikum. Das Publikum informierte die TV-Profis.

Haiti war nicht das erste, aber das eingängigste Beispiel von «Bürgerjournalismus», wie das auf Deutsch etwas behäbig heisst. Schon beim Anschlag auf das World Trade Center 2001 lieferten Augenzeugen originäres Material. Beim Tsunami von 2004 stammten die Videos der Flutwelle allesamt von Amateuren. Es gab kein einziges Dokument eines TV-Kamerateams. Zu den Protesten im Iran 2009 trugen Twitterer wichtige Fakten bei, als die Auslandskorrespondenten durch die Regierung behindert wurden.

Der sogenannte «user-generated content» ist technologisch getrieben. Jedes Handy kann inzwischen Ton, Fotos und Videos aufzeichnen und sie – unabhängig von der Medienindustrie – über Facebook, Twitter oder Youtube der Öffentlichkeit verfügbar machen. Der Besitzer eines 100 Gramm leichten Geräts ist heute ungefähr so leistungsstark wie noch vor fünfzehn Jahren eine dreiköpfige TV-Crew aus Kameramann, Toningenieur und Regisseur. Und die Handy-Videotechnik wird noch besser werden.

Interessant daran ist die soziologische Seite. Das Handy hat das Herrschaftswissen der klassischen Medien definitiv zerstört. Der Konsument kann nun örtlich und zeitlich unabhängig eigene Inhalte produzieren. Er kann sie an den Medien vorbei an die Öffentlichkeit tragen. Das ist neu. Zuvor hatten 400 Jahre lang die Medien die News kontrolliert und kanalisiert.

Natürlich versuchen die alten Medien, ihr ehemaliges Herrschaftswissen gegen die neue Bedrohung zu retten. Vor allem Pressejournalisten reden darum so häufig davon, dass ihre Leser in einer komplexen Welt nach «Orientierung» und «Einordnung» suchen würden. Und nur eine gute Zeitung könne diese «Orientierung» und «Einordnung» liefern. «User-generated-Content hingegen» sei bloss eine Ansammlung von «Junk».

Das alte Herrschaftswissen soll zurückkehren als intellektuelle Überlegenheit der Classe journalistique. Man disqualifiziert den unmündigen Leser als unfähig zu «Orientierung» und «Einordnung» und schreibt gleichzeitig dieses Talent sich selber zu. Es ist nicht falsch, dass eine Menge User-Content tatsächlich aus Schrott besteht. Dennoch ist den alten Medien nicht allzu viel Dünkel zu empfehlen.

Die Medienwelt hat sich anders entwickelt, als es Verlage und TV-Stationen erwarteten. Die Medien-User, vor allem jene unter 40, finden sich glänzend zurecht in diesem orientierungs- und einordnungslosen Info-Dschungel der neuen Medien. Sie nutzen Blogs, Engines und soziale Netzwerke, welche ihre gesuchten Inhalte vorfiltern. Sie brauchen niemanden von den alten Medien, der sie altväterlich an der Hand nimmt und durch den dunklen Wald führt.

CNN hat aus dieser Einsicht mit Facebook einen Vertrag geschlossen. Der Stream und die Videos des Nachrichtenkanals sind nun in Facebook integriert. Dafür darf CNN den informativen Output der Facebook-Gemeinde nutzen.

Die alten Medien brauchen die jungen Medien und nicht umgekehrt. Und nicht nur in Haiti.

Klappe halten

Leser sind den Schweizer Zeitungen sehr willkommen – solange sie schön brav und passiv sind.

Eigentlich ist es ein Hohn, aber es ist ein typischer Hohn für die Branche. Wenn wir zum Beispiel die Leserbriefseite der *Basler Zeitung* aufschlagen, dann werden wir als «liebe Leserin, lieber Leser» gleich einmal zurechtgestutzt. «Beachten Sie bitte folgende Regeln: Es wird keine zusätzliche Korrespondenz geführt.»

Keine zusätzliche Korrespondenz. Wäre ja noch schöner, wenn mit den lieben Leserinnen und lieben Lesern auch noch Korrespondenz geführt würde. Korrespondenz ist schon fast eine Form der Kommunikation. Kommunikation mit ihren Lesern aber ist nicht nur der *Basler Zeitung*, sondern auch vielen andern Blättern eher ein Graus. Mit Lesern will man nicht kommunizieren, Leser sollen abonnieren und sonst die Klappe halten.

Um zu sehen, wie man mit uns Lesern umspringt, habe ich den zehn grössten Zeitungen des Landes einen Leserbrief geschrieben. Welche Reaktionen ich bekam, werde ich gern verraten, muss zuerst aber einen kleinen theoretischen Teil einstreuen.

Ohne Leser gibt es keine Zeitungen, das ist zwar blöd, aber man muss eben die Leser pflegen. Zeitungen haben darum einiges investiert, um ihren Lesern eine Reaktion zu erleichtern, etwa durch personalisierte E-Mail-Kontakte. Heute kommen auf einer Redaktion die meisten Leserbriefe per Mail. Aber die klassischen Lettern machen noch immer einen bemerkenswert hohen Anteil aus. Viele sind von Hand geschrieben.

Nun also zu den zehn Leserbriefen, die ich unter anderem Namen an die grossen Zeitungen geschickt habe. Es ging ums Thema Fussball. Ich beschwerte mich über die Nationalmannschaft. Es war ein normaler Brief in einem frankierten Couvert. Die Reaktionen waren branchentypisch: Von keiner einzigen Zeitung habe ich auf meinen Brief einen Antwortbrief bekommen.

Ich finde, so geht das nicht. Wer heute einer Redaktion einen Brief schreibt, muss zwingend ein Feedback bekommen. Wir diskutieren dabei nicht über Knigge, wir diskutieren übers Geschäft. Zeitungen müssen derart hart um ihre Auflagen und ihr Publikum kämpfen, dass es mir unerklärlich ist, wie sie den aktiven Teil ihres Publikums derart verschmähen können. Früher gab es diese Antwortbriefe noch, mitunter waren sie sogar persönlich formuliert. Vermutlich aber haben wieder ein paar von diesen Obersparern in den Verlagshäusern eine Kostenoptimierung gewittert und die Kommunikation zum Kunden gekappt.

Vier der zehn Zeitungen nahmen zumindest indirekt mit mir Kontakt auf, indem sie meinen Leserbrief abdruckten: der *Tages-Anzeiger*, die *Südostschweiz*, der *Bund* und die *Berner Zeitung*. Die *Berner Zeitung* druckte meinen Leserbrief sogar zweimal ab, zuerst am Montag auf Seite sieben, dann am Dienstag auf Seite sechzehn.

Da hat man mich als Leser für einmal wirklich ernst genommen. Ich fand es dennoch etwas übertrieben. So gut war der Leserbrief nun auch wieder nicht.

Sie ist, wie sie ist

Es gibt in Zürich noch ein Blatt, das den Lesern täglich sagt, wie es draussen in der Welt zugeht.

Meine bevorzugte Schmonzette unter den vielen Schmonzetten zur *Neuen Zürcher Zeitung* ist der Mauerfall 1989 in Berlin. Die Mauer war also gefallen, und das *NZZ*-Auslandressort setzte das Ereignis als winzigen Einspalter oben rechts auf Seite eins. Titel: «Öffnung aller Übergänge der innerdeutschen Grenze.»

Nun begab sich der diensthabende Auslandredaktor nach Hause, wurde beim Portier aber vom Sportchef abgefangen. Der Sportchef protestierte: «Einspaltig ist für dieses Ereignis zu klein.» Doch der Auslandredaktor blieb hart, denn er hatte ein gutes Gegenargument: «Ich habe die Titelschrift einen Punkt grösser als normal gemacht.» Für Nicht-Typografen: Ein «Punkt grösser» sind 0,4 Millimeter.

In allen anderen Redaktionen hätte im gleichen Fall eine Krisensitzung stattgefunden. Bei der *NZZ* gibt es das nicht. Hier gibt es nur die «Stehung». Die Stehung ist eine Sitzung im Stehen und findet täglich um 11.30 Uhr im Comitee-Zimmer statt. Es treffen sich die Herren Ressortleiter und sie treffen sich zum Behufe der internen Koordination. Irgendwann nach dem Swissair-Absturz von Halifax wurde die Stehung eingeführt. Jedes Ressort wurstelte vorher derart autistisch vor sich hin, dass sogar der *NZZ* künftig etwas mehr Koordination angezeigt schien.

Man steht also während der Stehung im Comitee-Zimmer, aber man steht nicht, um dem Chefredaktor die nötige Ehrerbietung zu erweisen, wie Aussenstehende gern vermuten, sondern man steht, weil man im Stehen weniger lang redet als im Sitzen.

Die Stehung ist keine Planungssitzung, sie ist eher ein Informationskränzchen. Die *NZZ* ist die einzige grössere Zeitung, die nicht «gemacht» ist, also nicht industriell gefertigt wie ihre Konkurrenz. Auf der *NZZ* gibt es keine «Blattmacher», die man in der Branche auch «Plattmacher» nennt. Es gibt keine dieser Prozess- und Koordinationsbeauftragten, die auf den Redaktionen sagen, was für die Leser attraktiv und was für sie unwichtig ist, was auf der Titelseite steht und wo man ressortübergreifende Schwerpunkte setzt. Die *NZZ* ist darum jederzeit fähig, globale Grossereignisse als Kurzmeldungen unter den Tisch zu kehren und umgekehrt zu nebensächlichen Themen ellenlange Elaborate auszuwalzen.

Denn es herrscht das Prinzip des Föderalismus, auch wenn es ein eher ständischer Föderalismus ist. Es gibt das Herzogtum Ausland, die Grafschaft Inland, das Freiherrenamt Wirtschaft, den Bischofssitz

Kultur, den Sportgau, das Fürstentum Stadt und Region. Man ist innerhalb dieser Gemarkungen strikt autonom, man redet wenig untereinander.

Nun ist aber genau dieselbe, individualistische Hauskultur dafür verantwortlich, dass die *NZZ* die einzige Schweizer Zeitung von Weltklasse ist, nicht immer zwar, aber häufig genug. Die Journalisten verweigern sich weitgehend dem Integrationsdruck des Apparats und den Ansprüchen der kommerziellen Verwertbarkeit. Deswegen zählen für sie die inhaltlichen Sachfragen mehr als das schnittige, stromlinienförmige Storydesign. Und darum trauen sie sich, Kommentare wie aus einer anderen Zeitungszeit zu schreiben, mitunter überlange Weltdeutungs-Episteln, mitunter aber auch durchdachte Analysen, wie man sie in der Schweiz sonst nirgendwo findet.

Solche Eigenwilligkeit braucht Köpfe, Köpfe sind nicht billig, und das Blatt rutschte in die roten Zahlen ab. In der Folge wurden ein paar Stellen gestrichen, doch man kürzte eher halbherzig. Die Auslandredaktion zum Beispiel, mit ihren vielen Korrespondenten, ist nach wie vor sündhaft teuer.

Immerhin, in zwei Punkten passte sich auch die *NZZ* modernistischen Strömungen an. Irgendwann nach 2000 führte sie die unerhörte Novität des Farbbildes ein und gab sich ein neues Layout, das vom alten kaum zu unterscheiden war. Dazu wurde der Chefredaktor als oberster Geschäftsführer durch einen CEO ersetzt. Der neue CEO richtete sich im Hauptgebäude an der Zürcher Falkenstrasse ein geräumiges Chefbüro ein. Drei Redaktoren des Blattes hatten seinen Platzansprüchen zu weichen und ein anderes Dienstpult zu suchen. Die *NZZ*-Redaktion redete wochenlang über nichts anderes mehr.

Nun wäre nicht fair, würden wir zu unserer Anfangspointe aus Berlin nicht ergänzend erwähnen, was die *NZZ* an den Tagen nach dem seltsamen Mauerfall-Einspalter lieferte. Sie war grossartig. Zur neuen Lage in Europa warf sie die geballte Macht ihrer Korrespondenten in die Schlacht, und auf dem ganzseitigen Frontkommentar weissagte sie schon 24 Stunden später ein «ökonomisch völlig von Bonn abhängiges» Ostdeutschland.

Kurzum, ich liebe die *NZZ*. Sie ist in dieser durchrationalisierten, durchorganisierten, durchstrukturierten, durchkoordinierten und durchindustrialisierten Zeitungswelt ein letztes Refugium der Anarchie.

Zeit ist Geld

Wenn uns jemand plötzlich mit tollem Journalismus beglücken will, dann will er etwas anderes.

Die Premierenparty war wie alle Premierenpartys in der Medienbranche. Es gab zu viel Worte und zu wenig Fingerfood.

Im Zürcher «Kaufleuten»-Partysaal stellte die deutsche Wochenzeitung *Die Zeit* ihre neue Schweizer Ausgabe vor. *Zeit*-Chefredaktor Giovanni di Lorenzo liess in seinem Editorial kein Klischee und keine Worthülse aus. Man wolle «das helvetische Geschehen wachsam verfolgen». Man wolle «voneinander lernen». Man wolle «vor allem das gegenseitige Verständnis verbessern».

Ach was. Natürlich ist die Schweizer Ausgabe der *Zeit* journalistisch genauso überflüssig wie die Schweizer Ausgaben von *Cosmopolitan*, *Geo*, *Joy*, *Auto Motor und Sport*, *Elle*, *Marie Claire* und *Brigitte*. Sie sind journalistisch überflüssig, aber kommerziell überlegenswert. Damit wären wir beim Thema. Das Thema heisst «overspill».

Die Schweiz ist das führende Land bei der Mediennutzung ausländischer Quellen. Sie ist die einzige grössere Nation, in der mehr ausländische als inländische TV-Sender gesehen werden, dies etwa im Verhältnis von 60 zu 40 Prozent. Deutsche Sender wie RTL und Sat1 binden mehr Publikum als der zweite Schweizer Kanal. Bei jungen Zuschauern ist Pro Sieben enorm stark.

Ähnlich ist die Lage beim Konsum von Pressetiteln. Am Kiosk kaufen die Schweizer im Jahr für rund 370 Millionen Franken ausländische Zeitschriften und Zeitungen ein. Die bestverkauften Titel sind *Gala*, *Neue Post* und *Bunte*. Für einheimische Titel geben die Schweizer nur rund 280 Millionen Franken aus.

Eine weitere Schweizer Besonderheit ist der enorm hohe Marktanteil der Presse in der Werbung. Gegen 40 Prozent der Werbeausgaben fliessen bei uns weiterhin in Zeitungen und Zeitschriften. Das ist weit mehr als die Umsätze von Direktwerbung sowie Fernsehen und Radio. Weltweit liegt diese Presse-Kennzahl bei nur etwa 27 Prozent.

Die Folge ist, dass ausländische Zeitschriftenverlage das Geschäftsmodell der ausländischen TV-Sender imitieren. Genauso wie RTL, Sat 1 und Pro Sieben ihre Schweizer Werbefenster anbieten, operieren die deutschen Verlage mit Schweizer Wechselseiten in ihren Stammblättern. Sie versuchen, mit diesen Schweiz-Specials, die man in Deutschland nicht lesen kann, den hiesigen Werbemarkt abzuschöpfen.

Am erfolgreichsten ist die deutsche Frauenzeitschrift *Brigitte*, die jede Woche rund zwanzig Seiten für die Schweiz produziert. An ihr lässt sich das Prinzip gut erklären. Mit geringem journalistischem Aufwand werden erst ein paar Schweizer Themen zusammengestiefelt, kleine News, ein paar Porträts, ergänzt mit Geschenktipps und PR-Artikeln. Dieses redaktionelle Umfeld braucht es, um an die Inserate von Migros und Coop heranzukommen. Nach dem Druck der deutschen Ausgabe werden die eidgenössischen Wechselseiten im zweiten Printdurchgang eingepasst und dann das Blatt in die Schweiz ausgeliefert.

Neben der *Brigitte* sind auch *Geo* und *Cosmopolitan* mit diesem Modell einigermassen erfolgreich geworden. Auch die Westschweizer Ausgabe der französischen *Marie Claire* läuft gut.

Die *Zeit* sprang mit Verspätung auf diesen Zug auf. Auch der *Spiegel* rechnete einen Schweiz-Split durch, verzichtete aber, weil ihm die Rentabilität zu unsicher erschien.

Die Schweizer *Zeit* konnte dank ihrer Schweizer Themen bei uns ein paar tausend Exemplare am Kiosk und im Abo hinzugewinnen. Doch das sind Peanuts. Die Einnahmen daraus decken nicht einmal die Redaktionskosten ab. Die Schweizer Ausgabe der *Zeit* braucht darum hiesige Inserateinnahmen, um zu überleben. Und die wachsen gar nicht einmal schlecht.

Darum ist die Zeit für die Schweizer *Zeit* wohl nicht so bald abgelaufen.

Gehen wir offen miteinander um

Bill Gates und Rudolf Friedrich wissen, wie es geht. Wenn sie in die Zeitung wollen, schreiben sie einen offenen Brief.

Thomas Knutti aus Weissenburg griff zum letzten Mittel. Er schrieb einen offenen Brief an den Regierungsrat des Kantons Bern. Er forderte, dass jeder Wolf abzuschiessen sei, «sobald Nutztiere nachweislich vom Wolf getötet werden». Knutti schrieb «stellvertretend für über 30 unterzeichnende besorgte Bürger».

Der *Schweizer Bauer* druckte den offenen Brief natürlich mit Begeisterung ab.

Auch Martin Rutishauser aus Scherzingen griff zum letzten Mittel. Er schrieb einen offenen Brief an den Thurgauer Bauernverband: «Als Landwirt erwarte ich vom Thurgauer Bauernverband, dass er sich von solchem Unfug distanziert.» Es ging um die RTL-Show «Bauer sucht Frau».

Die *Thurgauer Zeitung* druckte den offenen Brief natürlich mit Begeisterung ab.

Zugleich schrieben auch die Basler Tangolehrer einen offenen Brief, weil sie mit einer Internetseite nicht zufrieden waren. Der ehemalige UBS-Chef Luqman Arnold schrieb einen offenen Brief an Fiat-Chef Sergio Marchionne. Und Bundesratspensionär Rudolf Friedrich schrieb einen offenen Brief an die SVP wegen «diktatorisch anmutendem Verhalten».

Natürlich druckten die Zeitungen die offenen Briefe mit Begeisterung ab.

Der offene Brief ist ein Klassiker der Mediengeschichte. Der offene Brief ist dadurch definiert, dass er nicht auf postalischem Weg, sondern über die Massenmedien den Empfänger erreicht. Im Grunde handelt es sich um eine Verletzung des Briefgeheimnisses. Es wird ersetzt durch die Zeitung, um dadurch erhöhte öffentliche Resonanz zu erzielen.

Die ersten offenen Briefe mit Massenwirkung waren die Paulus-Episteln an die Korinther, Thessalonicher und Kolosser. Das bekannteste Beispiel des Genres ist Emile Zolas Pamphlet zur Dreyfus-Affäre, «J'accuse», erschienen 1898 im *L'Aurore*. Ähnlich wirkungsvoll war der «Letter from Birmingham Jail», 1963 geschrieben von Martin Luther King und publiziert in *The Christian Century*.

Offene Briefe sind ein zwiespältiges Thema. Dahinter kann das echte Anliegen stehen, über Missstände eine Debatte auszulösen. Es kann genauso gut eine Selbstinszenierung eitler Wichtigtuer sein.

Für die erste Kategorie steht etwa der berühmte «Open Letter to Hobbyists» von Bill Gates im Jahre 1976, in dem er gegen die Gratiskopien von Software antrat. Der offene Brief hatte grosse Wirkung in der Industrie, obschon er im kleinen *Homebrew Computer Club Newsletter* erschien.

Offene Briefe können aber auch nur Selbstbespiegelung sein. Bundesrätin Eveline Widmer-Schlumpf etwa wurde rund um ihre Wahl mit diesem Vehikel unterstützt, publiziert in den grossen Zeitungen des Landes. Auffällig war, dass zehn ehemalige Bundes- und Nationalräte mit unterzeichneten, darunter so berüchtigte frühere Selbstdarsteller wie Otto Stich, Erich Müller und Rosmarie Zapfl. Vermutlich waren die bloss happy, nach Jahren der Glanzlosigkeit wieder einmal den eigenen Namen in der Zeitung zu sehen.

So oder so, Zeitungen sind immer angetan, wenn über einer Einsendung nicht «Leserbrief», sondern «Offener Brief» steht. Das verspricht Widerrede und Auseinandersetzungen. Und es verspricht, dass Politiker oft aufgescheucht reagieren.

Wenn Gemeinderat Alex Oberholzer aus Solothurn einen offenen Brief zu den Krähen im Kreuzackerpark schreibt, dann antwortet Regierungsrätin Esther Gassler sofort. Und wenn Schauspieler Robert Hunger-Bühler einen offenen Brief zum Zürcher Schauspielhaus verfasst, verbietet der Stadtpräsident sofort, dass der Brief öffentlich im Theater vorgelesen wird.

Offene Briefe, wie man sieht, kann man nicht ernst genug nehmen.

Hokuspokus verschwindibus

Cash *und* Facts. *Beide verschwanden. Aber sie hinterliessen eine nette Lektion.*

Man kann von Roger Köppel halten, was man will. Aber eins muss man ihm lassen: Schwein hat der Mann.

Als er antrat, hatte er zwei Konkurrenten. Innert weniger Wochen gaben seine Konkurrenten auf. Der gehobene Wochenzeitungsmarkt der Schweiz löste sich 2007 abrupt auf. Ringiers *Cash* und Tamedias *Facts* verschwanden gleichzeitig. Seitdem verbleibt im politischen Wochenmarkt nur Köppels *Weltwoche*-Monopol und meinetwegen noch die *Wochenzeitung*, damit die Linken nicht gleich maulen. Daneben gibt es nur noch wöchentliche Unterhaltungs- und Fachblätter wie *Schweizer Illustrierte, Handelszeitung* und *Tierwelt*.

Wenn ein ganzer Markt implodiert, ist es immer interessant, seine Historie zu untersuchen. Es wird eine nette Story über Unternehmenskulturen.

Cash und *Facts*, dies vorweg, machten am Schluss keinen guten Journalismus mehr. Sie waren fad und öd geworden. Ihre bemerkenswerte Parallele aber ist, dass ihre Mutterhäuser absichtlich dafür gesorgt hatten, dass sie fad und öd wurden.

Als *Facts* 1995 startete, ich war Herausgeber, positionierte sich das Newsmagazin als undogmatisches und provokatives Blatt, das der

Skandalisierung der öffentlichen Sache durchaus zugeneigt war. Besonderes Potenzial ortete man in der Hinterfragung der Umverteilung, die damals noch via Tabubegriffe wie Sozialstaat und Solidarität weitgehend vor Kritik geschützt war.

Cash begann 1989 ähnlich gegen den Strich. Der Titel profilierte sich als Plattform kapitalistischer Freuden rund um die Börsenhaussen der Neunzigerjahre. Gleichzeitig ärgerte man mit spritzigen Geschichten die Würdenträger in Wirtschaft und Politik und entstaubte so die spröde Wirtschaftsjournaille der Schweiz.

Beide hatten schnellen Erfolg. *Cash* erreichte bald eine Auflage von über 70 000, *Facts* von über 100 000. Also hatten sie auch Erfolg im Werbemarkt. Beide verkauften zu ihren besten Zeiten über 2200 Inserateseiten. Das ist enorm viel. Hätten sie dieses Niveau gehalten, sie hätten auf Dauer Millionen verdient. Doch dann brachen Auflagen und Anzeigen zusammen. Was war geschehen? Beide Blätter wurden hausintern publizistisch ruiniert.

Bei Ringier war es die interne Kampfbrigade gegen Neoliberalismus, angeführt von Chefpublizist Frank A. Meyer, der *Cash* seit dessen Geburt hasste und auf seinen Kurs der Kapitalismuskritik trimmen wollte. Jahrelang biss Meyer auf Granit, doch nach dem Abgang von Chefredaktor Markus Gisler im Jahr 2000 war es so weit. *Cash* wurde journalistisch domestiziert, verlor Unabhängigkeit und Biss und war nur noch fad und öd.

Bei Tamedia war es die Schlachtformation der Bedenkenträger, angeführt von der *Tages-Anzeiger*-Redaktion, die *Facts* seit je spinnefeind war und auf ihren Kurs des Gutmenschentums trimmen wollte. Im Herbst 1999, nach einem unsäglichen Flop über eine Rotlichtaffäre von Bundesrat Kaspar Villiger, kam die Gelegenheit zum Gegenschlag, und *Facts* wurde journalistisch domestiziert. Man verwechselte intern Seriosität mit Stinklangweiligkeit, zog dem Blatt die Zähne, und *Facts* war nur noch fad und öd.

Beide Verlage erkannten spät, was sie angerichtet hatten, und investierten zuletzt noch einmal finanziell und personell in ihre Marke.

Too late. Sie hatten nicht die Kraft und das Können für eine journalistische Kehrtwende.

Der doppelte Tod hatte dennoch etwas Tröstliches. Er bestätigte eindrücklich die bestehende Branchenregel. Böse Buben haben Erfolg. Brave Buben gehen unter.

Der vereinigte Dudelfunk

Hoi-das-isch-aber-cool-das-du-aalüütisch-wär-möchtisch-du-denn-grüesse?

Wir fangen mit einer grossflächigen Warnung an. Wir müssen unsere Leser davor warnen, dass sie sich auf den nächsten hundert Zeilen durch einen ausserordentlich langweiligen Text kämpfen müssen. Denn es geht um Radio. Radio ist die langweiligste Mediengattung.

Dass Radio so langweilig ist, hat zwei Ursachen. Nirgendwo ist die Dominanz des Staates derart gross. Das ist sterbenslangweilig. Und nirgendwo ist die Kreativität der Medienschaffenden derart klein. Auch das ist sterbenslangweilig, aber die Gründe dafür sind schon wieder hochinteressant.

Der Marktanteil der DRS-Staatssender liegt in der Deutschschweiz bei 65 Prozent. Im TV, zum Vergleich, macht dieser Wert nur etwa 32 Prozent aus. Neben dem staatlichen Radioriesen DRS balgen sich 27 zwergenhafte Privatsender um die Zuhörer und erreichen gemeinsam 25 Prozent des Markts. Die restlichen paar Prozent an Marktanteil gehen primär an ausländische Kanäle.

Den 27 Zwergen ist von Gottvater Staat jeweils ein geografisch exakt definiertes Sendegebiet zugeteilt worden. Ausserhalb dürfen sie nimmer senden, sonst gibt es auf die Finger. Auf mehr als drei Prozent Marktanteil kommt darum keiner. Diese Zersiedelung macht es natürlich schwierig, an die grossen Werbegelder heranzukommen. Deshalb ist Radiowerbung in der Schweiz im europäischen Vergleich stark unterentwickelt.

Die 27 Zwerge müssen also wie die Verrückten um jeden Zuhörer kämpfen, und damit sind wir bei unserem sterbenslangweilig-hochinteressanten Aspekt, dem Radioprogramm.

Alle 27 privaten Radioprogramme sind identisch. Zuerst kommt ein neues Stück von Nelly Furtado. Dann kommt ein Moderator, er hat einen Hörer am Draht und unterhält sich mit ihm in diesem Hoidas-isch-aber-cool-das-du-aalüütisch-wär-möchtisch-du-denn-grüesse-Stil. Dann kommt ein älteres Stück von Tina Turner. Dann kommen Nachrichten, die primär von lokalen Dramen wie umgekippten Jauchewagen und umgekippten Politikern berichten. Dann kommt DJ Bobo.

Alle 27 privaten Radioprogramme sind reiner Mainstream. Sie müssen Mainstream sein, um möglichst viele Hörer einzufangen. Der entscheidende Faktor des Mainstreams ist die Musik. Manche bringen mehr Oldies, andere weniger.

Interessant ist, wie professionell die Radiostationen diesen Mainstream erzeugen. Alles ist computergesteuert. Die Radiomanager geben zuerst ihre anvisierte Zielgruppe mit demografischen Kriterien wie Alter, Wohnsituation und Sozialstatus in eine riesige, zentrale Musikdatenbank ein. Daraus wird eine Playlist generiert, eine Auswahl von rund tausend Musikstücken, die dem Geschmack dieser Zielgruppe entspricht.

Parallel dazu engagieren die Radiostationen Branding-Unternehmen wie Coleman Research, Brand Support und Engelmedia, die meistens in Deutschland angesiedelt sind. Die Berater geben dem Mix von Musik und Moderation den letzten Schliff. Entscheidend dabei sind die strategischen Auditorium-Tests für den jeweiligen Radiosender.

Bei den Auditorium-Tests werden in einer grossen Halle rund fünfhundert Personen versammelt, die nach repräsentativen Kriterien aus der Zielgruppe des Senders zusammengestellt sind. Den fünfhundert Testpersonen werden Hunderte von Musikstücken vorgespielt, aber meist nur der Refrain, und das jeweils nur etwa zehn

Sekunden lang. Dann haben sie festzuhalten, ob sie diese Musik an ihrem Sender hören wollen oder nicht.

So entsteht eine bereinigte Musikauswahl, die den Geschmack der Hörer präzise treffen müsste. Mit den Daten wird nun der Server programmiert, und der steuert dann aus dieser finalen Playlist die Nelly Furtados, Tina Turners und DJ Bobos nach Zufallskriterien zwischen die Hoi-das-isch-aber-cool-das-du-aalüütisch-wär-möchtisch-du-denn-grüesse-Moderationen.

Der Fachausdruck für diese Art von Radiostrategie ist Dudelfunk. Dudelfunk meint, dass durch die standardisierte Herstellung ein äusserst verwechselbares Radioprogramm entsteht. Leise Unterschiede gibt es allenfalls noch in Regionen wie Zürich, wo mehrere Radiosender miteinander in Konkurrenz stehen und sich im Mainstream ein bisschen zu differenzieren versuchen.

Radiosender können sich keine Experimente leisten. Es gibt Studien über Neuzuzüger in fremden Städten. Diese Zuzüger zappen die lokalen Radiosender durch und entscheiden sich dann aufgrund des aktuellen Musikstils für einen davon. Die Prozedur dauert nicht länger als zwanzig Minuten. Dann bleiben die neuen Bewohner diesem Sender oft ein Leben lang treu.

Willst du viel, sei juvenil

Es gibt wieder eine Abendzeitung in der Schweiz und natürlich noch viel zu tun.

Die erste Zeitung, die mir Geld für eine Kolumne zahlte, war *Die Tat*. Auf der Redaktion, Mitte der Siebzigerjahre, arbeitete damals noch der grosse Erwin Jaeckle. Ich schrieb als kleiner Kolumnist für den kleinen Sportteil. Pro Kolumne bekam ich 100 Franken.

Die Tat war eine Abendzeitung, sie lag jeweils gegen 17.00 Uhr in grünen Blechboxen auf. Die Blechboxen hatten auf der Seite einen Geldschlitz, aber das war mehr symbolisch. Die weniger rechtschaffenen Leser klauten *Die Tat* ungeniert. Das waren 60 Prozent der Leser. Die rechtschaffenen Leser warfen ein paar Rappen in den Schlitz, damit es zumindest ein bisschen pling-pling machte.

Die Tat war im Grunde eine Gratiszeitung. Die Diebstahlrate war für die Journalisten zugleich ein hervorragendes Feedbacksystem. Wenn die Boxen abends noch halbvoll waren, dann war die Zeitung fad. Wenn die Boxen schnell leergeklaut waren, dann war die Newslage interessant. Am schnellsten leergeklaut waren die Boxen im August 1976, am Tag, als der vermeintliche Jahrhundertspion Jean-Louis Jeanmaire verhaftet wurde. Jeanmaires Verhaftung wurde gegen Mittag bekannt. Das war eine glückliche Fügung, weil es nur Ereignisse vor 13.00 Uhr noch auf die Druckmaschine schafften. Für *Die Tat* war darum die Aktualität des Vormittags der entscheidende Faktor.

Wir haben mit dem *Blick am Abend* nun seit einigen Jahren wieder eine Abendzeitung. Wir gehören damit zu den wenigen glücklichen Ländern ausserhalb Grossbritanniens, wo es noch Abendzeitungen gibt. Und wir halten eine Tradition weiter hoch.

In London gab es noch zu Beginn des 20. Jahrhunderts 14 Abendzeitungen. Seit 1987 gibt es jedoch nur noch eine, den *Evening Standard*, in sauberem Cockney ausgesprochen als «Eenin stannad». Auch andernorts erodierte die Zahl der Blätter am späten Nachmittag. *Le Soir* in Belgien kommt mittlerweile am Morgen heraus, ebenso wie der *France Soir* in Frankreich und der *Corriere della Sera* in Italien.

Der Niedergang der Abendzeitungen hatte viel mit dem Entstehen der sogenannten Freizeitgesellschaft zu tun. Die wöchentliche Arbeitszeit reduzierte sich für die Erwerbstätigen auf 48 und später auf 40 Stunden, um 17.30 Uhr war Feierabend, und das Unterhaltungsmedium Fernsehen kam auf. Das Interesse an gedruckter Information am Abend erlosch, weil die Zeit dazu fehlte.

Inzwischen ist die Flexibilisierung von Arbeits- und Freizeitwelt viel weiter fortgeschritten. Es gilt gleitende Arbeitszeit, viele arbeiten in Teilpensen und mit Teilpensionen, der Job endet dadurch für viele schon am frühen Nachmittag. Das Unterhaltungsangebot hat sich gleichzeitig tiefer in die Nacht verlagert, und die Pendlerströme sind enorm angeschwollen. Es ist zwischen 16.00 und 20.00 Uhr eine Lücke entstanden, die nicht mehr zur Arbeit und noch nicht zur Freizeit gehört.

Es ist darum wenig erstaunlich, dass die Abendzeitungen eine Renaissance erleben. In Schweden, der Avantgarde unter den Pendlergesellschaften, haben die beiden grossen Abendzeitungen *Aftonbladet* und *Expressen* wieder an Auflage und an Inseraten zugelegt. In Japan, ebenfalls eine exemplarische Pendlernation, erscheinen die grossen Zeitungen wie *Yomiuri Shimbun* und *Asahi Shimbun* am Morgen und zwingend auch mit einer Abendausgabe. Journalistisch zeigt sich allenorts, dass am Abend weniger die klassischen News als eher Stoffe aus Unterhaltung, People und Lifestyle interessieren.

Der *Blick am Abend* hat das wie jede richtige Abendzeitung erkannt. Relevanz interessiert ihn nicht. Resonanz hingegen schon. Resonanz bekommt man mit juvenilen Stoffen aus dem Glitter-Glamour-Prominenten-Chat-Bereich.

Die Tat ging 1977 definitiv ein. Sie wandte sich bis zum Schluss an ältere Leser. Sie wollte seriös sein. Am Abend geht das nicht.

Höflicher gegrüsst

Warum kauft ein Lebewesen eine Zeitung? Die Hoffnung auf Geld kann es nicht sein.

Un mirage. Es gab in den französischen Zeitungen kaum einen Artikel, in dem das Wort nicht fiel. Sie konnten nicht glauben, was sie da sahen. Un mirage. Eine Sinnestäuschung.

Die Geschichte ist wirklich verrückt. Da kaufte ein 25-jähriger Russe ohne Medienerfahrung die Zeitung *France-Soir*. Das Blatt hatte eine lächerliche Auflage von 22000 Exemplaren. Der Russe stockte die Redaktion von 20 auf 100 Journalisten auf. Er baute an der Avenue Victor-Hugo eine famose Hightech-Redaktion. Er holte teure Starjournalisten wie Patrick Poivre d'Arvor an Bord. Er investierte 30 Millionen Franken ins Marketing.

Dann startete der neue *France-Soir* mit einer Auflage von 500 000 Stück. Das Blatt im Tabloid-Format ist gut gemacht. Mittelfristig will man sich bei 200 000 Exemplaren etablieren.

Der 25-jährige neue Besitzer ist Alexander Pugatschew. Er ist der Sohn des Oligarchen Sergei Pugatschew, des Besitzers von Russlands grösster Privatbank. Pugatschew junior gehört zu jener europäischen Jeunesse dorée, bei der es inzwischen wieder schick ist, Zeitung zu lesen. Noch schicker ist es, eine Zeitung zu besitzen.

Am schicksten sind Titel mit Tradition. Die hat der *France-Soir*. Er erschien erstmals 1944, gegründet von Robert Salmon und Philippe Viannay als Sprachrohr der französischen Résistance. Man druckte auf einer alten Rotaprint, versteckt im Keller der Sorbonne. Ende der Fünfzigerjahre schrieben 400 Journalisten für das Blatt. Es erreichte eine tägliche Auflage von 1,5 Millionen.

Wir unbelehrbaren Zeitungsliebhaber können den Pugatschews also nur auf die Schulter klopfen. Спасибо! Unser Dank geht auch an den russischen Industriellen Alexander Lebedew, der den *Evening Standard* gerettet hat. Спасибо! Ein Dankeschön auch an Mexikos Telekom-Tycoon Carlos Slim, der die *New York Times* finanziell revitalisierte. ¡Muchas gracias! Und warum nicht einen Salut an Moritz Suter, nachdem er der *Basler Zeitung* eine Zukunft gegeben hatte? Danggscheen viilmool.

Warum kaufen Leute, die schon alles haben, eine Zeitung? Warum kaufen sie eine Zeitung, obwohl sie gute Chancen haben, damit Geld zu verlieren?

Als im Jahr 2010 die *Zürichsee-Zeitung* zu verkaufen war, bot auch der Immobilienunternehmer und Mobimo-Mitgründer Alfred Meili aus Zollikon für das Verlagshaus mit. Er liebt das Blatt seit jeher. Ich fragte ihn, welcher Teufel ihn reite, eine Zeitung kaufen zu wollen. Meili sagte: «Ich habe genügend andere Gelegenheiten, um Geld zu verdienen. Bei der Zeitung wäre ich schon zufrieden, wenn ich einigermassen herauskomme. Wichtiger sind mir politische und idealistische Motive.»

Damit sind wir der Erklärung nahe. Es gibt nur zwei Investments auf dieser Welt, für die man immer einen Käufer findet. Das sind Zeitungen und Luxushotels. Zeitungen und Luxushotels haben etwas, was andere Branchen nicht haben. Sie sind sexy. Sie sind Brennpunkte des sozialen Lebens. Mit Zeitungen und Luxushotels spielt man automatisch gesellschaftlich eine Rolle.

Ich habe vor drei Jahren ein führendes Nachrichtenmagazin und ein Wirtschaftsblatt in Norditalien gekauft. Ich wusste, dass ich damit nicht reich würde. Aber ich werde seitdem auf der Strasse zumindest höflicher gegrüsst als meine Kollegen aus Obsthandel und Tiefbau. Wenn ich mal bei einem Spitzenpolitiker eingeladen bin, kocht die Ehefrau persönlich. Und ich liebe es, die eigene Zeitung im Kaffeehaus durchzublättern.

Vielleicht halten Sie mich nun für einen eitlen Tropf. Aber ich kann die Pugatschews, Suters und Meilis schon verstehen.

Der Leser – das bekannte Wesen

Die Boulevardisierung der Medien nehme zu, sagen neue Studien. Ja, was denn sonst?

Die Diagnose ist eher banal. Die Medien, speziell die Zeitungen, gehen Richtung Boulevard. Die Qualität der Medien sinkt deswegen. Hauptursache sind die Gratisangebote. Es gibt eine ganze Menge solcher Studien. Unter anderem hielt denselben Befund auch der Zürcher Soziologe Kurt Imhof fest.

Die Diagnose ist eher banal, aber korrekt. Natürlich ist der Boulevard in den Medien auf dem Vormarsch, wenn man ihn thematisch definiert. Natürlich ersetzen populistische Emotionen zunehmend den distanzierten Hintergrund. Natürlich ersetzen flockige People-Storys zunehmend die nüchterne Sachanalyse.

Die Diagnose der Studien ist korrekt. Das weiss jeder, der auch nur ein bisschen mit den Medien zu schaffen hat. Wir haben darum laut herausgelacht, als wir die Kommentare der Journalisten zu Imhofs Thesen lasen. Sie seien «unbegründet», lasen wir im *Tages-Anzeiger*. Imhofs Thesen seien «schwer zu beweisen», lasen wir in der *NZZ*. Imhofs Thesen seien «Stuss», lasen wir in der *SonntagsZeitung*.

Wir haben laut herausgelacht. Die reflexartige Selbstverteidigung der Medien kam uns vor, wie wenn die Discounter behaupten würden, sie seien niemals billiger.

Die Reaktion auf Imhofs Thesen bewies ironischerweise, wie richtig Imhof mit seinen Thesen liegt. Statt sich zurückzulehnen und sachorientiert das Gesagte zu reflektieren, feuerten die Journalisten reflexartig aus der Hüfte. Nirgendwo haben wir auch nur eine halbwegs durchdachte Analyse gelesen, warum sich der Trend zum Boulevard in den Medien akzentuiert.

Natürlich hat der Trend stark mit der Gratiskultur zu tun. Seit journalistische Inhalte im Netz gratis zu finden sind, ist eine jahrhundertealte Debatte in der Presse beendet mit Folgen, die man durchaus Boulevardisierung nennen kann.

Bis zum Jahr 2000 wussten Zeitungsleute nicht genau, was ihre Leser interessiert und was nicht. Das wussten, dank der Einschaltquoten, nur die TV-Journalisten. Auf Zeitungsredaktionen kam es darum regelmässig zu epischen Debatten, ob nun das Liebesleben von Marcel Ospel oder die Bilanzsumme seiner Bank die Leser heftiger beschäftige.

Seit Medieninhalte im Netz gratis zu konsumieren sind, ist diese Frage keine Frage mehr. Von tagesanzeiger.ch bis nzz.ch gibt es die Liste der meistgelesenen Beiträge. Für Journalisten ist damit im Stundentakt einsehbar, was das Publikum liebt und was nicht. Der Erfolg von Journalismus ist messbar geworden. Oben auf der Hitliste stehen Sex, Crime, Prominente und Affären. Das Entwicklungszusammenarbeitsprojekt und die Gleichstellungsgesetzgebung interessieren hingegen kein Schwein, und das liegt nicht an der Wortlänge.

Auf manchen Redaktionen steuern inzwischen die Klickraten der Online-Auftritte die Selektion und die Gewichtung der gedruckten und gesendeten Themen mit. Es fällt keinem Chefredaktor mehr ein, eine Story auf Seite eins oder in die TV-News zu heben, die Stunden zuvor im Netz auf gähnendes Desinteresse stiess. Besonders ausgeprägt ist diese Kultur der Einschaltquoten bei den Gratiszeitungen. Sie verweben geschickt die Publikumsresonanz ihrer Print- und Netzauftritte. Imhof hat darum völlig recht, dass Gratisinhalte, online wie offline, die Themensetzung der Medien verändert und popularisiert haben.

Imhofs Diagnose der wachsenden Boulevardisierung ist dennoch kein kulturpessimistisches Fanal, wie dies dem Autor vorschwebte. Es ist eher ein Kompliment an unsere Medien. Es sagt, dass unsere Journalisten gelernt haben, die Inhalte konsequenter an den Interessen ihres Publikums zu orientieren. Sie können dies, weil sie nun die technischen Messinstrumente dafür haben.

Rätselhaft bleibt nur, warum die Journalisten diese Fortschritte so heftig bestreiten.

«Früher haben wir uns noch geschämt.»
Interview mit Walter Bosch, Ex-Chefredaktor und Profi-Verwaltungsrat

Walter Bosch war als 25-jähriger Chefredaktor der Frauenzeitschrift Annabelle, *dann Chefredaktor von* Blick *und* Schweizer Illustrierte *und schliesslich Chef der Chefredaktoren von Ringier. Dann wechselte er die Branche und stieg bei der Werbeagentur Bosch & Butz ein. Seit dem Verkauf der Agentur ist er Verwaltungsrat in diversen Unternehmen wie Swiss Airlines, Cablecom und der Krankenkasse KPT.*

Walter Bosch, Sie sind ehemaliger Journalist. Nun sitzen Sie in grossen Verwaltungsräten wie der Swiss. Wie werden in der Wirtschaft die Journalisten wahrgenommen?

Als Störenfriede, würde ich spontan sagen. Aber die Sache ist komplexer. Entweder benutzen wir die Journalisten, um unsere Botschaft zu verbreiten, oder die Journalisten benutzen uns, um ihre Story zu bauen. Natürlich versuchen wir, die Journalisten zu einer positiven Geschichte über das Unternehmen zu motivieren.

Ist es einfacher als früher, die Journalisten zu einer positiven Story zu bringen?

Wesentlich einfacher. Die Hemmschwelle ist extrem gesunken. Ich weiss noch, wie wir zu meinen Zeiten gerungen haben, wenn beispielsweise ein Flug- oder ein Reiseunternehmen uns eingeladen hat. Heute rufen die Journalisten bei uns an und bitten darum, eingeladen zu werden. Natürlich schreiben sie dann unkritisch über uns.

Journalisten können also leichter manipuliert werden.

Manipulation ist tatsächlich einfacher als früher, weil sich die Fronten vermischt haben. Journalisten arbeiten als Journalisten, werden dann Pressesprecher eines Unternehmens und kehren wieder in den Journalismus zurück. Nicht unüblich heutzutage. Der Beruf des Journalisten wurde durch den Beruf des Informationsvermittlers ersetzt.

Ist das Nostalgie?

Eher die Beschreibung eines Wertewandels. Früher wurde man Journalist, weil man die Welt verbessern wollte. Wir hatten zu meiner Zeit eine Art Sendungsbewusstsein und wir wollten schreiben, an der Sprache arbeiten. Wir wollten die Welt verbessern, indem wir die Welt erklärten. Heute ist dieses Sendungsbewusstsein weg oder, falls vorhanden, nur noch ideologisch motiviert.

Bei der Swissair-Krise haben Sie als Verwaltungsrat das Geschehen hautnah erlebt.

Wir haben erlebt, wie diese Firma zuerst in den Boden geschrieben wurde. Dann haben wir erlebt, wie diese Firma in den Himmel hinauf gelobt wurde. Aber an der Firma hatte sich im Grunde nichts geändert. Es war nur eine Frage des Trends, dann des Gegentrends, auf den die Horde der Journalisten aufgesprungen ist. Um journalistischen Erfolg zu haben, müssen Sie heute mit dem Rudel heulen, nicht gegen das Rudel. Verfolgungsjagden sind deshalb die Regel. Ich glaube tatsächlich, dass sich hier mehr verändert hat, als die Branche wahrhaben will.

Reden wir von Oldtimer zu Oldtimer. Ich glaube auch, zu unserer Zeit hat es diese lemmingartigen Massenbewegungen in den Medien nicht gegeben.

Diese Wende ist auch mir rätselhaft. Ein Journalist müsste doch den primären Ehrgeiz entwickeln, gegen dien Strom zu schwimmen. In der Schweiz pflegt das nur noch die *Weltwoche*. Natürlich liegt sie damit genau so oft falsch wie alle anderen. Aber sie ist zumindest das letzte Korrektiv.

Dieses Interview entwickelt sich gut. Wir verklären die alten Zeiten und verdammen die Gegenwart.

Leider liegen wir in manchem richtig. Ich glaube, der Massstab, was wichtig und was unwichtig ist, hat sich total verschoben. Heute ist Relevanz in den Medien kein Kriterium mehr. Geschrieben wird über jene Themen, die verkaufen, scheinbar verkaufen. Der Witz an der Sache ist, dass unsere heutigen Journalisten einen Verkaufsreflex eingeimpft bekamen. Journalisten glauben heute, sie müssten mithelfen, die Zeitung zu verkaufen. Bizarr daran ist, dass eine normale Tageszeitung in der Schweiz kaum am Kiosk verkauft wird.

Alle Journalisten sind demnach Boulevardjournalisten geworden.

Richtig. Boulevard ist ja die traditionelle Gegenthese. Der Boulevard hat keine Existenzberechtigung – ausser er verkauft. Das wussten wir auch zu meiner Zeit beim *Blick*. Darum gewichtet der Boulevard völlig anders. Er orientiert sich am Absatz. Eine *NZZ*, ein *Tages-Anzeiger* und eine *Berner Zeitung* hingegen werden gar nicht verkauft. Aber sie führen sich auf, als ob.

Ich glaube auch, dass die sogenannte Boulevardisierung schnell voranschreitet, wie auch Studien zeigen. Seltsamerweise bestreitet das die Branche.

Ich bin inzwischen sicher, je weniger sich sogenannt seriöse Zeitungen um den Verkauf ihrer Blätter kümmern, desto mehr Erfolg werden sie haben. Die seriösen Verlage zerstören heute ihr kostbares Gut der Information eigenhändig. Boulevard ist heute überall. Die Journalisten sind zu Erfüllungsgehilfen der Verlagsmanager geworden.

Zu Ihren Zeiten muss es einfach gewesen sein, einen Blick *zu machen.*

Ja, wir waren mit unseren Themen völlig allein. Der Quatsch, den wir im *Blick* geschrieben haben, wurde von den anderen Zeitungen nicht mal ignoriert. Nehmen wir einen Fall Jörg Kachelmann. Bei so einem Thema waren wir ohne jede Konkurrenz. *NZZ* und *Tages-Anzeiger* hätten das auf fünf Zeilen vermeldet, wenn überhaupt. Heute schicken auch diese Redaktionen ihre Reporter wochenlang zum Prozess.

Nun ist eben den Journalisten auch nicht entgangen, dass ihre Auflagen zusammengebrochen sind. Da sucht man nach Gegenrezepten.

Ja, aber ich denke, man müsste auf inhaltliche Qualitäten zurückkommen. Früher waren Journalisten offener. Das schätzten die Leser. Heute sind sie oft Opfer ihrer Thesen. Die Zuspitzung der Fakten ist heute

Pflicht. Denn der journalistische Wettbewerb findet in der Zuspitzung statt. Wahrgenommen wird, wer sich am weitesten auf die Äste wagt.

Das haben Sie ja am eigenen Leibe erfahren. Als Verwaltungsrats-Präsident der Krankenkasse KPT waren Sie im Jahr 2010 Opfer einer klassischen Medienkampagne. Sie waren durch ihr Aktienbeteiligungsmodell der «Abzocker» schlechthin.

Genau. Bevor bei uns auch nur ein Entscheid gefallen und ein Franken kassiert war, stand die Medienthese im Raum. Die These lautete von Anfang an: Abzocker! Wenn so etwas geschrieben ist, bringt man das nicht mehr weg. Nie mehr.

Der Sonntagsblick, ein Boulevardblatt, hat die Abzocker-These als Erster gebracht. Nun hätten ja, nach der reinen Lehre, die anderen Journalisten recherchieren müssen.

Taten sie nicht. Alle anderen Zeitungen haben die These einfach abgeschrieben. Keiner hinterfragte. Die Skandalisierung war zu verlockend. Das Thema entstand ja erst, weil wir von der KPT-Krankenkasse mit einer anderen Krankenkasse, der Sanitas, fusionieren wollten. Zu dieser Pressekonferenz kamen 10 Journalisten. Dann kam der Abzocker-Vorwurf. Zur nächsten Pressekonferenz kommen dann sicher 30 Journalisten.

Hatten Sie während dieser Kampagne genug Gelegenheit, Ihre Position darzustellen?

Nein. Nachdem die Abzocker-These stand, interessierte meine Meinung irgendwie gar nicht mehr. Es war uninteressant, was ich sagte. Ich störte bloss noch die gute Story.

Aber die Journalisten fragten Sie als Verwaltungspräsident zumindest noch um Ihre Meinung.

Nein, nur die wenigsten fragten nach. Die Meinung war gemacht, und warum sollte man sich eine Meinung ändern lassen? Zudem reagierte ich auf Emotionen mit Sachargumenten. Ich versuchte einen Sachverhalt, der auf das Banalste reduziert worden war, wieder in die Komplexität zurückzuführen. Das ist unmöglich im Journalismus von heute. Komplexität ist unerwünscht. Auch nach dem Scheitern der Fusion konnten sich die Journalisten aus Ihrem Erfahrungsgefängnis nicht mehr befreien.

Sie wurden nach 40 Jahren in der Kommunikationsindustrie zum ersten Mal selber ein sogenanntes Medienopfer.

Stimmt. Und ich muss auch zugeben, dass ich damit überhaupt nicht umgehen konnte. Und bis heute nicht umgehen kann. Ich habe mich immer für souverän gehalten. Das war eine Illusion. Diese Geschichte ging an meine Substanz.

Wie zeigte sich das?

Ich beschäftigte mich Tag und Nacht mit dieser Sache, weit darüber hinaus, als was sachlich berechtigt wäre. Ich habe mich zum ersten Mal in meinem Leben in einer Situation wiedergefunden, die ich nicht kontrollieren konnte. Ich konnte die Medien nicht kontrollieren. Und meine Gefühle auch nicht.

Wenn Sie am Morgen die Zeitung aufschlugen, ging Ihnen der Hut hoch.

Nein, das Gefühl war ein anderes. Dégout. Ich ertrug es fast nicht, dass ich nun 40 Jahre lang ehrlich gearbeitet hatte und nun als Abzocker enden sollte – obwohl ich nicht einen Franken bekommen hatte.

Der Ruf war plötzlich medial ruiniert.

Sicher spielte da eine Menge an verletzter Eitelkeit mit. Aber auch mein Ehrgefühl war lädiert. Ich hatte in meinem Leben nicht eine Sekunde eine Unsicherheit verspürt. Ich dachte immer, das kann ich. Ich wurde mit 25 erstmals Chefredaktor, sehr jung also, aber ich dachte, das kann ich. Aufgrund dieser Medienkampagne gegen mich realisierte ich: Nein, diesmal kann ich es nicht. Ich hatte keine Chance mehr, etwas richtig zu machen.

Was waren die privaten und beruflichen Auswirkungen?

Privat war das kein Problem, die alten Freunde standen. Aber beruflich schon. Ich hatte zum Beispiel ein interessantes Mandat in Aussicht, das sich zerschlug. Mein öffentliches Image hatte sich offenbar verändert.

Das widerlegt auch die These, dass die Medien an Macht verloren hätten.

Nein, sie haben keine Macht verloren. Sie kommen dem aktuellen Zeitgeist entgegen. Wenn sie etwas Negatives schreiben, dann haben sie Resonanz, viel Resonanz, wie ich in meinem Fall feststellen konnte.

Sie haben vor allem als öffentliche Gerichtshöfe an Bedeutung gewonnen, als Instanzen der Vorverurteilung.

Ich habe als Chefredaktor des *Blick* mal ein internes Regelbuch verfasst. Darin stand der Satz: «Wir sind keine Richter, wir sind Berichter.» Aus heutiger Sicht ist das unglaublich antiquiert.

Die Urteile werden oft aus der Hüfte geschossen. Aber das ist die Vorgabe an jeder Redaktionssitzung.

Interessant ist, wie locker man das tut. Die Journalisten sind nicht mehr ernsthaft. Ich erlebe sie als verspielt, als oberflächlich. Ich glaube, Journalisten haben keinen Berufsstolz mehr. Es ist ihnen wurst. Sie machen ihren Job wie ein Pizzabäcker, sie stellen eine gut verdauliche Pizza her, aber sie haben kein darüber hinausgehendes Engagement. Ich denke, man ist heute nicht mehr stolz, Journalist zu sein, bei einem tollen Medium zu arbeiten und das Privileg zu haben, die eigene Meinung öffentlich zu machen. Ich denke, das war tatsächlich mal anders.

Ist der Trend irreversibel?

Der Trend kann auch umkehrbar sein. Interessanterweise sind ja im Journalismus ein paar Reservate geblieben. Ich denke an den Kulturjournalismus oder Sportjournalismus zum Beispiel. Hier ist immer noch Fachwissen vorhanden. Ohne Fachkenntnis geht das hier nicht. Im Wirtschafts- oder im Politikjournalismus hingegen fehlt das oft. Hier darf jeder Volontär – und das sieht man auch.

Wir zwei haben auch auf Redaktionen zusammengearbeitet, etwa der Schweizer Illustrierte bei. Wir haben doch auch am Mittwoch beschlossen, bis am Samstag 20 Seiten zu einem für uns neuen Thema zu machen. Das war auch nicht immer tiefgründig.

Nein, es war nicht tiefgründiger. Aber es war fairer. Wir können uns beide erinnern, dass wir immer wieder Themen nicht gebracht haben, weil wir uns sagten, hier werde die Privatsphäre einer Person verletzt. Heute wird hier keine Sekunde mehr überlegt. Es spielt auch keine nachhaltige Rolle mehr, denn am nächsten Tag erscheint der nächste Skandal.

Gut, aber wir haben zu unserer Zeit auch Fehler gemacht.

Manchmal haben wir auch Fehler gemacht. Aber wissen Sie, was der grosse Unterschied zu heute ist? Früher haben wir Journalisten uns für unsere Fehler noch geschämt.

Weitere Titel aus dem Orell Füssli Verlag

Daniel Ammann

King of Oil

**Marc Rich – Vom mächtigsten Rohstoffhändler
der Welt zum Gejagten der USA**

Marc Rich brach das Kartell der Öl-Multis und revolutionierte den Rohstoffhandel. Er handelte mit Khomeinis Iran, Castros Kuba und Südafrikas Apartheid-Regime. Von der US-Justiz wurde er 17 Jahre gejagt. Präsident Bill Clinton begnadigte ihn an seinem letzten Amtstag.

Daniel Ammann ist der erste Journalist, der sich Zugang zum sorgsam abgeschirmten Milliardär, dessen Familie und dessen Geschäftspartnern verschaffen konnte. In seiner Biografie deckt er auf, was sich hinter den Kulissen tatsächlich abgespielt hat – und was die Politik lieber verschweigt.

Eines der besten Wirtschaftsbücher der jüngsten Zeit.
Welt am Sonntag

320 Seiten, gebunden mit Schutzumschlag,
ISBN 978-3-280-05396-6

orell füssli Verlag AG

Carsten Görig

Gemeinsam einsam

Wie Facebook, Google & Co. unser Leben verändern

Google, Facebook, Twitter, Apple und Co. vereinfachen unser tägliches Leben. Wir finden auf schnellstem Wege Information, parlieren befreit von geografischen Grenzen mit Freunden in aller Welt, können uns in Kürzestnachrichten selbst darstellen und mit wunderschönen, smarten Kleinstgeräten in jeder Ecke dieser Welt auf allen Kanälen alle erreichen oder auch einfach nur herumspielen.

Doch was ist der Preis, den wir für all die funkelnagelneuen technologischen Helferlein zahlen? Wer steckt hinter den Unternehmen, die uns ein neues, vernetztes Dasein versprechen? Was sind die Risiken und Nebenwirkungen, wenn wir unsere intimsten Dinge gewinnorientierten Diensten anvertrauen?

Carsten Görig liefert erstmals eine Zusammenschau, mit wem wir es bei Google, Facebook, Twitter, Apple und Co. zu tun haben, welche Interessen die Großen dieser Branche tatsächlich verfolgen und was ihre praktischen Dienste mit uns und unseren Daten anstellen, ohne dass wir es wissen.

192 Seiten, gebunden mit Schutzumschlag,
ISBN 978-3-280-05422-2

orell füssli Verlag AG